中国妈妈成功教子必读书

好妈妈胜过好老师

许珊珊 著

大全集

HAO MAMA
SHENGGUO HAO LAOSHI
DAQUANJI

黑龙江科学技术出版社

图书在版编目（CIP）数据

好妈妈胜过好老师大全集 / 许珊珊著. –– 哈尔滨：
黑龙江科学技术出版社, 2015.10
ISBN 978-7-5388-7784-7

Ⅰ.①好… Ⅱ.①许… Ⅲ.①家庭教育 Ⅳ.①G78

中国版本图书馆CIP数据核字（2015）第200279号

好妈妈胜过好老师大全集
HAOMAMA SHENGGUO HAOLAOSHI DA QUANJI

作　者	许珊珊	
责任编辑	王　姝	
封面设计	红十月工作室	
出　版	黑龙江科学技术出版社	
	地址：哈尔滨市南岗区建设街41号　邮编：150001	
	电话：（0451）53642106　传真：（0451）53642143	
	网址：www.lkcbs.cn　www.lkpub.cn	
发　行	全国新华书店	
印　刷	三河市明华印务有限公司	
开　本	710 mm × 1000 mm　1/16	
印　张	20.75	
字　数	270千字	
版　次	2015年10月第1版　2015年10月第1次印刷	
书　号	ISBN 978-7-5388-7784-7/G·864	
定　价	39.80元	

　　"妈妈"是这个世界上最美丽的称谓，她不但给予孩子生命，还教育孩子成才。德国学前教育家福禄培尔曾经说过："国民的命运与其说操纵在掌权者的手中，倒不如说握在母亲的手中。"母亲用自己甘甜的乳汁哺育着孩子，用自己的爱心呵护着孩子，用自己的言行感染着孩子。作为孩子出生后的第一任启蒙老师，母亲的一言一行都将成为孩子学习的典范。

　　俗话说：没有种不好的庄稼，只有不会种庄稼的农夫；没有教不好的孩子，只有不会教孩子的妈妈。那么，对于孩子来说，什么样的妈妈才算得上是一个合格的好妈妈呢？

　　首先，好妈妈应该是孩子的朋友。在孩子的成长过程中，好妈妈要像好朋友一样陪伴孩子成长。这种陪伴，对于良好亲子关系的建立和巩固具有非常重要的作用。通过与孩子的近距离接触，孩子才能真真切切地感受到妈妈的爱，妈妈也才能和孩子有更多的共同语言，就像好朋友一样分享自己心中的快乐与忧伤。可以说，最好的妈妈不是端坐在书房里写字的妈妈，也不是在厨房里忙碌做菜的妈妈，而是那个像朋友一样，跟他一起做游戏，一起解决问题，了解他需要怎样的爱，和他一起领略人生中美丽风景的妈妈。

　　其次，好妈妈也是孩子的好老师。老师被誉为人类灵魂的工程师，也是人类智慧、能力和知识的传递者。好的家庭教育就像学校的小班代课，妈妈和孩子是一对一的教学关系。孩子作为一个独立存在的个体，能够得到妈妈全部的关注。好妈妈懂得想办法让孩子的心灵进入一个更大的世界中，培养他出色的生活实践能力和良好的道德品性。作为孩子称职的老师，妈妈不仅要积极配合孩子完成书面形式的作业，还要放手让孩子参与社会实践活动。当孩子在实践活动中遇到了挫折，妈妈还应给予关怀和帮助。

最后，好妈妈应懂得尊重孩子，给孩子自由，在一点一滴的小事中对孩子不同做法的选择加以引导，培养孩子独立思考和判断的能力，进而培养孩子乐观向上的生活态度和良好的价值观，让孩子在不同的年龄阶段拥有自主选择权，做孩子成长道路上的引路人。

身为妈妈，如果你真心爱你的孩子，那么为了让他健康快乐地成长，就应该努力掌握正确的教育观念和方法，不断提高自身素质和修养，用更科学、更符合孩子成长规律的方法来教育孩子。只有不断完善自己的母亲，才能成为一个被孩子喜欢的好妈妈。

目 录

第三章　妈妈这样说，孩子进步快

第六章　培养健全品格，让孩子受益一生

第七章　授之以"渔"，孩子学习轻松没压力

第八章　善解童贞，跟上孩子成长的脚步

第九章　正确引导，让孩子变身"社交小达人"

第一章

做一个聪明睿智的好妈妈

亲子关系决定家庭教育的成败

现在很多妈妈事业很成功，却感觉对孩子的教育并不怎么成功，故而感到十分苦恼。其实，衡量孩子教育成功与否，更重要的是看孩子能否感受到愉悦和幸福，能否与周围人和谐相处，能否在亲子关系中融洽自如。

不妨问问自己，是否更关心孩子如何变得让自己"有面子"？是不是更希望他能考高分，却很少关注他是否快乐，有没有朋友？这些关怀的缺失，使得妈妈和孩子之间总是有层隔膜，孩子总是表现叛逆，总是和妈妈"对着干"。在孩子长大后，和妈妈之间"没话说"、"聊不来"。

亲子关系，在青少年时期，胜过许多教育，甚至决定着孩子教育的成败。据研究，如果孩子在12岁之前没有和妈妈建立很亲密的亲子依恋，那么孩子一生的安全感和幸福感就很难建立，尤其是6岁之前，如果妈妈没有拿出足够的精力陪孩子，亲子之间就很难再建立起足够的信任和依赖。

建立融洽的亲子关系，对孩子成长的重要性不言而喻。而其前提是，妈妈必须明白，爱是无条件的，孩子存在本身就是妈妈给予爱的理由。教育的艺术首先是倾听的艺术。妈妈必须学会倾听，学会去欣赏、理解孩子的成长。妈妈最容易犯的错误就是自以为是，以为自己什么都懂，其实不然。如果你的孩子在你眼中满是缺点，那么你可能是一个很失败的妈妈。

教育的核心，就是培养健康的人格。身为妈妈，不要太重视孩子外在的成功。孩子的成绩好坏，上的大学好不好，有没有找到好工作，这些外在的标准固然对家庭很重要，但是妈妈必须意识到，还有比这更重要的东西，那就是爱和幸福的能力。

信息时代动摇了老年人的权威。过去的父母可以很骄傲地跟孩子说："我过的桥比你走的路还多"、"我吃的盐比你吃的米还多"。到了今天，反倒是孩子们经常跟妈妈很不屑地说："你懂什么呀！"

所以，我认为，21世纪是妈妈和孩子互相学习、共同成长的时代。妈妈需要从孩子那里学习的，不仅仅是新技术、新知识，还有新的思维方式和新的生活理念。学习的前提是互相尊重，尊重孩子的特性，尊重孩子的选择，更重要的是尊重孩子的人格。

优质的妈妈养育出优质的孩子

伟大的教育家老卡尔·威特曾经说过："母亲的教育对孩子极为重要。"他认为，历史上的伟人往往有一个善于教育孩子的母亲。他这样的信仰唤起了妻子的母性意识，于是在两个人的共同努力下，他们培养出了一个天才，这个天才就是19世纪德国的卡尔·威特。他八九岁的时候就能自由运用德语、法语、英语、意大利语、拉丁语和希腊语这六国语言；并且通晓动物学、植物学、物理学、化学，尤其擅长数学；9岁时他进入了哥廷根大学；年仅14岁就被授予哲学博士学位；16岁获得法学博士学位，并被任命为柏林大学的法学教授；23岁他发表《但丁的误解》一书，成为研究但丁的权威。

老卡尔·威特为儿子所取得的成就感到无比骄傲，但是他也没有忘记妻子的功劳。他曾在《卡尔·威特教育》一书中这样写道："他的儿子卡尔取得的成就，也跟他的母亲密切相关。"

可见母亲在孩子的成长过程中占据着至关重要的地位。常言说："知子莫若母"，家庭中最了解孩子的人无疑是孩子的妈妈，她比任何人都清楚自己的孩子有哪些优点、哪些缺点、需要什么；从心底深处爱孩子的人当然也是妈妈，试问这个世界上还有哪一种爱比母爱更深沉、更伟大呢？妈妈在以各种各样的形式表达母爱的时候，也以自身的品质影响着孩子。

1935年，核物理专家伊雷娜，与丈夫里奥因发现人工放射性物质共同获得了诺贝尔化学奖。世人对她投去羡慕眼光的同时，也把焦点聚焦在了她母亲的身上，原来她的母亲是两次获得诺贝尔奖的居里夫人。

居里夫人不但是20世纪最伟大的科学家，还是伟大的教育实践者。作为一个妈妈，她的表现绝不逊于在科学实验上的表现。居里夫人从她的科学生涯和人生道路中体会出一个道理：人之智力的成就，在很大程度上依赖于品格之高尚。因此，她把一生追求事业和高尚品德的精神，影响和延伸到自己的子女和学生身上，利用各种机会培养孩子形成良好的道德品格。

而且她还通过自己坚强的意志和乐观勇敢的生活态度，将生命的热忱传递给女儿，感染她，影响她，在教育女儿的过程中将妈妈的天性发挥到了极致。

正是因为居里夫人是一位优质的母亲，所以才养育出了优质的伊雷娜。

可是现实中有很多父母根本不知道如何正确教育孩子，还有一些妈妈因综合素质低而不能承担起教育子女的责任。所以，在日常的生活和教育实践中，妈妈要及时提高自身的素质，只有自身素质提高了，才能教育出优秀的孩子。正如当代教育家卢勤说的那样，教育孩子先要教育自己。用自身的优秀去影响孩子，把自己爱学习的习惯传达给孩子，用自己积极乐观的态度给孩子创造一个温暖的成长环境，把自己正确的人生价值观及时传递给孩子，这样才能给孩子一个美好的人生。

拒绝溺爱，孩子不再依赖

现在的孩子，成长环境相对比较舒适，再加上大多是家中的"独苗"，许多妈妈都会抱着"宁可自己多受苦，也不能让孩子受苦"的心理，总是竭尽所能地满足孩子的需要，哪怕是一些不合理的要求，妈妈都会顺应。只要看着孩子高兴，不管是天上的星还是梦中的幻想，妈妈都会尽力去办，好像只有把孩子的生活道路铺得平平坦坦的，孩子才能幸福快乐地成长。可这真的就是孩子幸福的开始吗？

俗话说：娇儿生分子。越是从小被父母娇惯、溺爱、宠爱的孩子，就越是不听话，越让父母操心，相反，那些从小吃过苦，没有享受过"娇生惯养"待遇的孩子就听话、懂事。法国教育家卢梭也曾说过："如果你想毁了孩子，那你就什么都顺着他。"

妈妈的爱总是仁慈的，但是仁慈的心要用得恰到好处，如果让爱泛滥，结果只会适得其反。伟大的心理学家阿德勒博士在其个性心理学畅销书——《自卑与超越》中讲道：有三种儿童成年后，常常是生活中的失败者——有器官缺陷的；被忽视的；被宠坏的。特别是被宠坏的孩子，很可能成为社会中最危险的一群。

开封大学人文学院曾对492名孩子进行调查，结果发现，妈妈过分溺爱孩子，有以下危害：

第一，缺乏独立生活能力。由于妈妈不让孩子自己做任何事情，有些独生子女已快上学了，还不能自己穿衣、洗脸。这些孩子胆小、依赖性强、适应能力差，同时缺乏独立思考和独立行动的能力。

第二，养成"以我为中心"的自私心理。由于有的家长怕自己的孩子受人欺侮，所以，不让自己的孩子和别的孩子一起玩。因此，使孩子变得利己，不关心别人，缺乏集体观念和共同责任感，不懂得友爱，处处以自我为中心。值得警惕的是，这样的人很容易成为没有社会道德的人。

第三，不知勤俭，却爱挑剔。花钱如流水的"阔少爷"作风，也是家长从小溺爱的恶果。这严重影响了孩子的健康成长。

有这样一位母亲，她与丈夫把所有的爱都给了独生儿子。但儿子却很自私，对父母那种无私的爱丝毫不懂得感恩，也没有想过要关心父母：好饭菜要独吃、先吃；衣服鞋帽要父母帮着穿、脱；只知道伸手向父母要这要那；当父母生病时，却不闻不问。

还有这样一个故事：

李芳的妈妈与中国大多数父母一样，自己省吃俭用、节衣缩食，却给孩子买各种玩具、电子琴、钢琴、请家庭教师，不让孩子受一点点委屈，吃一点点苦……

李芳高中毕业以后，妈妈拿出自己辛辛苦苦攒下来的15万元钱，让李芳到国外留学。

妈妈刚把李芳送走一个星期，一天下班回到家里，她惊奇地发现，宝贝女儿居然正坐在家里看电视，不禁惊讶得下巴都快掉下来了。

原来，李芳刚到国外，首先遇到的就是"语言不通"这一困难，她的那点英语水平实在是让人不敢恭维。再加上她在家的时候就不大懂得与人交流，所以，根本找不到一个可以求助的对象。因此，遇到一点小事，她也是手足无措，只能打电话回家哭诉。

最后，她终于忍受不了，就买了张机票回来了……看着自己娇气的"千金"，这位妈妈欲哭无泪。到这个时候，她才明白，正是自己无节制的溺爱，才让孩子变得如此无能，遇到问题没有办法自己解决，只会退缩回来求助。"如果让我重来，我一定不会再溺爱孩子了。"她后悔地对朋友说，"可惜，世间没有后悔药。"

可见，"溺爱猛于虎"。因此，妈妈一定要明白，爱孩子是每个父母的本能，但这样的本能过了头，这份对孩子的"爱"就变了味，它对于孩子来说也不再是爱，而是一个"温柔的陷阱"。

孩子是终究要出海的船，父母只是暂时的避风港。出海的船必然要经历风浪，会遇到许多暗礁……这期间需要孩子勇敢地去面对、去承担，父母是无法替代的。

同样，锁在笼中的鸟飞入林中便会饿死，因为它们养尊处优惯了，以致失去了猎食的能力。它们习惯了依靠人类的喂养，即使林中有食也不知如何去获取。

"物竞天择，适者生存。"妈妈既然爱孩子，就应当恰到好处地去疼爱，应当放手，让孩子用他们那稚嫩的翅膀独自去天空翱翔，去接受锻炼，去适应这个社会。

好妈妈懂得因材施教

俄罗斯教育家斯坦丁·乌申斯基曾经说过："孩子之间存在着很大的个体差异。父母只有认识到孩子的天性，了解到孩子独有的特点，因材施教，才会少一些困惑，多一些明智；孩子也才会少一些挫折，多一些成功。"

菲菲的妈妈高兴地去女儿的学校参加元旦联欢会，她希望看到自己的女儿在舞台上表演。但实际上她不仅在台上没看到女儿，在台下也没有找到。原来，菲菲的妈妈去年参加了联欢会之后，看到别人家孩子出色的文艺表演，感觉很好，于是要求女儿也要进行这方面的训练，还告诉女儿说下次联欢会上，一定也要表演节目。

在文艺方面没有天赋的菲菲，不管如何训练都找不到感觉。可是妈妈为了让她拿名次，强迫她学一个对成人来说都算得上高难度的舞蹈。她害怕表演时会出丑，所以就没有参加联欢会演出。

"孔子教人，各因其材"，这是宋代理学家朱熹总结教育学生的方法。古人就已经知道根据不同的人来施以不同的教育，以此获得理想的效果。可是现在有些父母对因材施教却缺少深刻的理解。他们想让孩子出人头地，希望孩子在今后的激烈竞争中取胜，强迫孩子学这学那，结果却常常事与愿违。这其中的原因就是父母没有注重孩子的自然天性，不了解孩子的个性特点，没有对孩子进行因材施教。

因材施教就是要根据孩子自身的特点来教育孩子，不能生搬硬套。就像做木工，要根据木头的纹理进行加工才能做出精美的器物，妈妈对孩子的培养也一样，只有根据孩子的性格爱好，才能培养出优秀的孩子。正所谓"没有教不好的孩子，只有不合适的教育"就是这个意思，认识孩子是教育好孩子的前提。每个孩子身上都有闪光点，关键是需要一个发现它们的眼睛，而好妈妈就应当有这样一双善于发现孩子潜在能力的眼睛。

那么，妈妈平时应当怎样做呢？

1.发现孩子的优势

妈妈首先要了解孩子的长处，鼓励孩子发挥自己的优势，不管这个优势在一般的观念中是不是具有很大的价值。哪怕别人都不抱希望，妈妈也应该鼓励孩子。只要孩子具备他人没有的强项，孩子就有了他人不具备的竞争力。

2.不强求孩子练特长

妈妈不要仅从自己的观点出发，强求孩子去发展什么特长，也不要过于性急地去训练孩子。如果妈妈过于性急地训练孩子，会打乱孩子兴趣爱好的临界期，使孩子永远地失去某种能力发展的可能，因为反复的、强迫的刺激将使孩子产生厌恶情绪。

3.根据孩子的性格选择教育方式

每个孩子的性格都有所不同，有的孩子喜欢争强好胜，有的孩子敏感多疑，有的孩子懦弱退缩，有的孩子勇敢坚强……妈妈应该根据孩子自身的性格特点，采取恰当的教育方式，使孩子能够愉快地接受，这样才会获得好的效果。

4.不生搬他人的教子经验

听信别人对孩子的教育经验，生搬硬套别人的教育方式，并不一定能达到同样的效果。妈妈应当善于根据孩子的特点去摸索相应的教育方式，只有根据孩子自身的特点和实际情况，采取恰当的教育方式，孩子才能不断进步。

不再苛求完美，孩子更快乐

从某种意义上说，孩子就是父母的希望，每个做父母的都希望自己的孩子有聪明的头脑，希望他们将来能成为人群中的佼佼者。

先来看这样一则小故事：

从前，一个国王让他手下的一位神箭手射箭，他对神箭手说：我这儿有三支箭，只要你每支箭射中十环，你就会得到100两金子，可是你如果有一箭射不中十环，那你就得死。于是这个箭手怀着又激动又恐惧的心情，射出了前两支箭，而且都射中了。可是当他射出第三支箭的时候，却恰恰远离了箭靶。神箭手死了。

这个故事向我们揭示了这样两个道理：

第一，强迫、诱惑都会使人偏离心灵成长的轨迹。

第二，完美的开始不一定有完美的结局。

现实生活中，很多妈妈都同上面这位国王类似，对待孩子，她们努力给孩子最好的教育，从孩子还在娘胎里便设计出孩子将来的完美之路，而且付诸行动，让胎儿听音乐，让胎儿倾听大自然的声音，让胎儿倾听美文，即所谓的胎教。孩子出生后，从幼儿到童年，为孩子构筑了最美好的蓝图：刚牙牙学语时，就让孩子背诵唐诗宋词，就让孩子学英语；稍大点，刚能进幼儿园，就让孩子学有所专，或绘画，或练琴，或舞蹈，或下棋，或书法……条件好的或期望值高的妈妈，会在爸爸的配合下让小小的孩子琴棋书画样样都来。上小学后，为孩子加小灶，功课必须得好，一技之长不能丢，还得学门外语，还得精于奥数。妈妈矢志不渝，孩子疲于奔命。

不可否认，在妈妈完美苛求中成长的孩子，往往做事认真，成绩超人，是父母和老师的骄傲。但是，进入青春期后，长期形成的完美习惯就会变本加厉，导致强迫症。有的孩子做作业稍有涂改，就全部撕掉重做；做题速度越来越慢，一遍又一遍地反复检查，甚至考试时做不完题目；更有甚者，因走在路上反复数脚下的地砖而经常上学迟到。

青春期不仅是孩子生理上的发育阶段，也是心理上的转折阶段。随着青少年自我意识的发展，一些少男少女开始变得对自己不满意了，无论身材、长相，还是学识能力，他们总觉得自己不如别人，希望能通过努力使自己在方方面面都变得更好、更完美。而妈妈早期完美主义的教育，更加促使孩子产生不现实的苛求完美的心理，使孩子对自我的价值心存疑惑，无论做得多么好，他们都不相信自己，这种认知习惯一旦固定下来，就会形成恶性循环，最终导致一种强迫性人格的形成。

追求完美是没有错的，可是过于追求完美只会让你的孩子感到无所适从，甚至毁了孩子的终生，希望妈妈们能在心里及早敲响警钟。

好妈妈一直对孩子有信心

有个孩子写信向一位专家求助：我特别苦恼，无论说什么，爸爸妈妈都会追问一句"真的假的"。我都15岁了，他们还不相信我。有一次，我给同学补物理，晚上9点多才回家。一进门妈妈就审问我去哪了。我跟她解释，她也半信半疑，还说："你们这个年龄的男孩就爱拉帮结派，不定捅什么篓子呢。"连父母都不相信我，还有什么意思啊？

这位孩子的苦恼就是因为父母的不信任，一句"连父母都不相信我，还有什么意思啊"这不是让人很寒心吗？随着孩子们在母爱的呵护下一天天地长大，在精神上萌发了很多的成人意识，必然会对父母产生反抗。一旦父母表现出一点点的怀疑和不肯定，他们就感到自身被否定，心生委屈，或逆反，还嘴，甚至动手还击。

孩子对父母的信任是与生俱来的，而父母对他们的信任也十分重要，父母的信任会让孩子觉得自己是对的，从而相信自己的能力，树立自信。可以说父母的信任是孩子建立自信的催化剂。

李女士在女儿3岁的时候便开始放权，以信任的方式，试着让她自己拿主意。

在送女儿上学时，她会对女儿说："你想我骑自行车送你去上学，还是希望我开车送你，或者坐公交去学校？"

平时看电视，她让女儿选择想看的节目；去超市买东西，她会对女儿说："你想买什么，自己做决定吧，不过只能买10元钱以内的商品。"

由于妈妈的信任，渐渐地，女儿开始习惯自己拿主意。每天晚上听完天气预报后，她便准备明天的衣物；班上的小朋友过生日送什么礼物等，她都可以做得很好。

有一天，女儿从学校里回来，跟妈妈讲了一件事："老师想让我参加朗诵比赛。"

妈妈说："这是一件好事，你去报名了吗？"

女儿说："还没有。"

"为什么？是不是没有想好？"妈妈问。

女儿说："听同学们说朗诵比赛只是一个形式，并不能真正锻炼人。有的同学说到时候现场会有很多人，在台上会很紧张的。我有点害怕，不知道该怎么办。"其实女儿很想参加，毕竟老师对她寄予厚望，这也是她第一次参加集体性的竞赛活动。

"如果能参加竞赛，肯定可以锻炼锻炼自己，不过这件事应该由你自己决定，我只是告诉你我的想法，但是我希望你不要被他人的意见影响。"妈妈用信任的口气说道。

后来，女儿参加了这次全校的朗诵比赛，并且克服了比赛时的紧张，表现得很好。

事实上，信任孩子，让孩子自己拿主意，是培养孩子自主意识的重要方法，有助于孩子尽早独立。如果妈妈没有这种意识，什么事情都为孩子拿主意，孩子就容易失去自己的判断力和主见性，别人说什么他都觉得有道理，喜欢人云亦云，随波逐流，在面对事情时没有自己的想法。

孩子需要妈妈的信任来肯定自我、发展自我，如果妈妈处处不信任孩子，总是说："真的假的，不要糊弄我。"之类的话，孩子从心里会感到沮丧，从而产生消极心理。如果妈妈选择信任孩子，孩子的内心会感到非常的愉悦，他的能力得到妈妈的信任，他的自信就会树立起来，亲子关系也会更加融洽。

心理学家发现妈妈的言行直接影响孩子，孩子与他人如何沟通也受到了妈妈的影响。如果妈妈予以充分信任，孩子就容易形成友善、真诚、合作的品质，社会适应良好，往往能与人建立起互信的人际关系，催促他们尽快成熟。

如果妈妈疑心太重，会给孩子造成很大的压力，事态可能会走向极端。如果一个孩子，妈妈总是怀疑他会变坏，只要孩子回家晚就不分青红皂白地训斥。慢慢地，这个孩子想，反正在妈妈眼中自己已经不是好孩子了，他真的就会结交一批坏朋友。

1996年，美国有一位身无分文的青年，他特别看好电子商务，并下决心在这个领域发展自己。可是他遇到一个最大的难题：资金的问题如何解决呢？他首先想到了父母，当时他父母有30万美元的养老金。当他向父母说明了他的用意后，他的父母只商量了一会儿，就把钱交给了儿子，并说道："我们对互联网不了解，更不知道什么是电子商务，但我们了解、相信你，因为你是我们的儿子！"这位青年就是当今个人财富达105亿美元、大名鼎鼎的亚马逊书店的首席执行官——贝索斯。

我们也不能说贝索斯的成功完全归功于他的父母，但他父母所起到的作用确实非常重要。除了先期的资金支持外，更为重要的是他们对贝索斯的信任给贝索斯带来了无穷的精神力量。

由这个创业成功的案例联想到目前我国孩子的学习，我国的父母在为孩子做了那么多物质贡献的同时，是不是要问一下自己："我给了孩子多少鼓励与信任？"信任孩子更重要的作用是精神的支持，父母的信任让他们在人生路上可以毫无顾忌地前行。

在现实生活中，学生因智力原因而导致的学习困难或者成绩不理想是很少的。绝大部分学生的学习困难很大程度上与他们的情绪、兴趣、心理环境等因素密切相关。而家长对孩子是否信任直接导致孩子出现情绪、兴趣上的波动，影响孩子学习的心理环境和学习效率。从那些学习成绩较差的同学情况来看：他们的父母对他们的学习能力是持否定的、不信任态度的。

同样，信任不能只在嘴上，而是要表现在行动上，尤其是那些学习成绩不理想的同学的妈妈要特别注意这个问题。因为任何孩子都希望自己是最棒的，有些孩子成绩上不去，屡遭挫折，心里很压抑，心情十分烦躁，他们多么希望妈妈多说几句鼓励的话，以减轻他们心里的负担。

所以，给孩子多些信任，给他们多些空间，多些自主的权力，无论是在心智的成长，还是能力的锻炼上，都能使孩子得到很大的提升，好妈妈应谨记。

做个不打骂孩子的好妈妈

我国有几句古谚语说："棍棒底下出孝子""不打不成才"，直到今天，体罚孩子仍是许多父母的"法宝"，甚至还有父母将其奉为真理。

有些家长一生气，劈头盖脸地就照孩子打去，打时只顾解气，没轻没重。用手还嫌不足，甚至抓起身边的扫帚、树枝、尺子等工具。这些家长常常是心理自制力较差者，故而往往逮哪打哪。孩子认错或有其他人或事分散了他的注意力还好，打几下完事，但如果孩子"犯犟"，则很可能是越打越气，越气越打，甚至失去理智不能自控。

不少家庭悲剧就是这么造成的。大多打孩子的家长稍理智一些，他们认为，孩子总归要打，但头打不得，打屁股没事，小屁股肉厚打不坏。事实上，屁股照样是可以"打坏"的——轻者，孩子皮下血肿，神经受损，重者，殃及内脏(如腰部的肾脏等)或由于广泛性出血而引起休克。要知道，孩子的小身体是非常娇嫩的，又怎能够经得起成人的手掌和拳头？

父母打骂孩子不仅会给孩子留下身体上的伤痕，最重要的还会给孩子的心理落下阴影。有个3岁的孩子见了奶奶后，紧依着不离开，奶奶问："怎么了，干吗不让奶奶干事？"孩子哭兮兮地说："奶奶，你要我吧，我不是爸爸妈妈的孩子，我是捡来的。"

奶奶一愣说："胡说！怎么是捡的？"

孩子竟然说："小华的妈妈不打小华，说她是亲孩子，妈妈打我，说不要我了。"

有的父母在打骂恐吓孩子之时，常使用"不要你了，扔了算了"等语言，别小看这不经意的气话，却可能给孩子心灵留下较深的创伤。故事里的这个孩子便是在妈妈的打骂下，产生了被遗弃的心理，觉得自己真的是捡回来的。这样的教育方式显然对孩子是没有好处的。

父母打孩子，往往是出于一时冲动，大多没有经过深思熟虑，但却会造成不可弥补的严重后果，使孩子产生不良的心态和心理偏差。

有一个孩子每到夜晚就大哭大闹、精神紧张，常常紧抱大人不放，呼吸急促，面带恐惧。原来，他的妈妈吓唬他说："闹吧，天一黑就有妖怪，让妖怪把你带走吧！"开始孩子还闹，当妈妈的竟装起了妖怪，把孩子吓得马上老实了。可是这样做的后果便是给孩子落下了明显的心理障碍。

事实上对3岁前的孩子而言，神经发育尚不完善，恐吓或粗暴的态度都会使孩子出现夜惊、过度紧张及恐惧的情况。

打孩子、恐吓孩子是可以让孩子暂时听话，但问题是，孩子心里并

第一章 做一个聪明睿智的好妈妈

不清楚什么是对，什么是错。妈妈应该让孩子从内心里懂得什么该做，什么不该做，而不是让孩子记住"如果我这样做，妈妈就会打我。"这样如果一旦家长不在身边，不存在打屁股的威胁了，孩子们就没有分辨是非的能力。

经常打骂孩子，孩子会发现父母发火的样子很可怕，就会害怕。结果就成了条件反射。大人声音一高，孩子就开始哆嗦，结果这样的孩子一出去什么都怕，见到谁都怕。

天下没有哪一个父母不盼望自己的孩子能成龙成凤的，但无数事例证明，没有一个孩子是在父母的打骂中成才的。其实，不打骂孩子一样可以教出优秀的孩子，每个妈妈都应该牢记这个教育理念，把孩子当朋友，这是家庭教育中的重要原则。

所以，为了使孩子能够健康地成长，妈妈必须拒绝打骂孩子，改变以打骂施教的教育方式，对孩子循循善诱，以理服人，给孩子的成长创造一个良好的成长环境和一片快乐的天空。

小心攀比会伤害孩子

很多妈妈常常会把工作中争强好胜的作风带到家里来，因此孩子成了她们拿来攀比的最佳对象。

孩子拿了数学100分回来，妈妈说："这有什么好骄傲的？邻居家的小强刚才告诉我，他考了双百分!"

"你看看你们班王明的字写得多漂亮，你看看你的字!"

"你看看隔壁圆圆每天都把自己的房间收拾得干干净净，你看你!"

当妈妈看到了孩子不如别人的表现时，有没有告诉他在你心目中孩子值得骄傲的表现呢？

以前的数学总是98分，这次得了100分，这点进步您看到了吗？其他孩子的字写得漂亮，您的孩子字写得很认真，您看到了吗？

经常拿孩子的弱点比对他人的长项，会令孩子对自我的认同感下降，于是总要拿外界的行为和自己对比，只有胜过别人了，才会有足够的自信和安全。

不恰当的竞争，让孩子把注意力放在失败上，而不是成功上。

一个人的目标无论多大，如果目的是为了赢得他人的认同，是为了取悦他人而学习，那么这条路会走得很孤独，并且随时都会担心——我是否符合了他人的标准。一旦他人出现了不认同，就可能会放弃。

每个人的经历不同、背景不同，所以观点不同、审视问题角度不同，同样的事情在不同时间、不同地点、不同人的眼中只能得到不同的评价。孩子长大了，如果还想要做到所有人眼中的认同，那是完全不可能的。

这个过程就好比射箭，把注意力放在"我一定要射中靶心"和"千万不要射到外面去，让别人笑话!"结果一定是不同的，因为"我"的意识、目标着重点不同。

前者专注力集中，都在"射中靶心"部分，因而更加容易命中目标；后者注意力则在"射在外面、让别人笑话"。

学习和成绩变成了取悦他人认同的一种手段，带着为了赢得他人认同的想法，于是重点就不在自己的目标上，而是在他人的想法上，并且容易受他人影响、不够坚定也容易挫败。如果遇到自己做不来的事，就会拼命逃避，以免因为失败而被人瞧不起。

由此到了高考或者种种关键的时候，总是有很多的孩子因为压力过大而出现失常表现，甚至突然厌学。

"为自己学习"与"为得到被认同和关注"的需要，本来是两件事情，但是现在却变成了被中国众多孩子混在一起的一个问题。

这样的结果，让孩子所做的事情更多是为了他人的眼光和看法。一旦自己做的事不被他人认同，就会产生挫败感，无论获得多少成就，总是被他人的评价所左右，导致没有办法把注意力放在自己要做的事情上。

心理学家用狗做嫉妒情绪实验：把一只饥饿的狗关在铁笼子里，让笼子外面另一只狗当面吃肉骨头，笼内的狗在急躁、气愤和嫉妒的负性情绪状态下，产生了神经症性的病态反应。

妈妈原本想要通过对比来激发孩子的前进脚步，然而不小心就变成了攀比和挤兑。

对比不是攀比，鼓励竞争不是挤兑。

攀比往往会挤兑孩子，"你看别人比你好!你必须做到!你做不到，你就是不好!"让孩子的内在变得敏感、嫉妒心强,那种需要被认同和关注的感觉,就变成了让孩子嫉妒的"肉骨头"。

对比,是在肯定孩子的前提下借鉴他人的优势,鼓励孩子竞争和自我的继续发展。

对比和竞争的目的不是说明谁好谁坏,你好不见得我坏,而是更有效果和效率地达到学习和成长的目的,而学习并不仅仅是为了成绩,还有未来更好地合作。

一个人的目标哪怕再小,如果可以把这个目标与如何为他人做一些事情结合起来,那么这条路就容易走得多。因为不仅是为了愉悦自己,而且还可以获得很多人的感谢、支持、祝福和鼓励!这条路走得不孤独,有一群人和我们一起前行,我们的力量也大了很多!

如果孩子可以被这样引导,他的学习主动性就会增强很多,不再是面对恐惧和压力的学习,而是充满祝福、引导和自我方向的努力。

妈妈可以引导孩子之间竞争,但不要挤兑他们;可以对比,但不要攀比。所谓"一花一世界,一佛一如来"。让孩子看到自己的长处,再看到自己的不足,这样就同时拥有了努力的动力和方向。

不盲目满足孩子的所有要求

6岁的芳芳和5岁的表妹菲菲一起玩，妈妈分别给每人两盒酸奶和一瓶可乐。芳芳很快就喝完了所有的饮料，而菲菲却还剩下一瓶可乐。当菲菲玩累了，喝可乐的时候，芳芳也向爸爸要可乐喝。爸爸考虑到芳芳已经喝了很多饮料，就拒绝了他的要求。没想到，芳芳就趴在地上，哭着打起了滚。爸爸没办法只好拿来半瓶可乐，迁就他。没想到，芳芳一看是半瓶，就把瓶子撇到地上，还拿脚踹，而且哭得更厉害了。妈妈只好拿来一整瓶可乐给他，他才停止哭闹。

芳芳的妈妈一味地迁就孩子，只能导致孩子变本加厉地向他们索要东西，也会使孩子成为一个"以自己为中心"的人，最终受害的还是芳芳自己。

人的欲望是无止境的，对于没有自制力的孩子加上父母的溺爱这种欲望更甚，如果妈妈不加以节制会让孩子变得贪婪，不懂得珍惜，不懂得为别人付出。因此，妈妈不能轻易满足孩子的要求，应该要学会对孩子的要求说"不"。

"不"不仅是一个字的回答，而且是一种教养策略。妈妈通过说"不"可以帮助孩子发展诸如自立、自律、尊重他人、正直、容忍的能力和其他许多对成功至关重要的个性品质。同时，对孩子的无理要求坚决说"不"，能使孩子从小就知道，他不是家中的特殊人物，不能对家长提什么特殊的要求，也不可能以什么极端的手段要挟父母。他们时时能感受到家长的爱，但是，这爱是有原则的。从小生活在原则中，他们长大也会成为有原则的人。

因此，对于孩子的要求，我们不要有求必应，百依百顺，而是要把握好"度"，凡是不利于孩子独立成长的要求，我们都不要给予满足。那么，妈妈们应该怎么做呢？

1.不迁就孩子，要言出必行

孩子经常会提出一些要求来挑战我们的耐心。如果我们一味地满足他，只能让他变本加厉地使用各种手段迫使我们去答应他的所有要求。为了避免出现这种状况，我们对孩子的承诺一定要兑现，对孩子禁止的事项就一定要坚持，不能因为孩子哭闹而心软，也不能因为自己心情好而对孩子网开一面。这样，我们才能建立起威信，让孩子明确地感觉到我们是言出必行的人。这样，孩子就会明白耍赖是无效的，也就不会提出那么多不合理的要求。

2.不要无休止地满足孩子的要求

我们无休止地满足孩子的所有要求，不断地迁就他，就会助长他的依赖性。而且，孩子认为我们会满足他的所有要求，我们所做的一切都是理所当然的，完全不懂得感谢我们对他的付出。

因此，我们要理智地面对孩子的要求，要读懂他内心的真正想法。当孩子向我们提出要求时，我们先要思考一下，这个要求是否合理，是否有利于他养成独立生活的能力，是否利于他健康成长，等等。

凡是合理的要求，我们都要尽量满足孩子；凡是不合理的要求，我们一定要拒绝孩子。只有这样，孩子才能从中判断哪些事是应该自己去做的，是不应该依赖家长的，他才能在生活中慢慢独立起来。

3.拒绝孩子的要求时要做到以理服人

当孩子跟我们提出不合理的要求时，我们要使用合理的理由使他信服。

比如，孩子想要买奢侈品，我们要让他明白，我们并非没有能力给他买奢侈品，而是要让孩子明白奢侈品会使人虚荣、堕落、浪费金钱，最终会害了他；我们还要使孩子明白，满足孩子合理的需要是我们的爱和责任，拒绝他的不合理的要求也是我们的爱和责任。这样，我们给孩子以信服的理由，而不是单纯地拒绝，孩子接受起来就会容易得多。

4.延迟满足孩子的要求

在日常生活中，如果孩子提出某个要求，我们就马上让他"心想事成"，会令他习惯性依赖我们的帮助，这将会导致他每次都要通过立即满足来达到目的，不能独立做事，更不会挑战遇到的困难。

所以，当孩子提出要求时，我们先不要立即满足他，而是采用"延迟满足"的方式，让他学会等待，让他学会先依靠自己的能力去面对。比如，当孩子在生活中遇到了困难而寻求我们的帮助时，我们不要立即答应帮助他，而是要鼓励他自己想办法解决，然后在必要的时候，给予适当的指导。

第二章

学会放手，独立的孩子最优秀

给孩子成长的空间

浩刚上小学一年级，妈妈就给他准备好了他自己的房间，说是给孩子一个独立的空间。可是，浩浩从学校刚回到家中，妈妈就开始管束浩浩，不能看动画片，不能玩玩具，要先把作业做好，然后再做妈妈给他买的课外练习。

浩浩虽然不满意，可还是坐在自己的小桌前，磨磨蹭蹭地开始写作业。妈妈不放心，过10分钟就进来检查浩浩做作业的进度。浩浩虽然很反感妈妈的做法，但也只是敢怒不敢言。

在一个小店里，店主夫妻二人有一个正上小学的女儿，每天晚上路过此处的人总能看见小女孩独自坐在店门口弹琴。初冬的夜晚已让人觉得冷飕飕的了，可孩子还得赤手在风中练琴，练了几遍之后，她回头望望身旁的母亲，那眼神好像在问：我可以休息了吗？可母亲却严厉地说："又想偷懒，时间还早，接着练。"小女孩无奈，只得极不情愿地继续着。琴声在在空气中回荡，那声音虽然清脆悦耳，却分明夹杂着一丝无奈。

类似上面的事情在我们的生活中并不鲜见。

在孩子很小时，有的父母就会为孩子准备孩子自己的房间，而且在孩子的房间里，有着最豪华的设备，让孩子在这里安心地玩乐，安心地做作业。可是父母是否会想到，孩子需要的不仅仅是形式上独立的房间，更要有属于自己的、自由的遐想空间。

和成年人一样，孩子们需要有自己可以支配的时间，有自己能自由玩耍的空间。如果时间上全由父母安排，空间也由父母支配，孩子的事情全由大人包办，孩子只是去执行，那么孩子的自主性就永远不会被培养出来。

有一位明智的妈妈，在孩子很小时，就每天给孩子自由支配的时间。在这段时间里，孩子可以做自己喜欢做的事情。孩子有时玩，有时读自己喜爱的书，有时画画。当然，有时可能是忙来忙去，什么也没干成。但孩子逐渐懂得了时间的宝贵，学会了自己安排时间和计划。

孩子也是独立的个体，也有自己的观念和判断。也许他们的生活经验还不足，在生活中会犯一些错误，但孩子犯错误是可以理解，也是必要的。孩子在成长的过程中需要吸取教训，积累经验。只有妈妈给孩子独立的空间，才能培养出健康能干的孩子，他将来才能独自撑起一片天。

那么，妈妈应该如何做到从小给孩子真正意义上的独立空间呢？具体应该注意以下三点：

1. 给孩子提供一个"专属空间"

在孩子成长的过程中，妈妈需要给他提供一个"专属空间"，也就是专门属于他的成长空间，这是孩子感受自由的开始。

如果有条件，妈妈最好给孩子一个独立的房间，让他自己安排、布置自己的房间。如果没有这个条件的话，我们可以从房间里开辟一块区域，规定为孩子的"专属空间"，可以让他摆放属于自己的东西。

在这个空间里，孩子可以学习，也可以做自己喜欢的事情，而妈妈需要做的就是不去破坏他的世界，那么，他的天性就能在自由的环境中得到充分的发挥。而且，当孩子有了属于自己的空间时，他就需要对此负责，要经常整理，这无形中又培养了孩子的自主能动性和自理能力。

2. 给孩子自由支配的时间

强强是个很贪玩的男孩子，学习不用功，每一次都需要妈妈监督才回家写作业。为了改变儿子贪玩的习惯，强强的妈妈想出了一个办法。她知道孩子想要自由，就与强强商量，如果他每天放学后把作业保质保量地完成，剩下的时间都由他自由支配，想做什么就去做什么。

强强听妈妈这样说，非常高兴，就同意了妈妈的要求。从此以后，强强放学回家后第一件事情就是做作业，甚至有伙伴来找他玩，他也坚持先做完作业，然后才高高兴兴地跟伙伴们一起出去玩。一段时间后，强强的成绩不但提高了，也比以前快乐了许多。

在不影响孩子学习的情况下，给孩子充分的自由时间，有利于孩子学会自主地安排事情，提高生活的独立决断力。给孩子更多自由支配的时间，会使孩子更加快乐，学会独立思考，这些都可以为孩子创造能力的培养打下坚实的基础。

3. 千万别让"伪自由"毁了孩子

有的妈妈秉承"爱孩子，就给他自由"的教育观念而给孩子完全的自由。但是，这样做真的有利于孩子的成长吗？

宣宣9岁了，生活在一个自由、民主的家庭环境中，妈妈给了她绝对的自由，什么事情都听从她的选择。

一天，妈妈特意为宣宣做了她最爱吃的饭菜。吃饭的时候，宣宣却说："妈妈，我不想吃。"

妈妈急忙问道："这些菜不是你最爱吃的吗？"

"可是，我现在不想吃了。"

"那你说，你想吃什么？"

"想吃蛋炒饭。"

"好，妈妈这就去做，你先去玩一会儿吧！"说完，妈妈就去为心爱的女儿做蛋炒饭了。

这位妈妈给了宣宣绝对的自由，"尊重"她的选择，即使她做得不对，也不去指正。这种缺乏管教的自由已经严重变味了，变成了"伪自由"。

我们这样做，只会让孩子在所谓的"自由"中变得为所欲为。

事实上，给孩子自由，并不意味着我们就要对他放任自流。孩子的成长需要引导和管束，就像风筝一样，需要用"线"牵引着它，给它指引一个方向，它才能飞得更高、更远。但是，妈妈们也不能管束得太紧，就像弹簧一样，压得越紧，反弹得就越厉害。因此，我们对孩子的教育要松弛有度，既不能放任自流，又不能管教得过严。

我们要让孩子知道什么事情可以去做，什么事情不可以去做，比如，要做自己力所能及的事情，分担一定的家务活，不可以挑食，进入他人的房间要敲门，等等。如此一来，孩子既得到了自由，又有了规矩的约束。

让孩子学会自己做决定

洋洋刚上二年级，课余时间特别喜欢打乒乓球，而对踢足球不感兴趣。但他却有个足球迷的父亲。

父亲看到洋洋经常去练习打乒乓球，就教训他："小球没有出息，去练大球！"

洋洋不愿意踢足球，父亲就强迫儿子和他一起去足球场练球，弄得洋洋总是不开心。

现实生活中，像这样的事情常常发生。女儿想学长笛，母亲却非要她放弃长笛改学钢琴；儿子喜欢文科，父母却以"学好数理化，走遍天下都不怕"为借口，为他选择理科……一个人不能选择自己喜欢做的事情是痛苦的，对此，成年人应该感受最深。父母同样应该明白：孩子也是人，也有自己的喜好，强迫他们去做不愿做的事情，孩子总会不开心。要是让孩子按父母的意图去行事，就可能引起孩子的敌对情绪和反抗。

当然，有些父母可能会说这样"难为"孩子，其实是"望子成龙心切"，是善意的。但是，父母的"善意"有可能带来"恶果"，这等于抑制了孩子的长处，而放大了孩子的短处，有时可能会弄得孩子对自己的长处与短处都没有了兴趣，结果得不偿失。

也许有的父母这样认为，孩子是自己生命的延续，那就应该把自己未实现的理想让孩子去实现。可孩子们并不接受，他们觉得自己的事应该自己做主。于是，两代人之间发生了冲突。

其实，从孩子呱呱坠地的那一刻起，做父母的不仅给了孩子生命，也给了他们作为一个独立个体存在于这个世界的权利。

"生命的价值在于选择。"孩子的自主性在他的自主选择上表现得最为明显。但不少父母怕孩子选择错误，从来不给孩子选择的权利。就像上面提到的父母，他们不让孩子去做选择，总是忍不住要替孩子做选择。孩子失去了锻炼的机会，当一遇到要选择的情况时，就拿不定主意，只能听从父母的决定。这样，孩子就会形成没有主见、做事犹豫不决的性格，这是一种性格上的缺陷，对孩子的成长很不利。

首先，那些没有主见的孩子，在心理上是自卑的。即对自己的知识、能力、才华等做出过低的评价，进而自我否定。自卑的人在交往中，虽有良好的愿望，但是总是怕别人的轻视和拒绝，因而对自己没有信心，很想得到别人的肯定，又常常很敏感地把别人的不快归为自己的不当。所以总是一味责备自己，讨好别人。

其次，没有主见的孩子因为对自己没有信心，所以对某些事情难以下决定，总是瞻前顾后，犹豫不决，容易受他人影响。

再次，没有主见的孩子遇事优柔寡断，拿不定主意，是意志薄弱的表现。他们在做一件事情之前往往要经过反复比较，反复动摇。结果错过了成功的最佳时机，最后一无所获。

最后，没有主见的孩子的口头禅是"我再想想"、"我先问问我妈妈"、"我不知道对不对"，也因为如此，很多人不喜欢与没有主见的人交往。

总之，一个人遇事反反复复，犹豫不决，总拿不定主意的现象，是意志力薄弱的表现。它直接影响着一个人选择能力的形成，而选择能力的强弱又对人的成功与否起着至关重要的作用。可以说，人是在各种各样的选择中度过人生的每一步的。其中，有些选择会直接影响自己或他人一生的命运。而优柔寡断、犹豫不决，正是选择的大敌。

因此，为了孩子的健康成长，妈妈最好可以"适当放手"，让孩子自己做决定，即给孩子制定一个基本的底线——认真生活，不做坏事，然后放手让孩子去决定自己的人生，只是在非常有必要的时候再去帮助孩子。

对此，妈妈应该注意以下几点：

1.孩子的事要征求孩子的意见

很多妈妈在要求孩子做事时，往往喜欢用命令的口气："就这样做怎么能行！""你该这样做！""我不允许你和谁谁交往！"，等等。这种命令式的语气只会让孩子觉得家长的话是说一不二的，自己只有服从家长的意志行事，而孩子这样做心里能高兴吗？

作为一个聪明的妈妈，你不妨将命令式语气改为商量式语气，比如："这件事怎样做更好呢？我想能不能这样做？""我想你先完成作业再看电视会更好一些！"等等。这种表达方式会让孩子感觉到妈妈对自己的尊重，从而帮助孩子建立独立思考的意识，提高孩子按自己的意志主动处理好事情的能力。

用商量代替命令，不仅能鼓励并引导孩子自由地表达思想，而且也能体现家长对孩子的尊重，同时也能有效地培养孩子的自主性。

孩子虽然年龄小，但也有自己的思考和想法。作为一个聪明的妈妈，你应该给孩子表达意愿和想法、自己进行选择的自由和机会。比如，给孩子买玩具时，家长要征求孩子的意见，尽量买孩子喜欢的玩具；在超市购物时，可以让孩子选择购买自己喜欢或者需要的物品。给孩子报特长班时，也应该让孩子自己去选，孩子的意见和想法，妈妈要多多支持。

2.让孩子在限定范围内选择

有位美国家长，带着他2岁多的女儿去吃饭，在饭桌上，女儿不肯喝果汁，嚷着要和大人一样喝可乐。

3岁的孩子有这样的行为是正常的，但是，在中国家长看来，孩子这样是"不乖"的表现，可是，这位美国家长却没有强求孩子喝果汁或可乐。

当着客人的面，这位妈妈说："喝完你杯子里的果汁，可以在我杯子里喝一口可乐。"这其中隐含的选择是：你可以不喝果汁，但也没有"可乐"喝。

这位美国家长很具体地给了孩子选择的机会，以及每种选择行为的结果。在整个过程中，妈妈对女儿没有提什么要求，只是让女儿自己选择做决定。

后来，3岁多的女儿想了想，还是喝完了自己杯子里的果汁。这位妈妈说话算数，当场兑现，笑眯眯地允许女儿在自己的杯子里喝一口可乐。

孩子由于知识、经验的缺乏，面对过多的自由和选择，反而不利于他选择和做出决定。因此，作为妈妈的你，可以给孩子一定范围的选择权利，也就是让孩子在限定的范围中进行选择。这样，孩子会逐渐树立起适当的选择意识。

3.让孩子自己作选择

美国前总统富兰克林幼年时长着碧蓝的大眼睛，鼻梁挺拔端正，一头金色的卷发，显得英俊、神气，很招人喜爱。尤其是他那一头金黄色的卷发，非常漂亮，妈妈很喜欢富兰克林这头漂亮的卷发，并喜欢用各种服装来打扮年幼的富兰克林。

但是，妈妈为他选择的衣服，富兰克林并不喜欢。

有一次，妈妈想给富兰克林穿绉边的套装，富兰克林大胆地说出了自己的不满。

又有一次，妈妈想说服富兰克林穿苏格兰短裙，富兰克林又拒绝了妈妈的好意。最后，富兰克林和妈妈一致同意穿水手服。

关于这段故事，富兰克林的母亲萨拉在《我的儿子富兰克林》一书中这样写道："我们做妈妈的对于衣饰的品位虽然高雅，可是我们执拗的儿女却并不喜爱。"可敬的是，富兰克林的妈妈并没有强迫孩子听从自己的意见，而是非常尊重孩子的意见。萨拉是这样解释的："我们从来不曾试图对他施加影响来反对他的喜好，或者按我们的模式规定他的人生道路。"

从这件事上可以看到，只要父母肯放手让孩子自己去做、自己做决定，孩子会让父母惊喜于他的成长。所以要想让孩子具有自主性，妈妈应该适当放手，让孩子自己去做事情，信任他、尊重他，不要横加干涉，孩子会在家长的信任中成长起来。

允许孩子有自己的秘密

著名教育专家孙云晓曾经说过："没有秘密的孩子长不大。"每个人都有自己的秘密，守护秘密更多意味着责任和负担；但对于孩子来说，拥有秘密并保守秘密是走向成熟和独立的标志。

可是，很多妈妈并没有意识到孩子正在成长，认为孩子不应该有自己的小秘密。于是，这些妈妈无所顾忌地闯入孩子的"隐私地带"，翻看他的书包、抽屉，偷看他的日记、信件、网上聊天记录、电子邮件等。

一天，妈妈像往常一样给11岁的女儿收拾房间。无意间，妈妈发现了女儿放在枕头底下的抽屉钥匙，在好奇心的驱使下，妈妈打开了女儿本已上锁的抽屉。妈妈被抽屉里的东西吓了一跳，里面全是一些明星的照片、CD等。

女孩放学回到家，妈妈严肃地说："到你的房间来。"

当女孩看到被打开的抽屉，生气地说："谁让你乱动我的东西了，这是我的隐私。"

"我不动你的东西，我怎么知道你每天都在干什么啊！你现在最重要的任务就是学习，可是你却把心思用在这些不正当的方面。"

"怎么不正当了？我还不能有自己崇拜的偶像吗？"

"如果是某某科学家，我倒是很高兴，但是你却崇拜一些明星，这对你的学习有什么帮助啊！我警告你，赶快把这些东西都收走。"说完，妈妈就走开了。

女孩觉得妈妈没有尊重自己，伤心极了。

妈妈翻看女儿的抽屉，虽然看起来是一种对她的爱，但是这种以爱的名义侵犯她隐私的行为却是不正确的。我们这样做不仅会伤害孩子的自尊心，而且还会让孩子缺乏安全感。另外，有的孩子可能会因为自己的隐私受到侵犯而采取更极端的方式将自己保护起来，把自己的心门紧紧锁闭起来。结果，我们更无法走进孩子的内心，而亲子关系也会更加恶化。在学校里，我们总能听到一些孩子这样埋怨道："我最讨厌的事情，就是爸爸妈妈偷看我的日记、偷听我的电话。我觉得他们看我就像看贼一样！这样下去，我觉得自己和他们的隔阂越来越大，甚至不愿意和他们交流了。"

事实上，孩子拥有隐私，意味着孩子自我意识的成长，说明他的内心世界正在慢慢走向成熟，他想拥有属于自己的独立空间。从这个意义上来说，拥有隐私，是孩子迈向成熟和独立的必经之路。

假想一下，如果一个十来岁的孩子，他的心理状态仍然像几岁的孩子那样天真，也许可以说明他的心智不够成熟，甚至说明他的心智成长是不健全的。因此，作为妈妈，如果发现孩子有了自己的秘密时，我们应该感到高兴，这意味着孩子诞生了内心世界，他想拥有自己独立的空间了。

那么，妈妈应该如何对待孩子的秘密呢？

1.尊重孩子的隐私权

妈妈要尊重孩子的隐私权，也就是尊重孩子的人格。孩子在很小的时候就已经有了自己的思维方法，已经开始有思想，他们心中有一些秘而不宣的东西，并不喜欢他人知道，更不愿意别人干涉，随着年龄的增长，这种感受变得越来越强烈。做妈妈的要尊重孩子的这些隐私，不要去追问他们。当孩子认为这些"秘密"需要他人了解的时候，是会主动告诉你的。如果妈妈一味地，甚至做出有伤孩子心理意愿的事情，那孩子一定会十分伤心。他可能认为自己在家中没有地位，没有得到应有的重视，而放弃对美好前途的追求，心灰意懒，丧失不断进取的积极性。因此说，珍视一颗童心的成长，最好的方法莫过于让他拥有一份独自承担的内心秘密。

另外，妈妈要注意，尊重孩子的隐私包含两个层面的含义：一是不要未经允许偷看孩子的日记和信件等隐私，二是不要将自己所掌握的孩子的隐私随意宣扬出去。孩子的某些弱点和考试成绩一样同属于孩子的隐私，需要妈妈的保护。

2.用心了解，掌握孩子的蛛丝马迹

在复杂的社会环境中，一些不健康的因素在悄悄地腐蚀着孩子的心灵。如养成抽烟喝酒的不良嗜好，结交一些不三不四的朋友，晚间外出甚至彻夜不归、早恋等一些品行变化和心理动态，妈妈应及时观察和掌握孩子的这些"隐秘世界"的蛛丝马迹，以利于正确的引导。

3.引导孩子健康成长

尽管孩子的自主意识增强，但正确的人生观尚未形成，是非观念不强，缺乏自我克制的能力，正值成长的心理危险期，所以在处理诸如学业、情感、人际关系、生活等许多方面，还不可能把握好尺寸。因而妈妈在细心观察孩子的思想动态，掌握孩子内心隐私的同时，要根据其性格、爱好等有针对性地采取措施，培养孩子分辨是非的能力。当孩子有了自己的爱好，理想甚至异性朋友时，更应循循善诱，加以引导。让孩子在学习和生活中把握自己的思维、生理和内心隐私，规范自己的品德和人格，使自己学会如何去辨别朋友，增进友谊，处理矛盾，并不断排除和修正内心隐私世界中非健康的因素。

4.多加沟通，建立互相信任的关系

也许有的妈妈会问，难道孩子的隐私就不能过问了吗？不是，只是过问时需明确指导思想，讲究方法，先尊重孩子的隐私权，再让孩子自愿地和你倾谈隐私。隐私有一定的相对性，自己的私事对一些人是隐私，对另一些人可以不是；隐私可以转化，不信任你时是隐私，信任你了可以不是隐私。

随着孩子一天天长大，他们越来越独立，渐渐地自己能判断哪些事情要与妈妈商量，哪些事情要告诉爸爸。因此，作为妈妈，想要孩子对你畅所欲言，就必须自己打开心扉，和孩子建立起一种无话不谈的关系，以争取孩子的信任，使孩子主动、自愿地披露心中隐私。但即便如此，孩子还是不愿说出来，那么，也要耐心等待，而不能以打骂、呵斥的方式强迫孩子，强行走入孩子的内心世界，其结果大多会适得其反，并使亲子关系趋于紧张。

因此，妈妈要学会信任孩子，与孩子一起分享或分担。我们要在充分尊重孩子人格与隐私的基础上，平等对话，让孩子主动敞开心扉，这是避免矛盾的最好办法。妈妈可以告诉孩子：你的秘密可以不告诉我，

但是，如果遇到对你不利，或者将对你构成威胁的事情的时候，你就一定要提早告诉我，让我们一起面对，一起解决。让孩子知道——关键时刻，父母才是最能够给他直接帮助的人。

让孩子学会自己动手

有些能力，需要孩子自己去动手才能逐渐培养起来，也才能体会到其中的乐趣和成就感，如果总是依靠父母，那么孩子永远也无法体会到其中的乐趣。

小苗苗4岁，一天她的妈妈买回了日用品，正在厨房打开冰箱，把鸡蛋放在冰箱里。小苗苗本来跪在厨房的桌子上看着妈妈把买来的食品拿走，当妈妈把放鸡蛋的盒子从冰箱里拿出来放在桌子上，然后把鸡蛋从买来的食品袋中拿出来，苗苗便伸出手去抓盒子，也想帮着把鸡蛋放到鸡蛋盒里，"别动！苗苗，"妈妈大声叫道，"你会打碎它们的，最好让我来做这个。亲爱的，等到你长大一点儿再来帮忙好吗？"

妈妈无意中打击了苗苗的自信心。她所得到的印象是她太小了，根本不可能做这样的事情。由此及它，苗苗会放弃许多努力，乖乖地等待"大一点儿"这个时刻的到来。其实一个两岁的小孩儿，只要她小心，是可以把鸡蛋放好的。如果我们看到孩子完成这项工作以后，脸上是多么兴奋地发着光，我们就会懂得这一点一滴对孩子的成长是多么重要！

小伟的鞋带开了，但他怎么也系不好，然后就坐着等妈妈过来帮忙。后来，他干脆不想自己动手，只要遇上类似情况，他就大喊妈妈，妈妈很有耐心地为他系好了鞋带，一次又一次。这时的小伟会感到什么呢？他会感到他自己真的是太笨了，而妈妈真的是有魔力，能那么快就把鞋带系好。这样，小伟得到的信息又是什么呢？他觉得，算了吧，我没办法和妈妈相比，我不用努力了，以后不但鞋带需要妈妈来系，衣服也让大人给我穿吧，这样更加方便一点。

在孩子的婴幼儿时期，面对着大千世界，他们常常感到束手无策。但是，仍然有勇气进行各种尝试，要学习各种方法，以使自己适应，使自己能够融入这个世界中。但是在这个时候，我们成年人往往在无意之中给他们设置了许多障碍，而不是帮助他们。我们这样做的根本原因是不相信他们的能力。

在我们的意识中已形成一定的偏见，如认为只有在某一个年龄阶段，才能做某一种事情。比如一个2岁的孩子，如果帮助我们收拾桌子，当他手中拿到一个盘子的时候，妈妈会很快地说："不要动它，你会打碎它的。"这样你可以保存好那个盘子，但是你的举动在孩子的内心投下了阴影，而且推迟了他的某种能力的发展，或许你阻止了一个小天才的产生。大人们常常不经心地向孩子们展示自己多么有能力、有魄力、有气力。我们的每一句话，像"你怎么把房间搞得这么乱"，"你怎么把衣服穿反了"这类话，都会向孩子们显示他们是多么无能，是多么缺乏经验。其实，往往在那个时刻，孩子是可以做得很好的，可是我们却人为地推迟了他学会本领的时间。而且，最关键的是，我们这么做会使他们慢慢地失去了信心，怀疑自己的能力，失去了自己努力去探索、去追求、去锻炼自己的自觉性，忘记只有通过各种锻炼和闯荡才能使自己成为一个有用的人。

因此，身为妈妈一定要注意培养孩子的动手能力，具体应当怎么做呢？

1.放手让孩子去做事

妈妈不要什么事都替孩子做，当孩子长到一定年龄，他自己能做的事，就要让孩子自己去做，比如吃饭、穿衣、收拾玩具、打扫房间、帮父母做事等。我们不要总是认为孩子小，什么事都做不好，不给他尝试的机会，这样孩子永远什么事都不会做，都做不好。

只有该放手的时候就放手，孩子才能学会自己飞翔。我们不能总是把孩子放在自己的羽翼下。只有让孩子站出来面对风雨，经历坎坷、磨难，孩子才会勇于面对人生，明确自己要走的路。

2.赞赏孩子的劳动成果

当孩子自己动手做点事情的时候，无论做得完美还是有点糟糕，妈妈都要对他的成果给予积极的评价，从不同的方面肯定孩子，让孩子看到妈妈对自己行为的赞赏。没有做好的地方，妈妈要告诉孩子下次应该注意什么。如果整件事做得令人满意，自然会增加孩子的自信心和成就感。

只要孩子用心做了，不管结果如何，这种心情都是值得肯定和赞扬的。妈妈此时夸赞孩子，对他进行鼓励，会使孩子更加愿意用自己的双手去创造事物，完成一项任务。

3.通过游戏锻炼孩子的动手能力

孩子的本性是好动的、爱玩的，妈妈可以利用孩子的这种天性，来培养他的动手能力。妈妈可以给孩子多买一些用手组装和控制的游戏，尽量少买自动的或者遥控玩具，这样会增加孩子的动手能力，避免他变得懒惰。比如，可以给孩子买一些积木、拼图、手动变形金刚、剪纸、叠纸、篮球等玩具，只有自己动起来，才能让玩具发挥效力，孩子自然会很乐于动手去玩了。

孩子经常在游戏中动手，做其他事情的时候，也会乐于亲自动手，显示出自己很棒的能力。

4.鼓励孩子不怕失败

孩子动手能力差，很大程度上的原因是他害怕失败。孩子往往想到一些事情，但是却不敢去做，他担心会失败、会做不好，这样会遭到同学的嘲笑或者父母的批评。妈妈要帮助孩子打消这种顾虑。当孩子有什么想法时，妈妈要鼓励他去试一试，告诉孩子即使失败也没关系。关键是敢于尝试，这样才能获得成功的机会，才能验证自己的想法是否正确。

让孩子学会自我保护

孩子是我们的心肝宝贝，我们都希望他们能健康快乐地成长，希望他们时时刻刻都安全。我们总觉得孩子很容易受到伤害，比如他会不小心被开水烫伤，会不小心走路跌伤，会受到坏人的欺骗，会被不良事物引诱……如果没有我们保护着，他可能会遇到各种各样的危险。于是，我们"不得不"去做孩子的盾牌，帮他挡下各种各样的伤害，让他能在"纯净"的空间中向"正确"的方向成长。

可是我们的保护能持续多久呢？当孩子最终不得不从我们的保护圈中走出来时，他岂不是还要面对重重困难？因此，培养孩子的自我保护能力，是让他免受伤害的好办法。

强强4岁了，他很胆小，害怕听鬼故事，害怕打雷闪电，也害怕单独一人在家。可是强强父母的工作很忙，常常不在家，只好把他交给保姆照看。保姆很贪玩，一有机会就丢下强强到楼下找老乡闲聊、打牌。

一天，强强待在小屋里，眼看着天快黑了，保姆还没有回来，他便只好一个人吃着零食，看着电视里的动画片。这时，忽然有人敲门，强强放下零食去开门，没有问对方是谁就把门打开了。

谁知进来的是个小偷，小偷事先查明这家只有一个小孩，保姆和大人都不在，所以乘虚而入。小偷怕他哭闹，便封堵了他的嘴鼻，捆绑在客厅的沙发椅上，然后偷了东西就溜掉了。由于强强哭不出声，又害怕又饥饿，晕了过去。等到保姆回来，强强早已停止了呼吸。

其实，这个悲剧本可以避免。如果强强的父母告诉他，无论任何人敲门都别开门，或请的保姆没有偷着去打牌。小偷的行为直接导致小孩的死亡，但是强强的父母和保姆也有不可推脱的责任。

有个小女孩，因为父母有急事回不了家，她不知所措地在门外一直等待。幸好隔壁邻居发现她，并把她领回家中，才不致在外面过夜。

后来，邻居说，妈妈在门上贴着纸条，让孩子回来后去奶奶家。可是小女孩却没看字条，只知在门口等，而不知去邻居家或给奶奶打电话。如果不是邻居发现了她，说不定她会在门外冻一个晚上。

这么简单的自我保护方法都不知道，这不得不让人觉得有点心寒。而下面这个案例则反映了孩子在处理暴力问题时的无能。

小军从小就娇生惯养，许多事情都不会做。前几天，小军在放学回家的路上，遇到了几个社会青年勒索，其中一个拿出了匕首威胁小军把钱掏出来。小军看情况不对，只好把身上所有值钱的东西都给了他们。歹徒还恐吓小军不准和父母讲。

小军回家后，妈妈看到小军脸色不好，问他有什么事，小军连声说"没有"。

接下来的几天，小军在放学回家时经常受到这几个人的恐吓、勒索，每次都是把身上的东西全给了他们。

连续几天，妈妈觉得小军花钱好像特别快，神色也不对劲儿，在妈妈的追问下，小军终于说出了被敲诈勒索的经过。

妈妈听了，觉得事情太危险了，小军也太不会自我保护了。

通过以上案例可见，现在的孩子太缺乏自我保护的能力了。因此，让孩子学会自我保护的能力真是太重要了！那么，妈妈平时应当如何教育孩子保护好自己呢？

1.教孩子认识家庭及周围的事物

要让孩子记住父母的姓名、家庭住址，了解家庭周围的环境。在孩子稍大一点后，要让他记住父母的工作单位、电话号码等。要给孩子反复强化，直到孩子一口气准确报出。

让孩子认识冰箱、电视机、洗衣机、液化气灶具、抽油烟机等家用电器。如果一旦使用不当，就会酿成大祸。所以，一定不能让孩子乱触摸这些电器，以免触电、煤气外泄等。如果孩子自己要取冰箱里的食品、做饭等，一定要事先教会孩子使用方法。

要让孩子认识药品，了解一般常识。切勿让孩子品尝那些包装精致、外形美观的药品。应该把一些常用药品如感冒药、创可贴等，拿出来教孩子逐一辨认，让孩子了解药品的名称、用途、用法以及误吃的危险性，这样才能防患于未然。

2.教孩子学会自我防范

孩子缺乏分析能力，妈妈可以利用聊天、讲故事、看电视等方式，深入浅出地向孩子讲明社会的复杂。告诉孩子，不要轻信陌生人的话，不要吃陌生人给的东西，不要随便跟陌生人走等。让孩子知道，任何人，包括警察，在未得到监护人允许的前提下，都不能将他带走。

现在的一些网站、报纸、杂志、图书、电影等里面有很多不健康的内容，会腐蚀孩子的心灵。要让孩子提高明辨能力，学会自觉抵制。

孩子独自在家时，一定要让他锁好屋门，如果有人敲门，千万不可盲目开门，应首先通过"猫眼儿"观察，或是隔着门问清楚来人的身份，对那些自称是推销员、修理工的人不予理睬，更不要轻信来者是送礼品或送大奖的。

如果有人以父母的同事、朋友或者远方亲戚的身份要求开门，也不能轻信，可以请他等父母回家后再来。遇到陌生人不肯离去，坚持要进入室内时，可以声称要打电话报警，或者到阳台、窗口高声呼喊，向邻居、行人求援，迫使其离去。

妈妈也应该让孩子在学校注意自我保护，上体育课时着装要朴素大方，宽松合体，最好穿校服或运动服；要穿防滑有弹性的胶底鞋；衣兜应掏空，摘掉胸针、校徽、发卡等饰物；做剧烈活动时，必须摘下眼镜。实验课上一定要严格按照操作规程去做。在课间休息时，应该让孩子避免打斗，更不要让孩子去"袭击"别人，同时也要注意避免受到侵犯。

另外，妈妈要给孩子讲解一些自然常识。比如，下雷雨时不得站在大树下，不要靠墙根走，也不要拨打和接听电话，刮大风下大雨时应及时进入室内等。

3.适当地允许孩子冒点"小险"

我们不希望孩子遭遇危险，可我们怎样才能让孩子自己躲开危险呢？有一个很普遍的例子：我们告诉孩子开水很烫，可还是有很多孩子被开水烫着。这就是因为，孩子没有明白"烫"是什么意思。正确的做法是，我们让他轻轻地碰一碰装了开水的杯子，让他体会到被烫的感觉，这样下次他再看见开水时，自己就会躲开。

同样的，我们要适当地允许孩子冒一些"小险"，故意在家里乱堆东西，教他如何绕开或跨过行走；走路时故意挤一挤他，让他知道如果遇到过道狭窄时他该怎么走，等等。这个过程中，我们需要陪在他的左右，虽然我们不能过度保护，但最基本的保护还是要有的。而且，当孩子犯了错时，我们不要去训斥他，而是告诉他应该怎么做，让他明白正确的做法。

4.教孩子逐渐熟练掌握应对危险的能力

我们不愿意让孩子碰菜刀，因为怕他拿不稳而切到手，但为什么我们切不到自己的手呢？因为我们熟练了。所以，我们也可以多给孩子一些锻炼的机会，让他能熟练处理各种危险，让他也能积累一些处理危险的经验。

我们可以随着孩子年龄的增长，逐渐让孩子接触更多类似于做饭这样的事情，让他多动手，在做之前我们要将工作的要领完整地教给他，最好还要示范给他看，然后就是放手让他去做。当孩子从不会到学会，再到熟练之后，我们还用担心他遭遇危险吗？

5.设置危险情境锻炼孩子

有时候，父母只告诉孩子遇到危险如何自救、走丢了应该怎样正确求助等，但孩子有可能并不会真正解决问题。或许孩子可能知道应该怎样做，但因为没有训练过，到事情真发生的时候，就会发懵。所以，妈妈在日常生活中，应找机会给孩子设置一些危险情境，让孩子接受锻炼。

小松与妈妈一起去商场，他看见柜台里有一个机器人玩具，就站在那里看。妈妈以为儿子跟着自己，所以就一直朝前走，当她跟儿子说话没听见回应时，才转头去看，这时候已经发现儿子不见了踪影。

妈妈大惊失色，急忙去找商场工作人员，准备让他们广播一下寻找儿子，却意外地发现儿子也站在那里，正在请求工作人员帮助广播寻找妈妈。小松的妈妈看到儿子镇定的模样，知道平时训练儿子遇险自救有了成效，十分欣慰。

孩子经过遇到危险情境自救的多次演练，在遇到类似的真实情况发生时，才会镇定自若，用最有效的办法使自己尽快脱离危险。

教孩子学会自我管理

现代家庭中，大多数孩子都是独生子女，随着生活条件的提高，再加上父母对孩子的溺爱、照顾，在这种环境下长大的孩子，没有自我管理能力，很难适应社会发展的要求。

自我管理能力，是孩子从依赖走向独立的前提和基础，是他们学会生活的必备能力。它会帮助孩子逐渐摆脱对父母的依赖，成为真正独立的人。

如果妈妈能从小培养孩子自己的事情自己做、自己的东西自己管、自己的生活自己安排的自我管理习惯，就能增强孩子行动的独立性、目的性和计划性，这对于孩子今后生活的幸福和成功无疑是有着巨大的帮助。

在这一点上，国外的一些父母做得相当好。比如，韩国人比较喜欢周末全家出游，不管孩子多大，哪怕只有两三岁，父母都会带上他。而且，父母都会让孩子自己走，自己去照顾自己。有时，小孩子爬累了，走不动了，父母们也很少抱起他们，而只是在一边等他们休息一会儿再接着走。韩国父母认为，应该从小就锻炼孩子的生活自理能力，这样孩子才会学会自我管理。

但是，在现实生活中，中国的很多父母往往对孩子照顾有加，使孩子常处于"中心地位"：东西乱扔了，大人来收拾；衣服穿脏了，大人立即洗。这样的孩子一旦离开父母，他们将无法很好地管理自己，也无法生活。因此，妈妈应该放手让孩子去实践，在实践中学会积累经验，培养自我管理能力。

那么，妈妈如何才能让孩子学会自我管理呢？

1.妈妈要做优秀的自我管理者

不能够约束自己言行的孩子未必是家教不严，不少孩子经常受到父母的责骂，甚至受到体罚，但他依然很淘气，似乎不能管住自己的嘴巴和手脚，他总是被警告，但却一次次犯错。如果在父母的监督下，他也许会稍有收敛，但是一旦离开父母的视线，他就"闹翻天"。

妈妈对欢欢要求很严，欢欢犯错的时候经常会受到严厉的训斥。但是，欢欢却不是一个很懂规矩的孩子，更为奇怪的是，欢欢不擅长自我管理，却很擅长"管理"他人。

在家里，妈妈说话做事稍有不当，欢欢就马上"挑错"。为什么会这样呢？原来，妈妈也是这样的，她对自己要求并不严格，但对欢欢的要求却很多。因此，欢欢心里其实很不服气，她常常反驳妈妈说："自己都管不好，还来管我？"

通过以上案例可以看出，如果我们本身就不是一个优秀的自我管理者，却想培养孩子良好的自我管理能力，实在是很难。只有具备某种能力的人，才能教别人掌握这种能力，这就好比是手里有糖的人，才有"能力"给别人一颗糖。如果我们自己都不能管好自己，如何教孩子学会自我管理呢？即使理论讲得再棒，不能给孩子做出好的榜样，孩子心里也不会服气的。因此，教孩子学会自我管理，就要从自身做起。

2. 给孩子自我管理的机会

如果我们经常对孩子发号施令，就会导致他没有对自己"发号施令"的机会了。人都是有惰性的，如果总有人替我们打理好一切，我们也就乐于省心省力了。同样的道理，如果我们总是"替"孩子来管理他自己，孩子也就懒得进行自我管理了。

因此，我们要给孩子自我管理的机会。在做某些事情的时候，我们不要处处为孩子安排，要让他试着管理自己的生活。甚至，他犯错以后，我们也可以不去指责他，而是等着他自己发现错误，给他自我纠偏的机会。

别怕孩子管理不好自己，自我管理也是需要练习的。只要我们肯给他机会，他就会越来越善于自我管理。

3.帮孩子进行自我管理

我们要"帮"孩子进行自我管理，而不是"替"孩子进行自我管理。当孩子"忘记"进行自我管理的时候，我们可以不时地提示他一下。

陶陶喜欢上网，为了不让他沉迷网络，妈妈希望他能够约束自己。因此，陶陶制订了一个上网规定，规定自己每天上网不超过半个小时。但某些时候，陶陶玩起来就会忘记了时间，这时妈妈总会不失时机地提醒他：

"陶陶，记得你自己的规定哦！"得到妈妈的提醒，陶陶就会主动关掉电脑。

有的妈妈遇到类似的情况就会对孩子发火："为什么又玩这么久？"这便是替孩子进行自我管理。其实，我们应该相信孩子是有自我管理能力的，只要我们不时地提醒他一下，他就能够进行自我约束。

让孩子懂得对自己负责

责任感是一个人日后能够立足于社会、获得事业成功与家庭幸福至关重要的人格品质。托尔斯泰认为："一个人若是没有热情，他将一事无成，而热情的基点正是责任心。"

可是，现如今许多孩子出生在幸福的家庭，父母望子成龙心切，在这美好愿望的驱使下，他们心甘情愿地替孩子做一切事，把照顾孩子的责任担到自己肩上。孩子绊倒了，妈妈教孩子说"凳子是个坏坏"；吃饭时，孩子把碗碰翻了，妈妈忙怪自己没放好；孩子漏做了数学题，妈妈怨爸爸光顾看报纸，没检查孩子功课；孩子学校春游，妈妈一个晚上醒三次，怕耽误唤孩子早起。西方一位儿童心理学家针对中国存在的这些现象曾说："我不能理解父母们为什么要教育他们的孩子推卸责任。一个不懂得承担责任的人是不会有任何出息的！"

良好的责任心是一个人立足于社会，获得事业成功与家庭幸福的一种至关重要的人格品质。责任心对孩子的全面发展和健康成长，都能起到不可估量的催化和促进作用，一个没有责任心的孩子，即使再聪明，再有知识，有能力，长大以后也难以成才，因此，培养孩子良好的责任心，是关系到孩子将来的命运，决定着孩子人生的大事。

一个负责任的人，面对责任，无论大小，他都不会推卸，因为他知道负责任是一种积极的人生态度。责任也是一种付出，负责任的人在付出的同时会感到快乐，这种快乐会让他的心胸开阔，会让他冷静、成熟。

所以，我们要教育孩子从小对自己的行为负责，不要替孩子承担一切，否则将不利于孩子的成长。在孩子的成长过程中，还必须让孩子懂得为自己的错误负责，养成可贵的责任心，这样他才能独立应对生活的考验。

那么，妈妈应该如何培养孩子的责任感呢？

1.妈妈要树立好榜样

妈妈的行为对孩子具有很大的影响力，妈妈的一言一行，一举一动，都是孩子效仿的典范。如果妈妈做错了事情，总是寻找借口，不能勇于承担错误，长此以往，孩子受妈妈的感染，就会处处为自己寻找借口，逃避责任。一个对孩子、对长辈、对爱人、对家庭、对社会毫无责任感的家长，即使想培养孩子的责任感，孩子也会很不服气，也会很不以为然。

所以，妈妈要首先为孩子做好榜样，要严格要求自己，特别注意自己的行为规范，那样，孩子在正确行为的熏陶和感染下，就一定会对自己所做的事情具有高度的责任感，进而自觉地去为自己的行为负责。

2.引导并鼓励孩子勇于承担责任

孩子在犯错之后不敢承担责任或是推卸责任的行为，有时候也会让我们感到恼火。所以，作为妈妈，要让孩子学会对自己所犯的错误负责。事情的结果即使很坏，只要是孩子独立行为的结果，就应该引导并鼓励孩子勇于承担责任。妈妈一定不要替孩子承担责任，否则，就等于给孩子提供了逃避责任的机会，会淡漠孩子的责任感。

1922年，11岁的里根因为燃放爆竹违规被警察罚了12.5美元。在当时，1美元能买10只生蛋的母鸡，这些罚款相当于125只母鸡的价钱。父亲替他交了罚款，但却要他归还，也就是让他自己挣出这笔罚款。

为了还父亲的债，里根边刻苦读书，边抽空辛勤打工挣钱。由于人小力单，重活做不得，便尽力而为，或到餐馆洗盘子刷碗，或捡破烂，经过半年多的努力，终于挣足了12.5美元，他自豪地将钱交到父亲的手里。父亲欣慰地拍着他的肩膀说："一个能为自己过失负责的人，将来是有出息的。"

里根的父亲这样要求11岁的孩子，可以说是非常严厉。挣够钱还父亲的艰辛只有里根自己才知道，他在回忆往事时，深有感触地说："通过自己的劳动来承担过失，让我懂得了什么叫责任。"在做了总统后，他还常常提起少年时的这件小事，他认为，父亲教他学会做一个负责任的人，这让他受益一生。

父亲没有替里根承担过错，而是让里根自己承担过失，这使得里根不得不靠自己的劳动去承担他自己应该承担的责任。里根父亲的做法，值得所有妈妈借鉴。

3.让孩子学会为自己的过失负责

很多妈妈看到孩子犯错以后，严加管教，但大多数都是简单的打骂，或者进行体罚。这种管教方法并不是在引导孩子为自己的过失承担责任，相反，孩子只会把那些不愉快的经历和教训记在心上。即使孩子不再反抗，那也只是迫于家长的压力，孩子并没有真正明白其中的道理。

"要从犯过失的痛苦中走出来。"马里兰州的心理学家塞奇斯说。他提醒广大妈妈不要总盯着孩子的过失不放，但要让孩子从过失中吸取经验教训。

黄思路的妈妈曾经说过这样一件事：

"女儿做错事的时候，我的办法是让她自己承担后果，也就是让她'自作自受'。她出了差错，就得承担责任。她上小学时，有一次到学校排练，走时因为匆忙，忘了拿磁带。我发现了，却没做声，因为我想，提醒她一次，她的依赖心理就会增加一分，那么以后我还要提醒一百次、一千次，不如现在让她受点挫折，让事实来教育她。女儿快到校门口才想起来，可是时间不允许她回家取了。她赶快往家里打电话，让我给她送到学校去。当时我放暑假在家，完全有时间给她送去，但是我对女儿说，你自己犯的错误，不应该惩罚妈妈。我让她先到学校报到，向老师说明情况，把节目顺序调一下，再回来取磁带。事实上，我让她多跑了这一次，后来她却少跑了无数次，因为她记住了这个教训。"

在孩子处理自己的事情时，妈妈要教育孩子不对的事情绝对不能去做，做错事后应该自己负责任。在具体事件中，若出现什么问题，妈妈不要替孩子承担责任，要受什么处罚就让孩子自己去受。比如，孩子上学迟到，不按时完成作业等，就让他自己去承受老师的批评教育。

教会孩子管理自己的零花钱

俗话说，"穷养儿，富养女。"可如今，"富养"越来越深入每一个家庭。现在，很多小孩大都是独生子女，为了让孩子成为"人上人"，很多家长尽可能地满足孩子的各种要求。尤其在物质上，从不吝啬。可怜天下父母"薪"，在一次次慷慨地给孩子零花钱的同时，有没有想过，若不给孩子灌输正确的管理零花钱的道理，不培养孩子的理财能力，孩子势必会养成随意支配金钱的恶习。

相反，有些父母生怕孩子们乱花钱，总是监督着孩子的每一分花销，一旦发现稍有偏离，就马上制止他们。这样的做法看似帮孩子把钱用对了地方，但是，父母却忘了自己的介入，往往对孩子起不到什么培训作用，反而可能增加了孩子的依赖性。例如，《美国女性》杂志里，就记录了一位女士小时候用钱的亲身经历：

"妈妈经常会给我和弟弟一些零花钱，为了让我们学会存钱，妈妈给我和弟弟各自买了一个存钱罐。而且只有当圣诞节时，或是家里有人过生日的时候，我们才能按自己的意愿拿这些钱去买些食品或者小礼物。但是，对于我来说，这些钱给我了就是我的，他们不应该再来管我把这些钱用在了什么地方。所以，我总是偷偷地从存钱罐里拿出一些钱，去买我想要的东西。偶尔想要和家里某个人分享我的战利品时，也只是让他一个人知道。

"但是我弟弟就完全不一样了，我觉得，简直可以用'吝啬'来形容他，因为他从来不乱花钱。如果弟弟存钱罐的钱总是比我的多的话，妈妈很快就会发现我的'小动作'。为了保险起见，我经常会从弟弟的存钱罐里拿出一些硬币，放到我的存钱罐里来保持'平衡'。因为妈妈很少去数我们的存钱罐到底存了多少钱，所以，我的'小伎俩'也从来没有被发现过。"

这个实例让我们看到，虽然在父母看来，孩子们的确如他们所愿没有乱花钱，而事实上这种做法可能使得孩子们做了比乱花钱更坏的事情——欺骗，因此，并不是说让孩子们随心所欲地花钱就会万无一失了。

当孩子长到一定的年龄，有了生活自理能力时，自己支配零花钱就会成为一种客观且合理的需要。父母一定要利用孩子使用零花钱的机会，对孩子的零花钱进行必要的约束，同时不要阻碍孩子独立性的发挥，让孩子在支配零花钱的时候增强理财观念，培养独立自主的能力，并逐步树立自己的价值观。

园园今年8岁，上三年级。她每个星期有50元的零花钱，这对于孩子来说已经足够了。可是最近几个星期她的钱花得很快，不到一周的时间就会再向妈妈要钱。妈妈了解到她的零花钱是怎么花的后，才明白孩子不会管理自己的零花钱。

通常，妈妈把钱给园园的第一天，她就会很兴奋地拿着钱去买自己喜欢的文具、零食，一点都不懂得规划，也不考虑一周有7天的问题，花钱没有节制。一般到周四左右，园园的零花钱就没有了，只能伸手向妈妈要。

妈妈为了锻炼孩子的理财能力，为园园准备了一个本子，把50元钱平均摊到每一天，然后让孩子根据数额支配每天的花销，这样就能防止园园不到周末就把钱花光了。

相信只要妈妈教给孩子正确支配零花钱的方式，引导他们合理使用零花钱，孩子就能在支配零花钱的时候培养出受用一生的理财能力。

那么，妈妈具体应该如何做呢？

1.适时给钱

儿童心理学家认为，个别儿童在二年级就能妥当地支配零花钱，但一般在四年级的时候给零花钱较好，因为这个年龄段的孩子能计划到将来，能为今后的打算而暂时地克制自己，把零花钱存起来独立计划使用。

2.适量给钱

给孩子零花钱决不能随要随给，要定期，不宜多，不要认为爱孩子就要给他多一点儿零花钱，那样反而会助长孩子的浪费习惯和虚荣心理。比如石油大王洛克菲勒，他给孩子零花钱是：七至八岁每周三角，十一至十二岁一元，十二岁以上者才二元。还发给孩子小册子，每人需要记清支出账目，以备审查。凡钱账两清、用途正当的下周奖五分，反之则减。

3.让孩子用好零花钱

在孩子支配零花钱的过程中，原则上应由孩子自己决定零花钱的用途，不要硬性规定这不该买，那不能买。应该培养孩子逐渐掌握对各种事物的判断能力，孩子会用适当的标准来决定该买什么，不该买什么。否则会使孩子丧失主体性，只是一味地接受大人的价值观，只敢买家长点头认可的东西，长大后很容易形成依赖性人格。另外，妈妈们还应懂得，孩子年龄越小，本能的生理需求越强烈，因为自我意识和社会化水平较低，所以在吃、喝、玩方面的行为就难以节制。这就要求妈妈要主动帮助孩子养成良好的用钱习惯，帮助他参谋计划买渴望买的东西。比如孩子渴望买一部学习机，你得和他算一算"账"，使他明白要积攒近半年的零花钱才可以达到目的，如果随便把这些零花钱花掉就买不成了。经常这样引导，让孩子明白节约用钱的道理，并学会同父母商量计划用钱的方法。当他用积攒的钱买了非常喜欢的东西后，他的行为就在无形中得到了正面暗示性的鼓励。

第三章

妈妈这样说，孩子进步快

妈妈要学会倾听孩子的心声

当妈妈对孩子表示重视和尊重的时候，孩子就会把心中的郁闷倾诉出来。这样孩子在变得开心的同时，也更乐于和妈妈沟通交流。这有助于加深孩子对自己的好感，也有助于与孩子的关系更加融洽。

许多妈妈认为，孩子在小的时候，应当对妈妈的话言听计从。其实，一个好妈妈不应当采取这样的教育方法。尤其是当孩子渐渐长大，有了自己的思想与主见后，做妈妈的更应摒弃这种做法。而应倾听孩子的心声，把他当做一个独立的个体，与孩子进行平等的交流，孩子才会快乐地成长。

每个孩子都希望自己的妈妈可以分享他们的成功、喜悦，分担他们的忧愁、痛苦。同时他们也希望妈妈可以听听自己的理想、抱负，而不是只爱听"好消息"，不爱听"坏消息"。譬如，当孩子放学回家后，兴致勃勃地跟妈妈说起学校里发生的一些趣事时，她们却不愿意听，甚至会怒斥他："你瞎操什么心，小小年纪懂什么，你现在最重要的是学习，其他的事情不必要操心，赶快回房间学习!"长此以往，孩子会认为妈妈不愿意听他说话，觉得什么事情说了也是白说，还不如将它埋在心里。久而久之，这种消极情绪找不到发泄和化解的渠道，积累到一定程度就可能突然爆发，变成一种对抗情绪，那时妈妈与孩子沟通就更困难了。

因此，一个好妈妈不但要倾听孩子说话，更要学会如何倾听。在倾听孩子说话时要做到：不急于表达自己的看法，而要尽量让孩子充分地表达他的意见；不随意打断孩子说话，在他一时没接上来时，耐心等一等。这样一来，孩子觉得得到了尊重，也就会把妈妈当成倾诉的对象，进而会和孩子成为好朋友。

伟大的俄国作家契诃夫说过这样一句话，母亲之所以在教育子女方面不能由别人代替，就是因为她能够跟孩子同感觉、同哭、同笑……所以在家庭中，妈妈往往是孩子最信赖的倾诉对象。

孩子是一个成长中的人，他每时每刻都可能遇到困难，随时都可能遇到迷茫费解的问题，并且他们的情绪非常容易受到干扰.一会儿哭得伤心欲绝，一会儿又笑得阳光灿烂。他们在内心里极其渴望有人能理解他们的感受。所以这时候，孩子需要的不是一个评论家、指导者，而是一个耐心的倾听者。

所以妈妈们应该明白，倾听孩子的目的，不是看孩子说的东西对与错，而是用"倾听"的动作来给孩子支持和理解；通过倾听的动作，来表达自己对孩子的爱，让孩子感到他们在这个世界上并不孤独。父母永远是他们心灵的归宿。所以聪明的妈妈与其做一个高明的说者，不如做一个高明的听者。那么，妈妈应该注意哪些方面呢？

1.用正确的姿态倾听

妈妈要想改变孩子"不听话"、"对着干"等逆反心理和现象，就必须先让自己摆脱传统的教子观念，不要用居高临下的姿态对待孩子，而应用平等、真诚的态度与孩子沟通。这样的话，孩子才愿意向妈妈吐露心声，才能从"不听话"变为听话，从"对着干"变为愉快合作。

一个8岁的孩子经常对同伴这样抱怨："跟妈妈讲话真没意思，她一边干家务一边和我说话，眼睛从来不看我，有时我都不知道她是不是在听我说话。"

因此，妈妈在倾听孩子说话时，要做好姿态。

首先是"停"，手和心理的"停"。即妈妈要暂时放下正在做和正在想的事情，注视对方，给孩子表达的时间和空间。

其次是"看"。即仔细观察孩子的脸部表情、说话的声调和语气、手势以及其他肢体动作等非语言信息。

最后是"听"。即专心倾听孩子说什么，同时以简短的语句，如"你觉得老师不公平吗"、"你很生气自己被冤枉吗"等，把孩子的想法和感受引导出来。

也许孩子的行为确实有不对之处，但妈妈千万不要急于批评和纠正。待孩子说完之后，妈妈可以这样和孩子沟通，首先去接纳孩子，如"我理解你现在的心情……"、"我体会到你很伤心……"。然后慢慢地引导孩子，如"有什么方法呢"、"以后你将会怎样做呢"等，激励孩子思考，并帮助他从错误中走出来。

2.表现出听的兴趣

当孩子向妈妈倾诉时，孩子最怕听到的一句话就是："我早知道了。"听到这句话，孩子"说"的欲望全被打消了。

当然，如果孩子经常听到的是妈妈这样的话，"知道了，早知道了，别烦我"、"该干吗干吗去吧，谁有功夫听你神侃"，那孩子肯定会把自己心灵的大门紧紧关闭，从此有什么事也不会再向妈妈说。

其实，认真听孩子倾诉也是妈妈对孩子的一种尊重。做妈妈的关心孩子，不应只是关心他的冷暖、吃住、学习，还要关心他感兴趣的事。

对孩子所讲的事情表现出兴趣，孩子永远都会和妈妈快乐地交流下去。

因此，当孩子对你说某件好玩的事情时，妈妈一定要表现出兴趣，认真地听，并把这种认真的态度传达给孩子。

(1)运用表情变化来传达。比如：保持微笑，并常常做出吃惊的样子。孩子一般最希望看到大人对自己所说的事情表示出吃惊的表情。能把大人吓住，说明自己很有本事。

(2)语言表达。在倾听孩子说话的过程中，用简单的诸如"太好了"、"真是这样吗"、"我跟你想的一样"、"你的想法太好了，请继续说"、"我简直不敢相信"等话语来表示你的兴趣。

你会发现，无论孩子的话题多么简单，如果你想要表现出有兴趣的姿态，那么兴趣就会自然而然地产生出来。如果你总是沉着脸，一言不发，一副漫不经心的样子，就会令孩子十分失望。慢慢地，他就会养成对什么事都漠不关心的坏毛病。那些在课堂上发呆、不爱发言的孩子，幼年时很可能就缺少好的听众。孩子从小没有感受过自己语言的魅力，必定会对自己的语言表达能力失去应有的信心。

3.再忙也要听孩子说

"我妈从来不愿意听我说话，她每天说的最多的话就是：'我很忙！'"

"我家里人很少在一起说话聊天，每天都是自己忙自己的事情，在家一点儿意思都没有！"

"我和妈妈根本无话可说，她好像也不喜欢和我说话，所以我只好上网聊天了。"

其实，在孩子的内心深处，他们是很希望与妈妈交流的。孩子有高兴的事，首先想到的是告诉妈妈，与妈妈分享快乐；如果有烦恼的事，也很想得到妈妈的开导和帮助。但是，大多数妈妈们都没有与孩子交流的习惯，她们总是说"我很忙，哪有时间听孩子不停地说个没完呀"。

因此，在这种观念下，妈妈与孩子之间的代沟会随着孩子的长大而越来越深。

"每天暂停十分钟，听听少年心底梦"，这是一则公益广告，它通俗地讲出了家长要善于倾听孩子诉说的重要性。

对大多数妈妈来说，每天抽出一点儿时间，哪怕只有十分钟，并不是一件困难的事情。妈妈可以在做饭的时候，让孩子一边帮自己择菜，一边与孩子聊聊在学校的事情；妈妈还可以在孩子睡前的十分钟，听他们唠叨一下与同学之间的关系……听孩子诉说，是帮助孩子成长的一个很好的途径，也是做妈妈的一份责任，因此妈妈应给予足够的重视。

4.不要打断孩子的话

一次偶然的机会，妈妈问杉杉："你长大后要做什么呀？"

杉杉歪着小脑袋想了好一会儿，然后低着头告诉妈妈："妈妈，我想做小偷。"

妈妈有些惊讶，但更多的是气愤，心想真是个不争气的孩子，做什么不好，偏偏想要做小偷。妈妈刚想训斥她，但看她低着头的样子，突然强烈地想知道孩子产生这种想法的原因。于是，她控制住自己的怒气，语气温和地问孩子："能告诉妈妈你为什么想做小偷吗？"

杉杉有点儿不好意思了，她结巴着说："我，我想偷一缕阳光送给冬天，让妈妈不受冻疮的痛苦；我想偷一片光明给盲人，让他们感受世界的五彩缤纷……"她越说越流利，越说越激动，妈妈的眼里也含着泪光，情不自禁地为女儿鼓起掌来……后来，杉杉的妈妈跟别人说起这件事时，仍然很激动："当时我真的很庆幸自己多问了一个为什么，庆幸自己倾听了孩子的心声，否则我不仅错过了诗一般美的语言，更为可怕的是我会伤害一颗善良而又纯真的心灵。"

每个孩子的心灵都是纯洁的，当他们在讲述自己奇怪的想法时，妈妈千万不要打断他们的话。随意打断孩子的话，不仅是不尊重他们的表现，更有可能使孩子关闭心灵的大门，从此拒绝与你沟通。

5.倾听孩子的委屈

苗苗放学一回家就向妈妈哭诉："妈妈，我恨老师。"

妈妈看着女儿委屈的样子，赶忙放下手中的家务，一边给女儿擦眼泪一边问："看你伤心的样子，能告诉妈妈为什么吗？"

"老师让我读课文，有一个多音字，我没注意读错了，老师当众指出了我的错误，同学们都笑我，搞得我很没面子。"苗苗很伤心地告诉妈妈。

妈妈刚想好好安慰一下女儿，这时电话铃声响起了，苗苗马上停止了哭泣，很认真地对妈妈说："妈妈，谢谢你听我说话，我没事了。我和小欣约好了要去公园玩，我玩一会儿就回来。"

当孩子跟妈妈诉说自己的委屈时：做妈妈的应该如何面对呢？

首先，妈妈要认真地听孩子讲述事情的整个过程。也许孩子只是想找一个倾听者，他们诉说完，心里就会舒服了，也许用不了多久就会忘掉这些委屈。这时，妈妈需要做的仅仅是听就可以了。

有时，孩子还需要安慰。听孩子诉说完自己的委屈，妈妈可以这样说："这肯定让你感到非常难受。"这时，父母不要做任何判断，先直接把孩子的感受说出来，这样可以让孩子感觉找到了心理依托，会很信任你。

接着，妈妈可以继续开导孩子。如妈妈可以这样说："我记得我在你这个年纪的时候也被别的同学嘲笑过。"为什么要这么说呢？因为孩子受到委屈后会感到非常孤单，当听说妈妈小时候也有过同样的经历时，他会觉得自己不那么孤立，同时他也会愿意继续听妈妈说下去。

非语言沟通很重要

在教育孩子时，妈妈除了有意识地用语言与孩子交流，或传授知识，或进行思想品德教育以外，另一种则是自觉或不自觉地以目光、表情、服饰、姿态等非语言行为与孩子交往。这种非语言行为既能表露一个人的意志、性格和情绪，又能表示某些意图。可以说，非语言行为可以补充、加强甚至代替语言，同样能收到很好的教育效果。

语言学家艾伯特·梅瑞宾的研究表明，人与人之间的沟通高达93%是通过非语言沟通进行的，只有7%是通过语言沟通的。而在非语言沟通中，有55%是通过面部表情、形体姿态和手势等肢体语言进行的，只有38%是通过音调的高低进行的。

因此，艾伯特·梅瑞宾提出了一个著名的沟通公式：沟通的总效果=7%的语言＋38%的音调＋55%的面部表情。

由此可见，非语言信息在沟通过程中是多么重要。

然而，一份社会调查却显示，在亲子之间的沟通中，非语言沟通常被忽视。例如，当孩子对妈妈讲述某件事情时，大多数的妈妈都不会放下手中的家务，注视着孩子的眼睛，而是一边做家务，一边听孩子说话。有时，甚至还会向孩子大吼："没看我正做饭呢吗，你不能等会儿再说！"

正是因为家长这种忽视非语言沟通的态度，使得这些青春期的孩子觉得与家长沟通"没劲"，并且还会使他们产生了一种不被重视的感觉，因此他们会不愿意与家长沟通，甚至是拒绝与家长沟通。

当然，也有一些家长用了错误的非语言与孩子沟通，例如经常向孩子发脾气、拍桌子、摔东西等。这些非语言行为都是拒绝沟通的信息，因此它更会阻碍亲子之间的沟通，破坏亲子关系。

其实，正确的非语言沟通对于孩子来说是非常重要的。尤其是在具体的环境中，非语言沟通往往能表达某种特定的含义，从而增进家长与孩子之间的感情。

例如，当孩子做出了自认为很自豪的事情时，很希望得到妈妈的认可，这时，如果妈妈单纯地用语言与孩子沟通，告诉孩子："儿子，你真棒，妈妈因为你而骄傲！"孩子也会很高兴，但是这种高兴劲也许没过多久就被孩子忘记；如果妈妈运用非语言与孩子沟通，微笑地走到孩子面前，给他一个拥抱，然后再告诉孩子："儿子，妈妈因为你而骄傲。"这样，孩子将永远也不会忘记妈妈对他的赏识和鼓励。

看到这里，也许有些妈妈又要产生疑问了：那孩子到了青春期时会对自己的身体很敏感，他们会不会讨厌我们接触他们的身体？

是的，到了青春期，孩子对自己的身体变化感觉很难为情，因此对自己的身体很敏感。或许他们真的讨厌他人接触他们的身体，但他们永远都不会拒绝来自于家长的欣赏和鼓励。

孩子身体发生了变化，孩子还没有表现出什么，很多家长开始紧张了，他们不敢再像孩子小的时候那样拥抱孩子，也不会再爱抚地摸孩子的头、拍孩子的肩膀了。也许正是因为家长的这些变化，孩子才会对自己的身体变得敏感起来。其实，家长与孩子之间正确的非语言沟通，并不会使孩子讨厌，相反，正是因为这些非语言，孩子才能真实地感觉到家长对他们的爱与欣赏。

所以，建议妈妈在日常生活中，要多用一些非语言的方式与孩子进行情感交流。

1.孩子遇到困难时拍拍孩子的肩膀

拍拍孩子的肩膀表示对孩子的鼓励和肯定。尤其是当孩子遇到困难时，妈妈拍拍孩子的肩膀，不仅能够使孩子对妈妈产生一种信任，还会给予孩子无穷的勇气和力量，让孩子去战胜困难。

例如孩子成绩没考好，正在自己的房间里烦恼时，妈妈给孩子倒了一杯水，拍拍孩子的肩膀，转身离开了；孩子心爱的小伙伴小花猫走失了，孩子正在伤心地哭泣，妈妈拍拍孩子的肩膀，给孩子递过一张纸巾。

其实，无论孩子是高兴还是伤心、是兴奋还是沮丧，妈妈拍拍孩子的肩膀，都能拉近与孩子间的距离。

当孩子做出了引以为豪的事情时，妈妈拍拍孩子的肩膀，孩子一下就会领会妈妈的意思，并会在心里对自己说："妈妈在为我而骄傲，我一定会更加努力，成为妈妈永远的骄傲。"

当孩子伤心的时候，或者正为某些事情而烦恼时，妈妈拍拍孩子的肩膀对他说："一切都会好起来的!"这个动作往往能够给孩子很大的精神鼓励，使孩子的情感很快得到安抚。

2.让拥抱陪孩子长大

调查表明，有70％的孩子喜欢妈妈的拥抱，有1／3的孩子认为人的一生都需要妈妈的拥抱。

心理学研究发现，人都有一定程度的"皮肤饥饿感"，在妈妈与孩子的众多接触中，以抱着孩子和搂着孩子的肩膀最能使孩子产生强烈的幸福感和安全感。

母亲温柔的怀抱永远都是孩子心灵停泊的港湾。但是随着孩子年龄的增长，妈妈给孩子的拥抱会越来越少。有位心理学家曾说过：每天给孩子三次拥抱，会促使孩子心灵的健康成长，同时，还可以增进亲子之间的感情。

一位母亲在孩子很小的时候就坚持每天拥抱孩子三次，现在她的孩子上六年级了，从来没有和妈妈闹过矛盾。

早上，当孩子醒来时，这位妈妈会张开双臂抱抱孩子，并亲切地对他说："亲爱的，你是如此招人喜欢，新的一天到来了，让妈妈抱抱吧!"

孩子放学回家，妈妈会放下手中的家务，抱抱孩子，并热情地对他说："宝贝，今天又学习了一天，告诉妈妈，你今天学到了什么呀?"

晚上睡觉以前，这位妈妈会温柔地抱抱孩子，并对他说："宝贝，来，让妈妈的拥抱陪你入睡!"

3.与孩子像朋友一般握手

握手表示一种友好，这是握手礼仪传达出来的最首要情感。当两个陌生人相见时，握握手，两人就认识了，距离就拉近了。

当妈妈像朋友一样与孩子握手时，孩子就会感受到妈妈对自己的友好和尊重，他们就更容易打开自己的心扉，愿意与妈妈分享自己的想法。

妈妈因为工作需要要给同事发一封电子邮件，因为妈妈不太懂，便向上五年级的儿子请教："儿子，妈妈想拜你为师，你能教我发电子邮件吗?"

"当然可以了。妈妈，你看，把这个打开……"儿子认真地给妈妈讲起课来。

当妈妈的邮件发送成功之后，妈妈真诚地伸出手说："以后电脑方面的事情我还要多向你请教，来，握个手吧，祝我每天都能进步一点点!"儿子虽然有点不好意思，但他仍然很认真地与妈妈握了握手。

许多妈妈不习惯直接对孩子说："来，孩子，我们做个朋友吧!"而通过握手，妈妈想与孩子做朋友的意思就很真诚地表达出来了。这时，孩子也很容易从心理上认可妈妈，从而愿意与妈妈成为好朋友。因此，想了解孩子心理、成为孩子好朋友的妈妈，不妨试着与孩子握手。

4.用微笑和点头肯定孩子

点头给予孩子的是一种认可和鼓励。当孩子取得成绩之后，妈妈可以用点头鼓励、称赞孩子，这样，孩子就会充满信心，并会努力做到更好。

而当妈妈微笑着点头认可孩子时，孩子会比听到妈妈的夸奖还要高兴。因为微笑和点头，不仅仅给予孩子一种认可和鼓励，而且能让孩子体味到妈妈对自己的爱。

一个5岁的小女孩正在餐桌上吃饭，她很想自己夹菜，于是她拿起筷子，用征求的眼光望着妈妈。这时，妈妈微笑着向孩子点了点头，小女孩高兴地夹了一口菜，津津有味地吃了起来。

这时，妈妈走到孩子身边，轻轻地摸了摸孩子的头，孩子顺势靠在妈妈的怀里。

在这里，妈妈和孩子没有用一句语言，但是，他们之间的沟通却非常顺畅，这种温馨的亲子关系相信会令每一位做父母的都非常羡慕。而这也正是微笑与点头的魔力。

5.用眼神教育犯错误的孩子

孩子经常会犯错误，因此，妈妈对于犯了错误的孩子总是不免要斥责几句。实际上，教育方式并不只有批评、责骂，其他的方式也会起到良好的教育效果。比如在孩子犯错误的时候，如果妈妈能够用眼神来"教育"孩子，相信教育的效果会更好。

一个8岁的孩子想喝水，于是便自己去倒，由于不小心，打翻了热水瓶，热水洒了一地，他害怕地等待妈妈的惩罚。

妈妈听到响声，快速地走进厨房。

孩子马上向妈妈解释："妈妈，我不小心……"

妈妈用眼睛看了看孩子，有点责备，但更多的是关爱："小心点，没有伤到手吧？"看到孩子没事，她又忙她的事情了。

这位孩子在日记里这样写道："我永远也不会忘记妈妈宽容的眼神。以后不管再做什么事情，我一定要小心谨慎，不再粗心大意了。"

教育的最佳效果是让孩子意识到自己的错误，并懂得如何避免错误，而不仅仅是批评孩子，让孩子心里难过。当孩子犯错误时，妈妈用眼神批评孩子，不仅可以取得同样的教育效果，而且可以让孩子体会到妈妈的宽容，并时刻激励自己不再犯同样的错误。

爱争辩的孩子更聪明

"**不**为什么，我让你怎么做，你就怎么做，因为我是你妈！"

"不许顶嘴，不听话，小心我收拾你！"……

妈妈在教育子女的时候，难免会遇到孩子回嘴、反驳、顶撞的情形。当面对孩子的争辩时，你会如何处理？是否像上面那样把自己的意志强加在孩子身上呢？

由于受千百年传统观念的影响，受封建礼教的约束，国人总觉得小孩子见识少、阅历浅、不成熟，又是自己生养的，于是形成了"大人说话小孩子听"的定论。不少家长不允许孩子与大人争辩，孩子只能对大人的话"言听计从""要听话"，是决不允许与家长拌嘴、争辩的，否则就是"大逆不道"。

一位承受很大工作压力的白领女性在谈到妈妈对她进行听话教育的历程时说："小时候，外婆看护我，妈妈上班前总是反复叮嘱，听外婆的话。妈妈下班回来之后也常常问我，今天听外婆的话没有。3岁上了幼儿园，妈妈每天早晨送我去幼儿园，临走时总是一句话，听阿姨的话，每天晚上去接我，也常常问我，今天听阿姨的话没有。上小学时，每天都叮嘱我听老师的话，上课要用心听老师讲。上了中学还是经常叮嘱听老师的话。后来工作了，也经常叮嘱我要听领导的话，看领导的脸色办事。好像在我的记忆中，'听话'两个字是妈妈对我讲得次数最多的。"

"听话"是中国家长对孩子使用频率最高的两个字。孩子小的时候，自理能力很差，让孩子按照父母或保护人的意愿去活动，避免出现危险，无疑是对的。但是，孩子逐渐长大，自我意识逐渐加强，这个时候，父母的叮嘱、关心、爱护也是非常必要的，但却不能总用"听话"两个字抽象地去进行教育。

总是用"听话"两个字去教育孩子，势必在孩子的幼小心灵里灌输一种观念：大人的话，父母的话都是对的，老师的话都是对的。这就在相当的程度上限制了儿童独立思维的发展，限制了儿童独立行为的发展，限制了儿童质疑精神的发展，会使孩子形成唯唯诺诺的性格。

试想，一个孩子处处、事事都按照父母的话去做，按照老师的话去做，而没有自己提问题的心理空间，没有表达自己看法的余地，岂不是变成一个机器人了吗？连自己的言行都是受别人的支配，试想想，这样培养出来的孩子能有创新人格吗？能有创新意识吗？能有创新能力吗？这样培养出的孩子只能看着父母的眼色办事，看着老师的脸色办事，看着领导的意图办事。允许争辩，不介意孩子顶嘴，看起来是管教态度，实际上是教育思想和理念的一种反映。

其实，允许孩子与父母争辩是件有益的事。争辩是争论、辩论的意思，是各执己见，相互辩论说理。这样做有利于思想沟通，通过争辩达到形成共识、解决问题。这有什么不好呢？

强强的妈妈是一位老师，教学生觉得挺容易，可教育儿子她却老不得要领。强强聪明可爱，但也很刁蛮任性，老惹妈妈生气，妈妈一生气就劈头盖脸地骂他，数落他的不是。

星期六，强强在外面疯玩了半天，回来后又被妈妈骂了一顿。谁知道，强强竟然用很不屑的眼光看着妈妈。

第二天，妈妈对强强说："今天妈妈同你到新华书店去，你看中的书只要对学习有用，妈妈就帮你买。然后，我们再去逛街，若是你看中什么，就跟妈妈说，只要是你需要的，妈妈也给你买。"强强用疑惑的眼光望着妈妈，似乎在说：今天妈妈怎么这样好！

看见强强惊讶的样子，妈妈便耐着性子又说了一遍，就拉着他一起上街了。在路上妈妈问强强："昨天妈妈骂你，你是怎么想的？"强强不说话。妈妈就说道："今天妈妈一定不发火，不骂你，你把你当时的想法告诉我。"强强看妈妈态度诚恳，就说："我很看不起你啊！""怎么看不起我？""我不就是去玩了一会儿吗，你就劈头盖脸骂我，一点儿也不像个老师，简直就像个……""像个什么呢？""像个泼妇……"

从这以后，妈妈再也不骂强强了，而改用了说理的方法，很多时候也允许强强跟她争辩一番。渐渐地，强强跟妈妈亲近了，看到妈妈伏案备课、批改作业时，甚至还会沏上一杯热茶。考试做错了题会一五一十地向妈妈说清原因，出门也总会跟她说清去处和时间……强强通过和妈妈争辩，让妈妈意识到了自己在教育孩子上的盲点。许多妈妈认为，孩子不争辩就是认同自己的看法。其实不然，孩子之所以不争辩，不是因为自己没有看法，而是摄于妈妈的威严，不敢争辩而已。

德国儿童心理学家专家认为，能够同父母进行真正争辩的儿童，在以后会比较自信、有创造力和合群。汉堡心理学家安格利卡法斯博士证实："隔代人之间的争辩，对于下一代来说，是走上成人之路的重要一步。"这位心理学家还谈到争论的一些重要之处：

1.有助于找到界限

"等我们吃完了再去干"，妈妈劝儿子卢卡斯。9岁的卢卡斯生气地把椅子往后一推，顶了一句："为什么？我还有些事要做，比坐在这里要好。"法斯博士说，卢卡斯的这种挑衅是在试验他的能力的极限在何处。同这个倔头倔脑的阶段相似，同父母拌嘴能使孩子有机会学会估量自己。争辩是摆脱儿童无方向状态的一个途径，可以使他们知道自己的能力和界限在何处。

2.形成自己的意志

法斯说："争执能帮助儿童变得自信和独立。在对抗中他们感觉到自己受到重视，知道怎样才能贯彻自己的意志。"争执也表明孩子正在走自己的路，他们注意到，父母并非总是正确的。

3.应付冲突的训练

安格拉想学骑马，但是她妈妈反对。妈妈说："我要对你负责。"安格拉反驳说："萨比内的父母也对她负责，但他们允许她骑马。"争论有学习的效果。孩子通过争论学到争论的艺术。考虑到日后在工作中，以及和同伴的关系中会有争论，这种学习对儿童是重要的。

4.爱的表示

俗语说，相亲相爱，才会相互逗弄。斗嘴是向对方表示，你对我是重要的。一个人如果总是与世无"争"，他就是向周围的人表示，你们对我无所谓。

5.刺激智力的发展

能促成孩子和父母争辩的直接原因，是他们语言能力的进步和参与意识的觉醒。在争论时，孩子必须根据自己对环境的观察分析，选择并运用学到的语汇和表达方式，试图有条理地表达自己的欲望、观点，挑战父母，这将大大刺激孩子语言能力的发展。而且，通过争辩，孩子可以学到争论、辩论的逻辑技巧，这对孩子日后思维的发展是有利的。

6.帮助形成个人意志

心理学家认为，争执能帮助孩子变得自信和独立。在争辩中，孩子会感觉到自己受到重视，知道应该怎样表达才能实现自己的意志。争执也表明孩子自我意识的觉悟，正在尝试着走自己的路。孩子在与父母争辩后发现，父母并非总是正确的。辩论的胜利，无疑使孩子获得一种快感和成就感，既让孩子有了估量自己能力的机会，也锻炼了他们的意志力。

所以明智的妈妈应该树立一种观念，只要孩子是遵循规则、讲道理，就允许孩子争辩，这不是什么丢面子的事情。要记住不要把自己的意志简单地强加在孩子身上，而应为孩子的争辩创造一种宽松、平等的氛围。在争辩的过程中，妈妈应循循善诱，以理服人，不要简单地把孩子的争辩看作是对长辈的不敬。这种争辩，对两代人都有好处，因此妈妈要善于研究学习，让争辩发挥更大更好的作用。

给孩子争辩的权利，这对许多做妈妈的来说并非轻易能做到的。所以，做妈妈的首先需要克服自以为是、唯我是从、只准说是、不准说不的单向说教的思维定势，换之尊重孩子，鼓励争辩，勇于自以为非，善于双向交流的思维方式；改变轻则呵斥，重则棍棒的粗暴行为，养成重科学，讲民主，以理服人的良好规范。

勿用命令式的口气跟孩子说话

很多妈妈总喜欢用命令式的口气跟孩子说话，而且她们也普遍地认为用命令式的说话语气管教孩子是最直截了当的，也是"见效"最快的。殊不知，孩子内心有多么讨厌这种命令式的语气。

"成人世界"与"孩子世界"沟通的钥匙，不仅仅掌握在大人手中，而是大人和孩子每个人手中都有一把，最重要的是大人手中的钥匙。妈妈要想和孩子沟通，需要学会一件事——经常从孩子的观点上来思考，从孩子的角度来观察、决定事情，这是对孩子最大的尊重。

妈妈能在家庭中创造一种平等民主的空气，这是孩子的幸运。在这样的家庭里，孩子会觉得妈妈是自己的朋友，而不是高高在上的权威。

很多人都知道连通器的原理，只有两头高度差不多，水才有可能在中间的管道里来回流动，如果一头高，一头低，水就只能往一个方向流了。孩子与父母的交流也是一样的。拒绝命令的方式，平等地和孩子说话，妈妈与孩子才有可能平等地交流。

美国精神病学家威廉·哥德法勃曾经说过："教育孩子最重要的，是要把孩子当成与自己平等的人，给他们以无限的关爱。"无数事实也表明，父母以居高临下的命令姿态来跟孩子说话，反而会使孩子产生逆反心理。只有父母转变姿态，像对待朋友那样去跟孩子说话，才有可能让孩子感受到平等。

小芬在父母眼里是不听话的孩子，因为不管妈妈让她做什么，她总是不听从；而小芬也不喜欢妈妈，原因是她不尊重自己，老用命令的口气让自己做这做那。这样，小芬与妈妈的关系一直都不是很好。

　　有一次，小芬正在专心画画，妈妈命令她说："小芬，过来帮妈妈洗菜。"小芬不情愿地回答道："我在画画。"妈妈看见小芬没有起身，走到她面前严厉地说："我叫你洗菜你听见了没有？你还想不想吃饭？"小芬抬头看着妈妈说："我正在画画，我的画还没有画完呢。""你的画能当饭吃？"小芬的妈妈说着，拿起女儿画了一半的画，几下把它撕碎扔在了地上，然后再次命令小芬道："去洗菜！"小芬看着妈妈野蛮的行为，听着妈妈命令的声音，伤心极了，她怒视着妈妈道："我今天不吃饭！"说完站起身跑进了自己的小屋，把门反锁上了。

　　此后，小芬好多天都不理妈妈，这使小芬的妈妈意识到自己用命令的口气对孩子说话有些欠妥，但又不知应如何做才好。

　　孩子是一个独立的个体，有自己的想法，也有强烈的自尊。他们希望父母能够平等地对待自己，不愿意听到父母命令自己的口气，更不喜欢父母强迫自己的行为。当父母用命令的口吻要求孩子做事时，孩子很容易产生与父母对抗的行为。如上例中的小芬，在听到妈妈的命令后，就产生了对立的情绪，结果她没有听从妈妈的安排，妈妈也被气得够呛，弄得两败俱伤，导致父母与孩子的关系越来越僵。

　　很多妈妈认为，对孩子发号施令是做家长的权利，命令孩子做事理所当然。而慢慢长大的孩子，有了独立自主的意识，对妈妈命令的口气很反感，认为妈妈不尊重自己，内心产生了逆反心理，不愿意听从妈妈。有的妈妈因此感觉威严扫地，为了维护自己的面子，就更进一步强迫孩子按照自己的话去做，此时孩子与妈妈之间就会产生严重的对抗，影响良好亲子关系的建立。

　　妈妈用命令的口气与孩子说话，会压抑孩子独立自主的意识，长久下来，孩子就会形成懦弱自卑的性格。即使长大成人后，他们还会依赖大人，遇事不能自主，使一生的生活质量都受到影响。

每一个妈妈都希望孩子能够身心健康地快乐成长，也希望自己的威信永远留在孩子的心中，那么，改变与孩子沟通的方式，不用命令的口气与孩子说话，多从孩子的角度去思考问题，多听取孩子的意见，让他以平等的身份参与到事件的决策之中，这样孩子才会易于接受父母的观点，愿意按照父母的意愿做事。这样，父母的威严和形象在孩子心目中才会高大、持久。

妈妈对孩子用命令的口气说话，要求孩子无条件遵从自己的安排，是传统教育观念中的糟粕。现代的妈妈应该不断学习科学的教育理念，改变陈旧观点，尊重孩子的平等人格，而不能无视孩子的意愿和权利，先对孩子强行命令，后又步步紧逼，这样的结果只会是两败俱伤。

建议各位妈妈不妨从以下几点做起，与孩子有一个良好的沟通。

1.放下权威至上的观念

妈妈应放下权威的架子，把自己放在和孩子平等的位置。真正做到尊重孩子，不把自己的想法强加给孩子，只是提出想法和建议，让孩子自己选择。很多妈妈之所以不让孩子自主选择，是因为担心他犯错误。但是，孩子正是在错误中成长的，妈妈应该给予孩子充分的信任。当妈妈的想法跟孩子有冲突的时候，不妨换位思考一下：如果有人不尊重我而只是要我听话，我会是什么感受呢？这样就会更多地理解孩子的行为和想法。

2.学会与孩子商量

妈妈对孩子少使用命令的口气，多一些商量的方式，就会使孩子改变对妈妈的抵触，消除或减轻两代人的隔阂，从而使妈妈与孩子之间形成温馨友爱的氛围，这些不但体现了妈妈的修养与教育有方，也会使孩子变得更加懂事、可爱。

3.用孩子的眼光去看孩子的世界

妈妈要经常站在孩子的角度去考虑孩子的言语行为，了解孩子的年龄特点，才不会给孩子提出苛刻的要求；理解了孩子看问题的角度，才不会拿成人的标准去批评孩子；尊重孩子的自尊心，才不会采取强硬的方式对待孩子。

"对不起"背后的教育智慧

几乎所有的妈妈都会教育自己的孩子要勇于承认自己的错误，不要为自己的错误找借口，而且对待自己的错误更要勇于面对，知错就改。但有些妈妈自己错了却不愿意在孩子面前承认，尤其是在曲解、误解了孩子时，或错误地批评了孩子时，不愿意直接、正面地向孩子承认错误，唯恐在孩子面前丢了威信，失了威严。其实这种担忧是多余的，妈妈如果学会向孩子"道歉"，对教育子女无疑是大有裨益的。妈妈在家庭教育中出现过失、错误时，理当采取明智之举，勇于向孩子"道歉"，这样，定会让孩子笑逐颜开!这既是对自己行为负责的一种表现，也为孩子的为人处事做出了榜样。

作为妈妈应该要懂得，道歉并不仅仅是公共场所使用的外交辞令，在自己家庭里也应是必不可少的言语习惯。如果妈妈因为误解孩子的言行而指责孩子，后来明白原来不是那么回事的时候或是当妈妈不小心使孩子受到伤害时候，都应该向孩子道歉。

在一个家庭中，妈妈如果从来不向孩子承认自己的缺点和过失，那么她的孩子就会产生"妈妈虽然永远正确但实际上却老出错"的观念，时间一长，就会把妈妈正确的教诲置之脑后。但妈妈如能在自己对孩子做错事之后，立刻郑重地向孩子认错、道歉，那孩子就会懂得承认错误并不是一件什么可耻的事情，就会提高分辨是非的能力，尝到如何使自己更聪明的甜头。

例如，很多妈妈在孩子"闯祸"之后，往往由于一时的感情冲动，而对孩子进行了不恰当的、过重的批评或惩罚，但在事后，又觉得很后悔。在这时，倘若妈妈能勇于真诚地向孩子道歉，用自己的行动补救自己的"过失"，则能引导孩子更好地走自己的路。

在现实生活中，妈妈难免会有错怪孩子、冤枉孩子的时候。儿童心理学家指出：在一个家庭里，家长威信的树立，并非因为他们向来正确，而是因为他们实事求是，严于律己，进而取信于孩子。

一个人做错了事，伤害了别人，必须向人家道歉。妈妈在孩子面前承认错误，或寻找适当机会与孩子谈论自己的错误，是让孩子学会如何做人。只有孩子感到妈妈真正是言行端正，才能产生由衷的敬意，妈妈的威信也才会真正树立起来。

同时，道歉还要注意在心平气和时，道歉的主旨要明确，态度要诚恳，所说的道理要中肯。如此，必会有深刻的教育效果。

明明的妈妈发现钱包少了50元钱，就一口咬定是明明拿了。明明说没拿。妈妈不信，先是"启发"孩子："需要钱可以向我要，但不能自己拿!"后来就越说越生气，警告明明："不经允许拿妈妈的钱，也算是偷!"明明不服气，母子俩就吵了起来。这时明明的爸爸回来了，忙解释说："钱是我拿的，还没来得及告诉你呢。"妈妈这才停止了对儿子的逼问，但又补上一句："明明，你可要记住，花钱要管妈妈要，可不能偷偷地自己拿啊。妈妈的钱可是有数的!"明明觉得受了不能容忍的侮辱，一气之下，离家出走了!

这个示例告诉我们，在家庭生活中，妈妈说错了话，办错了事，甚至冤枉了孩子，都是难免的，关键是发生问题后家长怎样处理。妈妈和孩子相处，应该是民主平等的，不能摆家长架子。错怪了孩子，就主动道歉，而且态度要诚恳、不敷衍。职场妈妈不用担心这样做会丢了面子，其实不然，孩子是明理的。主动向孩子认错，给孩子树立了有错必改的榜样，会使孩子由衷地敬佩妈妈的见识和修养，从而更加信任妈妈，使一家人更团结，为孩子健康成长创造良好环境。妈妈的威信不但不会降低，反而更高了。

用幽默风趣的语言和孩子交流

　　中国传统的家庭教育大都是严肃多于宽容，从一些俗话便可见一斑，如"三天不打，上房揭瓦""棍棒底下出孝子"。在这种教育思想的影响下，孩子和父母之间的关系往往弄得非常对立。殊不知，最好的家教应该略带一些幽默。

　　有个小学生在作文中写了一个有趣的故事：

　　我上幼儿园大班快毕业的时候，经常听别人说："哎呀，你要上小学了吧。""小学一年级学习很辛苦的。""这下，可就没有那么多时间玩了。""以后每天放学回家都要做作业了，再也没有现在这么开心了。"我听了这些话真害怕，都不愿意去上小学了。

　　一天晚上，妈妈坐在沙发上看书，我靠过去，偎依在妈妈身上说："人要是能不长大就好了。""为什么？"妈妈惊讶地放下手中的书，睁大眼睛看着我。"这样就能不上学了。"我小声回答道。"那你还想不想做爱学习的小二郎？"妈妈问。"想的，"我答道，"可是，上学太辛苦了。""也是，看我女儿愁的。我们还是来唱歌解解闷吧。""唱什么呢？""就唱《小二郎》吧。"话音刚落，妈妈就唱了起来。不过妈妈唱的居然是："小呀小三郎呀，不背书包不上学堂，又怕太阳晒又怕那风雨狂。"这歌词完全不对嘛，实在太滑稽了，我咯咯地笑起来。"好好听，还有更精彩的呢。"妈妈看着我，一本正经地接着往下唱。妈妈把歌词全给改了，这是一个不爱读书的小三郎的悲惨故事。我一边听一边笑，不一会儿也学会了，整个客厅里都荡漾着歌声和笑声。我唱了又唱，一边唱一边想：对呀，小三郎没有付出努力，当然不会有成功。我要学本领，就不能像小三郎一样贪玩怕苦。

是妈妈的幽默及时帮助了我。谢谢你，妈妈！

真是幸运呀，这个孩子有一个如此幽默、有趣的妈妈。作为家长，妈妈常会变得过于严肃，尤其是在孩子长大之后。这种严肃会无形中疏远大人和孩子之间的距离，尽管孩子知道你是爱他的，但他不一定就因此而愿意亲近你。但幽默则会很容易拉近妈妈与孩子之间的距离。

妈妈在与孩子沟通的时候，妈妈的语言，可能是具体生动、敏锐有力的，也可能是空洞、愚钝、干巴、软弱的。但是，只有富有情趣、幽默的语言，才更便于孩子接受和理解，才能打开通往孩子心灵的道路。

6岁的强强坐在妈妈的汽车里，好奇地问："妈妈，为什么前面那辆汽车会冒烟呀？"妈妈笑着说："你会吃饭、喝水，而运动以后，不要的东西就变成'尿'和'便'排泄出来。车子也一样呀，它们吃了汽油就像你吃了饭一样，才有力气跑；车子跑起来，就像你做运动，汽油'消化'了，从车后排出来，就仿佛车子在'尿尿'一样。所以，我们要把窗子关上，才不会吸到臭味。"

妈妈将车比喻成"人"的答法，让孩子很容易理解和接受。如果妈妈是从汽车的原理等理论角度去给孩子阐述，那么，就会使孩子感到枯燥乏味，并且难以理解。

生活中，孩子经常会冒出许许多多的"为什么"，妈妈可以根据孩子不同的年龄、不同的理解力，运用不同的方式为孩子解答。妈妈风趣、幽默的语言具有很强的吸引力和艺术性，孩子在与你快乐交流的同时，也会吸收你语言的艺术和精华。

妈妈采用的家庭教育方式多种多样，但总的说来，不外乎疾言厉色、心平气和、风趣幽默三种。家庭教育的本质在"教育"二字，无论

第三章　妈妈这样说，孩子进步快

哪一种教育方式，都离不开生活理念的灌输，但是不同的灌输形式产生的效果大不相同。疾言厉色的教育可以威慑孩子，但它容易让孩子产生对抗心理，是一种不得要领的教育方式。心平气和式的教育能使孩子体会到自己和妈妈在人格上的平等。但由于语言平淡，不疼不痒，无法产生持久的效果。风趣幽默的教育能触动孩子活泼的天性，因而更能在他们的心灵中留下不灭的印迹，使他们时刻以此警示自己。

有一个女孩有挑食的毛病，对自己喜欢吃的食物狼吞虎咽，吃起来没个够；对不中意不合口味的食物连一眼都懒得看。久而久之，自然瘦得像竹竿似的。

一次，女孩跟妈妈去姨妈家做客，当走到姨妈所住的庄园门口时，一条大狗一看见她便"呼"地一声直扑过来，吓得她赶紧往妈妈身后藏。姨妈听闻后，虽然很快喝住了看门狗，女孩却吓得再也不敢走进这所庄园的大门了。

"妈妈，那条大狗为什么不咬你，专门咬我啊？"回家的路上，惊魂未定的女孩不解地问妈妈。

妈妈笑道："你知道狗最爱吃什么吗？"

"骨头。"

"对了"，妈妈亲昵地抚摸着她的肩膀说，"如果你身上多长点肉，就把骨头包住了，那时候，狗就不会咬你了。"

"要多长肉就得啥都吃。"女孩抬起头，看着妈妈似乎一下子全明白了。

这个女孩长大后，成为文思敏捷、性格开朗的"德国第一女记者"，她叫约翰娜。

约翰娜在回忆儿时所受的家教时说："我接受母亲的批评总是很乐意的，这个不单是她美丽而慈祥的面容，更主要的是她言语的诙谐和幽默。她让我在笑声中张开想象的翅膀，愉快地纠正自己的过失。"

在家庭里，幽默是一种行之有效的、不可忽视的手段，幽默感还可以感染孩子。在一个充满幽默欢笑的家庭里，孩子就会变得活泼、热情、开朗。作为对孩子进行教育的妈妈，与孩子开些善意的玩笑，鼓励孩子说些健康的俏皮话，用幽默的方法教育孩子，是十分有益的。心理学家认为，这绝非逗乐，而是在培养孩子健康快乐的个性。

要做一个幽默的妈妈其实并不难。首先，妈妈要有一种宽容精神。要体谅他人，宽容大度，不要斤斤计较。幽默的人会看淡别人的错误，不会揪着不放，而是一笑而过。

晓峰和爸爸妈妈一起在酒店里吃日式铁板烧。那家酒店里的食物很贵，尤其是牛肉，饭店人员说那些牛都是听音乐、喝啤酒长大的，所以就比普通牛肉贵。晓峰不明白牛肉好不好吃和牛喝啤酒有什么关系，就问妈妈，这到底是怎么回事啊？

妈妈故意压低了声音，像在讲一件挺机密的事情似的，轻声告诉晓峰说："这里的牛是很特别，因为啊它们不光是听音乐、喝啤酒，还是被吹着长大的呢！"

聪明的晓峰马上明白了，妈妈是在说饭店的人吹牛呢！妈妈的话让他听了大笑不止，晓峰觉得妈妈简直是太幽默了，太聪明了！

另外，幽默的妈妈还是乐观的，不会把一点点困难扩大化，她会笑着面对生活，也会教孩子笑着面对生活。幽默的妈妈还是智慧的，当孩子遇到错误和尴尬时，她能帮孩子找到台阶下，不让孩子难堪；当自己遇到错误和尴尬时，她会无所谓地自嘲一下，轻轻掀过这一页，不让错误留下阴影。

总之，妈妈和孩子交流时，妈妈多一份幽默，孩子就会多一份笑声、多一份欢乐、多一份力量。幽默不仅能消除孩子和妈妈之间人为的紧张情绪，而且可以让孩子在笑声中健康身心，达到寓教于乐的目的。

伤害孩子自尊的话要慎言

自尊心人人都有，只不过孩子的自尊心更加脆弱，就像一只透明的玻璃杯，虽然美，但一碰即碎。生活中的琐事很烦乱，总会有不如意，父母千万不要对孩子说一些气话。事情过后也许还可以弥补，但对孩子的伤害却有可能是永久性的。

父母在和孩子交流的时候，要时刻注意自己的言谈，也许在不经意间，父母的一句话就伤害了孩子的自尊心。这不是危言耸听，孩子的心灵极其脆弱。父母的一句鼓励，会使他们信心百倍；而父母的一句呵斥，也能让他们委靡不振。

在生活中，孩子经常会做一些大人无法接受的事，也许大人会觉得难以忍受，进而对孩子大加指责，如果换一种角度思考，成人也是从孩子一步步成长的，也有自己年幼惹父母生气的时候，回忆一下自己当时的感受，也许孩子下次犯错误的时候，就不会再用过激的话责怪孩子了。

苏苏中午放学回家，妈妈已经预备了午饭，苏苏看了一眼桌子上的饭菜，顿时觉得饱了，于是无精打采地伏在餐桌上，不肯提起筷子吃饭。

妈妈以为苏苏不舒服，非常着急，关心地问："苏苏，是不是哪里不舒服？"

见苏苏不应声，妈妈就更加确信苏苏可能是生病了，于是关切地说："要不妈妈送你去医院检查一下吧。"

没想到苏苏小嘴一噘，突然大声叫道："我不要吃这个，我要吃麦当劳！"

妈妈顿时火冒三丈，生气地责怪苏苏："你这孩子怎么这么烦人？我做什么你就吃什么，不吃饭就什么都不准吃，饿死你活该。"

苏苏低头不再说话，这一天过得很不开心。

孩子钟情于美味可口的零食是无可厚非的，麦当劳之类的快餐又深得小朋友的喜爱，但是妈妈在气头上责怪苏苏不懂事，还大发雷霆，以致苏苏不再说话，显然妈妈的话深深地伤害了苏苏。

在很多时候，父母难免会为某件事情而生气，气头上口不择言可能会说出一些使自己后悔的话。这些话可能使孩子的尊严受到极大的伤害。"傻、呆、笨、坏"，如果在父母的口中说出来，会让孩子觉得连父母都这么评价自己而导致自我否定，不仅影响父母与孩子之间的亲子之情，还会打击孩子的自信心，甚至影响他们的人生观，后果不堪设想。

小梅的父母来自农村，虽然后来通过自己的努力进了城市，但生活还是不富裕，仍然处于劳工阶层，所以每月的收入勉强只够该月开支，于是给女儿的零花钱就十分有限。

进入学校后的小梅，看到身边的同学们有新衣服、新书包，而自己的衣服和书包已经用了很多年了，显得很土，课间休息时想喝瓶汽水也没有钱买，越发感到自卑。她开始讨厌爸爸妈妈，讨厌这个家庭。

有一天吃晚饭，她看着桌上仅有的青菜，再也忍受不住，突然向父母大发雷霆："既然你们没有钱，为什么要生我出来受苦？"

父母听后很伤心，但是他们想起自己小时候过的苦日子，安慰小梅说："现在我们是穷，但只要爸爸妈妈努力工作，我们的生活就会越来越好。"

小梅听了以后仍然很不高兴，饭也没吃完就进自己房间了。看着女儿这样，父母只是不停地叹气。

事实上，攀比是孩子的虚荣心在作怪，小梅爸爸妈妈在听到女儿的指责和不满后，心里肯定很震惊、很生气，这种情况要是出现在某些家长身上，说不定会大发雷霆。但是，对孩子说气话有用吗？孩子毕竟是孩子，还不很懂事，因此，妈妈在考虑自己心情的同时，也要顾及孩子的自尊，千万不要让自己一时的冲动伤害了孩子的自尊心。

为了避免伤害孩子的自尊心，妈妈要认真考虑将要说出口的话，提醒自己不要脱口而出，在心里多想一下应该如何对孩子说，孩子听了后会有什么反应，最好是能设身处地地想想，说出的话就等于是泼出去的水，对孩子的伤害是很难挽回的。

倘若妈妈每次想对孩子发火时都能这样审视自己，避开不合适的语言，严格地要求自己，在孩子面前把怒火降到最低，久而久之，妈妈对情绪的控制能力就会越来越强，面对孩子时也就能心平气和地去倾听、理解。

要责备孩子，请换个方式

妈妈责备孩子时，要静下心来，好好调解一下自己的情绪，换个方式温和地去说。千万不要为此而大动肝火，伤了和气。

有这样一个故事：在一个山上住着一位智者，他胡子雪白，谁也说不清他有多大年纪。男女老少都十分尊敬他，无论谁遇到大事小情，他们都来找他，请求他提些忠告。但智者总是笑眯眯地说："我能提些什么忠告呢？"

一天，又有一个年轻人来求他提忠告。智者仍然婉言谢绝，但那个年轻人就是苦缠不放。智者无奈，他拿来两块窄窄的木条，两堆钉子一堆螺钉，一堆直钉。另外，他还拿来一个榔头，一把钳子，一个锥子。

他先用锤子往木条上钉直钉，但是木条很硬，他费了很大劲，也钉不进去，即使把钉子砸弯了，还是钉不进去。一会儿功夫，好几根钉子都被他砸弯了。最后，他用钳子夹住钉子，用榔头使劲砸，钉子虽弯弯扭扭地进到木条里面去了，但他也前功尽弃了，因为那根木条裂成了两半。

智者看了看那个年轻人，摇了摇头，他拿起螺钉、改锥和锤子，他把螺钉往木板上轻轻一砸，然后拿起改锥拧了起来，没费多大力气，螺钉钻进木条里了，天衣无缝。

智者指着木条笑笑："良药不必苦口，人们津津乐道的苦口良药，其实都是笨人的笨办法。硬碰硬有什么好处呢？说的人生气，听的人上火，最后伤了和气，好心变成了冷漠，友谊变成了仇恨，我活了这么大，只有一条经验，那就是绝对不要直接向听者说他不爱听的'苦话'。当不得不说的时候，我会像螺丝钉一样婉转曲折地表达自己的想法。"

"良药不一定苦口"，在人与人的语言交流中，要学会像螺丝钉一样婉转曲折地表达自己的意见和建议，这样，你的人际关系才可能和谐。

有一些人总是认为，难听话肯定是苦的，是一件伤人面子的事。因为"苦"，听者一定会产生抵触情绪，会使说话的效果大打折扣。其实不然，只要把握好说坏话的技巧，"坏话"也能达到春风化雨、甜口良药的效果。

在日常生活中，要使妈妈的责备奏效，切不可损害孩子的自尊心，即使你动机是好的，有充足的理由责备他，也仍要注意保护他的自尊心。一般而言，在人多的场合下，一定要换个方式，委婉地说出责备的话，否则会让他在别人面前丢脸，伤害他的自尊。

一天晚上，一位爸爸拿电话账单给妈妈看："瞧瞧，儿子在我们去出差的时候，打了多少长途电话，"他指着其中一项，"单单这一天，就打了一小时四十分钟。"

"什么？打这么多！"这位妈妈立刻准备上楼去说儿子。可是，她刚站起来，就又坐下了。她想到自己还在气头上，还是不说的好。而且儿子这么大了，要说，也得有点儿技巧。

这位妈妈把话忍到第二天。中午吃饭的时候，她对儿子笑着说："你要回学校了，电话就有漫游了，你查一查资料，找一个长途费率最低的一项业务。"然后，又来个急转弯，"哦，对，你这学期课比较多，可能也没时间打，就不用问了。"

"是啊，是啊，"儿子不好意思地说，"你是不是看到了我上个月的电话账单？那阵子因为要和老师谈一些事情，一大堆问题急着联络别人，所以确实打多了。"吃完饭，妈妈觉得很满意，觉得自己把要说的"省钱、少打电话、别误了功课"这些话，全换个方法说了，却没一点儿不愉快。

　　如果妈妈换一种方式，委婉表达自己的想法，并给孩子摆事实、讲道理、分析利弊，他就会心悦诚服，真诚地接受你的责备。妈妈的一些责备的话很容易有意无意地伤害到孩子，让他听了当然很不痛快，只有给"不好听的话"裹上一层"糖"，孩子才会欣然接受。

　　"不好听的话"就是指让别人不爱听的话，如尖刻的话、指责的话等，说这类话往往会使对方产生抵触的心理，有时会伤害他人的感情，从而影响了说话的效果。这类话虽然没有任何一个孩子喜欢听，但妈妈却也可以把它们说得好听一些。

　　说"难听的话"的效果往往取决于形式的巧妙，而不是言语的尖刻，就好像给苦涩的药片加上一层糖衣之后，就能减轻人们吃药的痛苦，使人愿意接受。同样，如果我们能够给不好听的语言裹上一层"糖"，那么就能达到"柳暗花明又一村"的效果。

不要带着"坏情绪"教育孩子

在很多家庭中，父母经常把孩子当作"出气筒"，这会让孩子对自己的人生观产生扭曲，判断是非对错的能力遭到人为的破坏干扰，反而会向错误的一面发展，影响他的为人处世，甚至是孩子的未来。

有个妈妈每天回到家后，都是阴沉着脸，孩子这样问道："妈妈，你在生我的气吗？"原因是妈妈的态度使得这个孩子认为"是不是自己惹妈妈生气了？是不是自己在什么地方又做错了，妈妈不再爱我了。"

其实有过这种想法的孩子并不少见，尤其是这些年来，随着生活节奏的加快、工作压力与日俱增，父母的情绪总会受到外界的影响，故免不了带着情绪来教育孩子。

一些家长，自己心情好的时候，对孩子和蔼又耐心；心情不好的时候，就会对孩子横加指责，轻则无理训斥，重则打骂。孩子被父母打骂后，却不知道错在哪里？就会误以为是爸爸妈妈不再喜欢自己了。

妈妈们常讲："孩子还小，不懂事，不会记仇的。"真的是这样吗？其实妈妈们不知道，经常这样把孩子当作出气的对象，会让孩子对自己做的事情产生怀疑，这样他们在做一件事情时会变得犹豫不定，影响孩子今后的发展。

芳芳是个八岁的小女孩，和其他活泼快乐的孩子相比，她有些不一样。她总是一个人躲在角落里发呆，不喜欢和其他人交往。有时候在课堂上被老师提问，芳芳就会变得非常紧张，有一次，竟然害怕地哭了起来。芳芳的妈妈以为女儿的心理出现了问题，只好带着女儿走进了心理咨询中心治疗。

心理咨询师通过和芳芳妈妈的交谈了解到，芳芳的父母都有着不错的工作和不菲的收入，同时他们也承受着很大的压力。在工作上，无论心情好与坏，在客户和上司面前都必须带着职业性的微笑。压力和坏情绪却被积压到了回家后，这时如果芳芳做错一丁点事，就会遭到父母的责骂。他们并没有意识到，孩子已经成了他们发泄压力的"出气筒"。

事实上，孩子的心是非常敏感的，他们的安全感主要是来自于父母和家庭。一个关系和睦充满温暖的家庭，能够让孩子感觉到自己是被爱的，是安全的。反之，容易导致孩子适应性差、胆小、退缩等行为。芳芳不敢与人交往，害怕与人沟通，也正是来源于这一点。

家长为了发泄心中压力和不满的情绪，把孩子当成"出气筒"教训一顿，气是消了，但回过头来，看着可怜巴巴哭红了眼睛的孩子，心中会感到愧疚，但后悔却已来不及了，对孩子造成的伤害是无法弥补的。

一位妈妈分享了她控制坏情绪的一些经验：每天她到家之前，都会整理一下自己的情绪，把不好的情绪放下来，开开心心进门。这样就能减少一些和孩子争吵的概率。但是有时候，孩子不懂事，真的让人上火，这时候，她就选择赶紧离开孩子所在的环境，去冷静一下，或者到外面去走走。换一个环境可以让自己的怒气平息，避免对孩子无故发火，让孩子无辜受气。

"当然了，有时候免不了也有控制不住情绪的情况。"她笑了笑接着说，"如果我一旦情绪失控伤害了孩子，那么，我会及时道歉，真诚地告诉孩子，这不是他的错，而是自己当时受坏情绪影响对你发火了，是妈妈不对。并向孩子保证，以后一定会多注意。这时候孩子就会明白并不是我不爱他，明白了我发火的原因，自然也就能够和我和睦相处了。"

这位妈妈的方式很巧妙，她体贴孩子，懂得控制自己的情绪，呵护孩子的成长。但是这种方式还不够，在与孩子相处时不妨告诉孩子一些技巧，如果看到妈妈不高兴，暂时不要和妈妈说话，妈妈需要安静一会儿。这样一来，孩子就可以避免无端撞到"枪口"上了。

幼小的孩子没有明确的判断力，对于父母撒在自己身上的怨气，他们不知道是情绪的一种释放，还是单纯的理解成是父母不喜欢自己，自己做得不好，进而会产生自卑感，成了日后心理疾病的"胚胎"。

此外，如果父母经常拿孩子出气，无缘无故责骂小孩，会让孩子在把打骂看成"家常便饭"之后，当孩子再次犯错误，父母要惩罚他时，他会对这些司空见惯的行为没有任何反应，教育将会起不到任何作用，这也就是人们常说的"把小孩给打皮了"，这也为将来教育孩子增加了难度。所以，明智的父母是绝对不会带着自己的坏情绪来教育孩子的。

孤独的孩子更需要沟通

不少妈妈并不理解孩子内心的渴望，这导致妈妈和孩子之间的交流减少，甚至形成更大的鸿沟。其实每个孩子在内心中都期待和妈妈交流。所以，如果沟通的方式出现问题，孩子就会觉得迷茫、害怕，甚至产生心理上的疾病。

当孩子渐渐地长大，他们体验最深的就是孤独。一个好妈妈会注意到孩子的心理变化，并能够与孩子进行及时的沟通，使其走出孤独的阴影。

最近，妈妈注意到小宁总是闷闷不乐，经常会一个人坐在窗前发呆。妈妈很想试着跟小宁聊聊，可每当她要开口时，儿子便借口要复习功课躲回了自己的小屋。

一天，妈妈在整理小宁的房间时，看到了他的日记本，禁不住打开来看。日记本里写道：

"别看我老是和一大帮人一起唱歌、聚会，其实我找不到可以交心的朋友，没有人可以真正理解我的感受。

"我几乎每天都要上网，在我的网络圈子里，'你孤独吗？你害怕孤独吗？'这句话已成为朋友间的问候语。在家人看来，我是家里的独生子，是个性格开朗的男孩，在旁人看来我也应该特别幸福才对。可实际上我很孤独，我最好的'朋友'就是博客和日记。

　　"由于升学和就业的压力，学校不停地向我们灌输'竞争意识'，老师、家长也对考试排名、班干部竞选等极为看重，这些都压得我喘不过气来。

　　"我抬起头，看见所有人都在疯狂地学习，转过头想和别人说说话，四周没有一个人理我，同学们都憋着劲儿互相拼名次。回到家，妈妈拿着新买的习题，告诉我几天之内必须完成……我几乎快崩溃了。

　　"我现在越来越不愿意跟人说话了，感觉生活没什么意思，高兴不起来。我只愿意一个人静静地坐着，对学习也提不起兴趣，只能看着其他同学还在努力地学习着……"

　　看完了小宁的日记，妈妈很不理解。她认为儿子现在过着衣食无忧的生活，学习成绩不错，家里也没有什么让他操心的事情，周末她还经常抽出时间陪儿子，或者带他出去玩，孩子为什么还会产生孤独感呢？

　　对于"孤独"，孩子与妈妈的理解是不相同的。妈妈理解的"孤独"，是对话者的缺乏；孩子眼中的"孤独"，却不仅仅是缺乏对话者而更多的是对角色转变的不适应。

　　随着孩子年龄的增长，有关自己和社会的各种信息纷至沓来，需要他们不断地思考，最后确定自己的生活目标。这个过程的一开始，孩子往往不知道自己想干什么，能干什么，自己是一个什么样的人。社会赋予他们的角色一下子增多了：不仅要作为子女，还要当学生。他们希望得到成年人的尊重和信任，希望被同学接纳和喜爱。要在不同的环境中"扮演"好相应的角色，对于孩子来说不是一件轻松的事情，可是他们又想表现得独立和成熟，于是一方面特别需要和别人探讨、交流，一方面又不愿意敞开心扉。

　　所以，德国心理学家斯普兰格说："没有谁比青年人从他们孤独小房里用更加憧憬的目光眺望窗外世界了，没有谁比青年人在深沉的寂寞中更加渴望接触和理解外部世界了。"由此可见，这种孤独感正是孩子自我意识发展的一种表现。随着年龄的增长、社会生活经验的丰富和自我探索的深入，他们会逐渐获得一种熟悉自己、对自己有信心、有把握的感觉。那时，他们就能够独立思考，也会乐于与人交流了。

不少妈妈并不理解孩子内心的渴望，这导致妈妈和孩子之间的交流减少，甚至形成更大的鸿沟。其实每个孩子在内心中都期待和妈妈交流。所以，如果沟通的方式出现问题，孩子就会觉得迷茫、害怕，甚至产生心理上的疾病。

作为一个好妈妈，每当看到孩子陷入孤独时，既不要无意义地叹气也不要进行严厉的责骂，而是应该帮助他们尽快走出孤独。那么，到底要如何做才能帮助孩子消除孤独、走出自设的泥潭呢？

1.帮助孩子克服自卑心理

有一部分孤独的孩子是由于自卑心理在作祟，他们总是觉得自己低人一等，有什么事情也不太愿意跟别人交流，喜欢独来独往。这类孩子极需要妈妈的开导。因此，妈妈要携同老师一起从日常生活入手，适时、适当地对他们提出要求，给予独立锻炼的机会，让孩子体验成功的快乐，建立真正的自信心。

另外，妈妈还可以告诉孩子：自卑如同作茧自缚，不冲破自卑这层茧，就难以走出孤独的沼泽。一个人只有充分相信自己，才能使别人相信你。只有钻出了自织的蚕茧，才能克服孤独。

2.鼓励孩子多与外界交流

一个人是不可以独自生活的，他需要与外界交流。所以，妈妈应该尽可能地为孩子打开生活空间，鼓励孩子走出家门，广交朋友。如参加夏令营等各种各样的集体活动，都是很好地培养孩子交际能力的场所。

孩子在集体活动中，不仅可以结识许多的小伙伴，还可以在了解他人的基础上了解自己，学会用集体交往的规则调整自己的言行，学会尊重他人、信任他人、谅解他人、乐于助人，学会调节集体和个人的关系。

3.让孩子"忘我"地与人交往

孩子在与人相处时感到的孤独，有时会是独处时的十倍。因此，妈妈要鼓励孩子，在与他人相处时，无论是什么样的情境，都要做到"忘我"，并设法为他人做点什么，这样在温暖别人的同时，也会温暖自己。

让孩子说出心中的委屈

孩子和大人一样，需要赏识和理解，更需要一个倾诉的对象，否则就会加重孩子的逆反心理。

孩子放学回家看见妈妈正在厨房洗菜，就兴致勃勃地对妈妈说："妈妈，我告诉你一件有意思的事情……"

妈妈却不耐烦地说："作业写完了吗？"

孩子的书包还没有放下，作业当然还没有写，此时，只听妈妈大声呵斥着："怎么还不快写作业呢，有什么话等写完作业再和我说。"沮丧的孩子只得默默地回房间去做作业。

家长整日忙于工作，回家之后还要忙于家务，疲惫不堪的他们很少理会孩子的心声，即使孩子正在滔滔不绝地讲话，家长很多时候也只是心不在焉地听着，有些家长干脆表现出不耐烦的态度。

孩子也会有情绪不佳和感到委屈的时候，如果家长能倾听孩子的声音，并正确疏导他们的心结，就会使孩子认识到自己的不足，从而明白自己该如何走出误区，这是加速孩子成长的办法之一。

即使是成人受到委屈或某些欲望得不到满足时，也会心生怨气和不满，更何况是涉世未深的孩子，所以他们的不良情绪若在内心深处越积越多，一旦爆发，后果将不堪设想。

一天，6岁的小雨与姑姑家的小表哥在房间里玩耍。他们本来兴高采烈的，但后来却因为抢一台电子游戏机打了起来。小雨坐在地上大哭，因为电子游戏机被表哥给抢走了。这时，小雨的母亲走进来，温和地对她说："孩子，不要哭了，告诉妈妈发生了什么事情？"

于是，小雨将事情的原委向妈妈说了一遍。妈妈很耐心地听完，边替她擦眼泪边说："兄妹两人要互相谦让才对，你就先让表哥玩一会儿好了，妈妈相信你们都是乖孩子。"

过了一会儿，表哥就把游戏机给了小雨，两个人又有说有笑地玩了起来。

如果换成一位脾气暴躁的家长，就会不分青红皂白地先说孩子一顿，但是这位宽容的妈妈却很理解孩子的行为，允许孩子诉说委屈。

给孩子一个诉说的机会就可以轻松地化解孩子心中的委屈，也会让孩子放弃那些无理取闹的要求。赏识孩子的妈妈会给孩子一些宽容和理解，让他们慢慢讲出事情的原委，从而弄清楚孩子委屈的原因，并对症下药。这种有的放矢的教子方式，不仅有利于孩子与妈妈之间的沟通，还能让孩子得到赏识和信任。

有一段时间，小林上学总是迟到，老师为此找他的妈妈谈话。妈妈知道后，并没有责骂孩子，而是在临睡之前询问小林："儿子，你每天那么早就出门，上学怎么会迟到呢？"小林见妈妈没有责怪自己，就说："我每天都在河边看日出，那简直太美了，所以不知不觉就迟到了。"

妈妈听完笑了，她问小林："明天能否带妈妈一同去河边看日出？"

小林很开心地同意了。

第二天清晨，母子二人手拉着手来到河边，望着眼前的景色，妈妈感慨万分地说："真是太美了，儿子，你的发现真棒！"

然而，这一天小林上学没有迟到。放学回家后小林发现自己的书桌上放着一块精美的运动手表，旁边放着一张小纸条，写着："美丽的日出昭示着我们要更加珍惜时间，对吗？爱你的妈妈！"从此，小林上学再也没有迟到过。

粗暴的责问、无情的惩罚都不是最佳的教子方式，即使孩子迫于无奈向家长承认错误，也不是发自内心的，反之，家长若是选择倾听，并在倾听之中融入对孩子的赏识、宽容、耐心和激励，就会使孩子拥有一个幸福、温暖的成长环境。

所以无论家长每天多么忙，都要给孩子留一些时间，让他们倾诉，而这时，妈妈要做的只是对受委屈的孩子说："不要哭，告诉我发生了什么事情？"然后做一个安静的倾听者。

别和叛逆的孩子较劲

当孩子出现叛逆心理的时候，作为妈妈应及时和孩子沟通，帮助孩子树立正确的生活观念。不要对他的行为泼冷水，也不要采取强制的手段，要多给孩子一份爱心和宽容。

作为一个好妈妈要懂得：在孩子出现逆反心理的时候，最需要的是妈妈的理解、帮助和爱心。

13岁的张洋洋正处在青春叛逆期，他反抗、易怒，对一切看不顺眼的事物都极力反对、逃避，把母亲的教导当作耳边风。

一天晚上，张洋洋从外边回来。一头钻进卧室，躺在床上，想想一天的不如意、不顺心，伸手想抱起枕头发泄，却意外地发现一封信。

他打开信，上面写着："儿子，我了解你对目前的生活感到不顺心和失败。我知道做妈妈的不一定什么都对，但是，我对你的爱是全心全意的，你所说的、所做的任何事都不会改变这一点。

"任何时候，你想找我谈谈，我永远欢迎你。

"请记住，无论你身在哪里，做什么事，我都永远爱你，更以拥有你这个儿子而感到骄傲。爱你的妈妈。"

在以后的生活中，当张洋洋的情绪有波动时，他的床边总会出现一封母亲的信。这样的信，一直伴随到他长大成人。

孩子走向成熟的青少年时期，是孩子处于开拓的萌动期。这个时期，也是孩子的叛逆期。

孩子叛逆，妈妈一般会不满，会用自己的权力来压制孩子。其实，此时的妈妈，应该提醒自己，保持冷静，等孩子冷静，再进行沟通。孩子叛逆时，言语和行为会犹如暴风雨，不懂得控制自己。但妈妈是成年人，应该懂得何时该保持冷静。作为孩子首任启蒙老师的妈妈，应该怎样对待孩子的叛逆行为呢？

1.平等地和孩子沟通

许多时候，妈妈应站在第三方的立场分析孩子叛逆的原因。

许多妈妈总觉得自己是对的，孩子应该听妈妈的。但是，孩子有自己的思维方式和处理问题的方式，所以妈妈应该放下架子，耐心听一听孩子自己的想法，从感情上、从具体事件上与孩子达成一致，做一些适当的让步。

2.反思自己的教育方式

很多时候，妈妈应该超脱自己的角色，用第三方的角度观察孩子叛逆的问题。也许就会发现，问题不一定都在孩子身上。妈妈一般都会认为自己是对的，自己从前都听妈妈的，自己的孩子也该听自己的。因此，孩子不顺从，在他眼里，就成了叛逆。所以，身为妈妈，有时必须谦卑，放弃自己的执著，以不同的角度看待孩子，做到迁就孩子。

3.掌握批评孩子的艺术

有些妈妈看到孩子犯错误就一味地批评，这样就会刺伤孩子的自尊心而使其产生逆反心理。要是妈妈先对孩子的优点给予肯定和表扬，再指出不足和错误之处，孩子的自尊心得到了满足就会乐于接受和改正。

4.引导孩子理智化

有些问题如早恋，妈妈应对孩子进行有情、有理、有据地说服、劝导，尊重孩子的感情和人格，让孩子自己去思考问题。同时，用具体事例改变孩子的理想化思维，用自己的冷静、理智换取孩子明智的选择。

在尊重中批评孩子

孩子在成长的过程中难免会犯一些错误，批评孩子可以说是所有为人母者的必修课。但如果不分时间、地点，采用不适宜的方式批评孩子，甚至把批评变成对孩子的情感虐待，就有可能造成孩子自卑、孤僻的性格，激起孩子的逆反心理，批评后孩子还是会不以为然、我行我素，甚至引起孩子和妈妈"唱对台戏"，这与教育初衷背道而驰。

批评孩子一定要让孩子心服口服，这样才能达到教育孩子的目的，为了取得教育孩子的良好效果，就得讲究批评的艺术。

在这方面，著名教育家陶行知先生堪称世人的楷模，他曾经说过一段话：在教育孩子时，批评比表扬还要高深，因为批评一定要讲究方法，这是一门艺术，用得好，它比表扬的效果还有用处。

妈妈可从他"奖励四块糖"的故事中，获得深刻的启示。

当年陶行知任育才学校的校长。一天，他看到一名男生用砖头砸同学，遂将其制止，并责令他到校长室接受批评。

陶先生回到办公室，见男生已在等候。陶先生掏出一块糖递给他说："这是奖励你的，因为你比我早到了。"接着又摸出一块糖给他："这也是奖励你的，我不让你打同学，你立即住手，说明很尊重我。"男生将信将疑地接过糖果。

陶先生又说："据了解，你打同学是因为他欺负女生，说明你有正义感。"陶先生遂掏出第三块糖给他。

这时男生哭着说："校长，我错了，同学再不对，我也不能采取这种方式。"

陶先生又拿出第四块糖说："你已认错，再奖你一块，我们谈话也该结束了。"

这个故事虽然简短，却形象地告诉我们，批评孩子也要找对方法。许多妈妈喜欢用急风暴雨般的批评方式，有的妈妈说："训斥或臭骂他一顿，我自己也挺解恨，这孩子太气人了！"诚然，这种所谓的大发脾气式批评的运用可能会收到暂时的效果，但它只是表面的。

随着时间的推移，孩子一天天地长大，妈妈会痛苦地发现，孩子对妈妈这种近乎原始的批评方式越来越无所谓，有的孩子会说："我妈妈就会说这几句话，她批评我第一句，我就知道她第二句要说什么，没啥新鲜的。"为什么孩子会有这样的反应呢，那就是批评方法有问题。因为你的批评没有让孩子从内心深处接受，孩子只是因为惧怕你的威力而临时做做样子而已，这样的批评就达不到教育的目的和效果。

批评孩子是一门特殊的艺术，它需要特殊的方法和技巧方可有效地运作和实施。

因此，批评孩子的时候要注意以下几点：

1.不要随意批评孩子

有的妈妈凭着自己的喜怒随意批评孩子，同样的行为有时遭批评，有时则随他去。这会使孩子以为只要妈妈心情好，做错事不要紧，要是妈妈心情不好时，做任何事都有可能挨训。妈妈的这种做法，往往使孩子很迷惑，或者使他专看妈妈脸色办事。批评不仅没有起什么效果，反而会模糊孩子的是非观念。

2.让孩子自己发现错误

对孩子来说，自己发现了错误，才算真正地"明白了"问题。例如，当孩子出现不良行为时，妈妈可以不马上指出哪里错了，而是要耐心地启发孩子："这样做，对吗""你对自己做的事是怎么想的"，让孩子冷静地反省，当他明白错在哪里了，他会愿意承认自己的错误。

3.避免当众批评孩子

当众批评往往容易伤害孩子的自尊，引起孩子的厌烦心理。有些妈妈认为，当着别人面批评孩子，可以更好地激发孩子的自尊，刺激孩子改正错误，但孩子的心灵是脆弱的，他们往往更容易受到伤害。

4.批评孩子要对事不对人

妈妈批评教育孩子时，应该尊重孩子的人格，对事不对人，不能因为一两次的小错误就否定孩子以前的努力，更不能搞大清算，把孩子以前所犯的错误一一列举出来，将孩子批评得体无完肤。妈妈只需明白地告诉孩子，这件事情做得不好，错在什么地方，以后要注意改正，这就足以让孩子认识自己的错误了。

5.批评孩子要点到为止

批评孩子不能没完没了、唠唠叨叨，这种批评往往会引起孩子的反感。指出孩子的错误所在，孩子能有所醒悟，并下决心改正，妈妈就可以不用再说了。

6.批评孩子要及时

孩子的时间观念比较差，昨天发生的事，仿佛已经过了好些天了，加上孩子天性好玩，刚犯的错误转眼就忘了。因此，妈妈批评孩子要趁热打铁，不能拖拉，否则就起不到应有的教育作用。

7.不要对孩子"翻旧账"

孩子在一个问题上总是犯错误，强硬说了很多遍，批评了很多次可是就是引不起他的警觉。妈妈若一味地批评孩子，只能引起孩子的反感。另外，也不能在批评一件事情的时候又提起其他的错误，这样做只会让妈妈的谈话更加缺少中心，不仅不能提高孩子对这件事情的认识，还会让孩子对妈妈的批评心不在焉。

8.对孩子的批评中还要带有肯定

每个孩子都渴望得到赏识和肯定，妈妈批评孩子时，也应该设法寻找孩子的闪光点，肯定孩子以前的努力和成绩，批评中的肯定是最有效的批评，不仅可以督促孩子改正错误，还可以帮孩子建立自信。

9.给孩子指出改正的方法

有的妈妈批评孩子时，没有指明改正的方向和具体方法，只是单纯在指责孩子这不对，那也不对，孩子听了大半天之后，还不知道应该怎么去做，这种批评是没用的。批评的重点不应把重点放在"错误"上，而是应引导孩子对错误行为进行补救。例如，孩子与同学发生冲突，如果错在自家孩子，妈妈除了要严厉批评之外，还要让孩子主动向对方道歉，弥补在对方身上所造成的有害影响等。总之，妈妈必须把改正方法说明，而且要说"做什么"，少说"别做什么"。

好妈妈胜过好老师大全集

第四章

培养好习惯，人生成功一大半

好习惯是孩子最大的财富

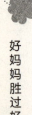贝尔奖获得者在巴黎聚会。有人问其中一位："你在哪所大学、哪所实验室里学到了你认为是最主要的东西呢？"出人意料，这位白发苍苍的学者回答："是在幼儿园。""在幼儿园学到了些什么呢？"学者答："把自己的东西分一半给小伙伴们，不是自己的东西不要拿，东西要放整齐，吃饭前要洗手，做了错事要表示歉意，午饭后要休息，学习要多思考，要仔细观察大自然。从根本上说，我学到的全部东西就是这些。"这位学者的回答代表了到会科学家的普遍看法，概括起来，他们认为终生所学到的最主要的东西是从小家长和老师给他们培养的良好习惯。

心理学家王极盛先生访谈过200名高考状元，他认为这些状元们都有良好的学习习惯。在总结高考状元的妈妈培养孩子的六个秘诀时，其中重要的一条就是培养孩子良好的学习习惯。我们在调查中发现，孩子的成绩与他们的学习习惯水平是成正比的。凡是学习成绩好的孩子，往往也是学习习惯好的孩子。

从小养成讲秩序的习惯，对学生今后的工作很有帮助。有一个学生长大后当了编辑，他说："生活有秩序为我帮了大忙，我桌上稿子很多，我都严格分类，采用的、不用的、需我本人修改的，从不混淆。每当我改稿时，思维很紧张，遇到流汗、流鼻涕时，很自然地就用左手从左下衣兜里掏出手绢。由于这是定型性行为，我拿手绢根本不用动脑子，所以没打断我的思路，不用我停笔，节约了大量时间。"他说，"这都要感谢小时候家长和老师帮我养成的好习惯。"

培根说："习惯是一种顽强的巨大的力量，它可以主宰人生。"北京某外资企业招工，报酬丰厚，要求严格。几个高学历的年轻人过五关斩六将，几乎就要如愿以偿了。最后一关是总经理面试。总经理说："我有点急事，你们等我几分钟。"总经理走后，踌躇满志的年轻人围住了老板的大办公桌，你翻看文件，我看来信，没一人闲着，甚至还有人说话带脏字、随地吐痰。几分钟后，总经理回来了，宣布说："面试已经结束，很遗憾，你们都没有被录取。"年轻人大惊大惑："面试还没开始呢！"总经理说："我不在期间你们的表现，就是面试。本公司不能录取习惯不好的人。"年轻人全傻了，因为从小到大，没有人告诉他们这一常识，更谈不上习惯养成。

相反有个事例，一个孩子去报考外企，主考官认为他知识上有些欠缺，告诉他另谋出路。这个孩子临走时，一按椅子，被椅子上露出的钉子尖扎破了手。他并没有说什么不好听的话，而是顺手用主考官桌上的镇尺把钉子敲回去，然后礼貌地走了。没走多远，主考官就派人把他找回来说他被录取了。录取的原因是他有好习惯，有"眼力见儿"。

美国福特公司名扬天下，不仅使美国汽车产业在世界独占鳌头，而且改变了整个美国的国民经济状况。谁又能想到该奇迹的创造者福特当初进入公司的"敲门砖"竟是"捡废纸"这个简单的习惯呢？那时福特刚从大学毕业，他到一家汽车公司应聘，一同应聘的几个人学历都比他高，福特感到没有希望了。当他敲门走进董事长办公室时，发现门口地上有一张纸，他很自然地弯腰把它捡了起来，看了看，原来是一张废纸，就顺手把它扔进了垃圾篓。董事长对这一切都看在眼里。福特刚说了一句话："我是来应聘的福特。"董事长就发出了邀请："很好，很好，福特先生，你已经被我们录用了。"这个让福特感到惊异的决定，实际上源于他那个不经意的动作。福特应聘业务员的成功，看上去很偶然，但实际上却是必然的。他那下意识的动作是他良好习惯的体现，正是这种良好习惯成就了他的事业。

20世纪60年代，前苏联发射了第一艘载人宇宙飞船，宇航员是大家熟知的加加林。当时挑选第一个上太空的人时，有这么一个插曲：几十个宇航员去参观他们要乘坐的飞船，进舱门的时候，只有加加林一个人把鞋脱下来了。他觉得："这么贵重的一个舱，怎么能穿着鞋进去呢？"就是加加林的这一个动作，让主设计师非常感动。他觉得，只有把这飞船交给一个如此爱惜它的人，他才放心。在他的推荐下，加加林就成了人类第一个飞上太空的宇航员。所以有人开玩笑说，成功从脱鞋开始。

衡量一个人的道德，不是听其口若悬河，而是看其是否有良好的行为习惯。这几个事例说明，习惯不同，人的机遇就不同。

培养良好习惯还不只是为了成才，更重要的是为了孩子成人，在一定意义上说成人比成才更重要。有的孩子讲文明、懂礼貌，人见人爱；有的孩子流里流气，人见人烦。孩子养成不良习惯贻害无穷，坏习惯就像病魔缠身一样，使之成为坏习惯的奴隶。总之，养成教育可以使孩子修养更高，行为更规范，成为一个有教养的文明人，它为孩子成才奠定了良好的基础。因此，作为家长应该充分认识到良好行为习惯的培养的重要性。孩子是妈妈的希望，是祖国的未来，作为妈妈，努力培养孩子良好的行为习惯，就是送给孩子最好的礼物，也是留给孩子最大的财富。

孩子"慢性子"，妈妈有办法

有些孩子做起事来总是慢慢吞吞，这让很多妈妈感到头痛。每当需要为某事做好准备时——上学、上床、吃饭、做功课，如果父母不冲他大叫"现在，现在就做！"他总会磨蹭得令人生气。

小林今年9岁了，他的学习成绩好，是老师、同学公认的好学生。

然而，小林也有很多缺点，最让妈妈担心的就是小林那个磨蹭的坏习惯。

虽然已经上小学三年级了，可是小林做什么事都不紧不慢，起床要半小时，吃饭要半小时，上个厕所还要半小时，别人不催，他更不着急。每天放学回到家后，小林总是慢悠悠地从书包里拿出书，接着摆在桌子上，然后又磨磨蹭蹭地拿出笔，就那么点事，他却能用半个小时。尽管妈妈一直催促他"快一点，快一点"，但仍起不到效果，甚至对他发火他都无动于衷。有时他看似改了，但过不了几天就又犯了老毛病。

其实，并不是所有的孩子天生都是"慢性子"，这其中是有一定原因的：一是孩子"手笨"，即做事情时，动作不熟练。由于孩子的神经、肌肉活动不够协调，同时缺乏一定的生活技能，所以导致他做事情比较缓慢。二是孩子对需要做的事情感觉吃力或者厌倦，用磨蹭来拖延。三是孩子的时间观念差，做事情缺乏紧迫感。也就是常说的"慢性子"。四是孩子并不知道如果他把一件事尽快做完之后会有什么更好的结果，他只是在延续着从前的习惯而已，没有动力去加快速度。

磨蹭并不是一个人的个性特征，不是脑袋笨，也不是性格缺陷，只是一个习惯，可以改变的习惯。面对孩子磨磨蹭蹭的行为，妈妈千万不能不闻不问、掉以轻心，但是，在纠正孩子的行为时也不要表现出急躁情绪，急于求成。要保持一种平和的心态，运用正确的方法引导孩子。那么，具体该如何做呢？

1.让磨蹭付出代价

孩子只有在体会到磨蹭会给自己带来损失之后，他才能够自觉地快起来，因此，让孩子为自己的磨蹭付出代价，让孩子自己去品尝磨蹭的自然后果，不失为一个改掉孩子磨蹭毛病的好方法。比方说孩子早晨起床后磨磨蹭蹭的，妈妈不要急，也不要去帮他，可以提醒孩子一下"再不快点可要迟到了"，如果他依然在那里磨磨蹭蹭的，不妨任由他去，不必担心孩子上学会迟到，其实我们恰恰就是要让孩子亲身体验上学迟到的后果，孩子如果真的迟到了，老师肯定会询问他迟到的原因，孩子挨了批评后，就会认识到磨蹭给自己带来的害处，几次以后孩子自然就会自己加快速度。

2.不能责备打骂

当孩子做事磨蹭时，有些妈妈会表现得比较性急，加大嗓门冲孩子嚷，对孩子责备个不停，有的甚至打骂孩子。可是，许多时候这些简单、粗暴的方式并起不了多少作用，孩子看上去暂时好像是被吓住了，做事的速度加快了一点，一旦事件平息之后，孩子照样磨蹭依旧。其实，对于孩子做事磨蹭，妈妈采用发脾气的办法是于事无补的，比如有的时候孩子做一件事比较慢，可能是这件事对于孩子来说难度较大，可能是孩子不知道其中做得更快的要领，也可能是孩子已经养成了磨蹭的习惯，这时妈妈若再在一旁火冒三丈，孩子便会越发不知所措，做事的速度反而变得更慢了。另外，对孩子采用过激的态度和行为还有可能造成他的逆反，孩子年龄虽小但也需要得到尊重，面对家长发脾气、责备和打骂，孩子的心理感觉一定不好，有时他就有可能采取不理不睬的态度，或者干脆故意拖延时间来表示对家长的反抗。

3.帮孩子认识时间的价值

孩子做事磨蹭很大程度上也因为他还没有时间观念，他不知道时间对他来讲意味着什么，因此，培养时间意识对磨蹭的孩子来说是至关重要的。妈妈要想办法使孩子认识到时间是世界上最宝贵的财富，要想办法让孩子明白珍惜时间就是珍惜生命的道理，可以给孩子讲一些古往今来的成功人士十分珍惜时间的故事，还可以在孩子的卧室里张贴一些名言警句来提醒孩子。另外，与孩子一起讨论磨蹭的害处也必不可少，妈妈要明确向孩子指出磨蹭是有害终生的坏习惯，一个做事磨磨蹭蹭的人会白白浪费许多时间，这样的人不仅做事效率不高，而且还会被现代社会所淘汰。

4.多一些鼓励和奖赏

表扬和鼓励比批评和指责能更有效地激发孩子的积极动机，孩子受到的表扬越多，对自己的期望也就越高。一般的孩子都较为看重来自外界的承认或认同，所以，要想让孩子不再那么磨蹭，妈妈改变对孩子的评价是必须的。如果妈妈能经常对孩子说："你如果再快一点儿就更出色了"，"你现在比过去有进步了"，"你看你做得多快"，"做得真棒，加油啊"，"真好，现在用不着老提醒你了"，孩子便会受到正面的外部刺激，而这些真诚的鼓励是能够打动孩子的，孩子为了不让父母失望，下次做事就会有意识地提醒自己快点儿。另外，为了使孩子更有动力，当他做事的速度比以前加快时，或者当他达到了大人的要求时，父母还可以适当地给予一些物质奖励，比如给孩子加一个小红星，带孩子外出游玩，给孩子买他想要的玩具，等等。用鼓励和奖赏来"催"孩子做事，往往能够收到很好的效果。

5.让孩子觉得"快得值"

孩子只有感觉到做事快对他自己是有好处的，感觉到做事快是值得的，他的动作才能够"快"得起来。比如做作业磨蹭的问题，许多父母望子成龙心切，总希望自己的孩子学的多一些，玩的少一些，最好是一点都不要玩，在孩子完成了学习任务之后，经常给孩子增加额外的任务，老师布置的作业做完了，父母的一大堆作业还在那里等着，所有的作业都做完了，还有画画、拉琴等许多事情需要孩子去完成，孩子心里很不情愿，但是父命难违，于是就想出了磨蹭的招数，孩子自己有一笔账：我做得越快任务越多，反正也不能出去玩，不如索性做的慢一点，起码可以省点力气。这个问题解决的最好方式就是，不要老对孩子层层加码，要把孩子节约出来的时间还给孩子，在孩子较快完成了任务之后，就要给孩子自由安排生活的权力，孩子可以用省下来的时间做一些自己感兴趣的事情。

培养孩子勤俭节约的好习惯

在我国，勤俭节约是传统美德。勤俭节约的生活，是锻炼人意志的炉火，是磨砺人节操的砥石，它可以促人自立，助人成熟。从古至今，有许多勤俭节约的美好故事被广为流传。然而，随着生活水平的提高，许多父母认为"勤劳"还可以接受，至于"节约"就大可不必了，认为节约是贫穷时代的事，现在生活富裕了，还那么节约就显得小气。于是在这种意识的作用下，不少父母都渐渐对孩子"大方"起来了，大有"千金散尽还复来"的味道，把给钱"大方"看成了"爱"孩子的标志。

在很多城市的不少中小学中，许多学生学会了互相攀比，与同学比，与邻居比，比压岁钱的多少，比吃喝穿戴，不以乱花钱为耻，反以随便花钱为荣，认为谁的钱多，谁就威信最高。谁的钱少，谁就没有面子。这样使得一些家庭条件较差的同学，为了在同学中树立自己的形象，便想方设法从家里、从亲朋那里要钱，然后在同学面前潇潇洒洒地花钱，以显示自己的大方。虽然家长也有怨言，但"爱子无商量"，也不得不去满足孩子的要求。更有甚者，有的家长对孩子取得一点学习上的进步就习惯用金钱去奖励，有的孩子向家长要求"食品消费向广告看齐，人情消费向父母看齐，服装消费向名牌看齐，美容消费向明星看齐"时，家长们也听之任之，尽量满足孩子奢侈浪费的欲望。父母的这些"爱"孩子之举，都对孩子身心产生了极坏的影响。

有一所小学，捡拾的物品堆满了一间屋子，大至皮夹克，小至铅笔、橡皮。学校多次广播，要求孩子们去认领，却没有人去。一些小学生"重复消费"现象相当严重。记者随机调查18位小学生中，有10位尽管上学期的书包和文具都有七八成新，但仍然换了新的。孩子们的解释是，他们虽然知道旧书包、旧文具都还能用，但是同学都换了流行的，自己不换，感觉"没面子"。小学生消费的另外一个倾向就是"舍本逐末"，将钱大量用在零食和玩具上面。有很多零食的包装袋都附送卡片、小玩具甚至现金来促销，吸引孩子。所以有一些同学，为搜集一种方便面里附送的卡通卡片，在买来方便面之后，只要卡片，而将面饼扔掉。很多小学生买零食实际上只要玩具，造成了很大的浪费。

还有一些同学，从来不从家里带开水喝或喝学校提供的开水，而总是花钱买矿泉水或饮料喝。买课外书籍或学科辅导材料时，不加选择，不看内容，盲目购买，往往内容重复，质量不高，加上资料买得太多，没时间去看、去消化，而白白浪费掉。

中小学生浪费粮食、浪费水电、浪费物品的现象随处可见，这些现象不得不引起我们的深思。

我们不应该忘记中国的古训：成由勤俭败由奢。成功由勤劳节俭开始，失败因奢侈浪费所致。即使到了很富裕、很有钱的时候，这个朴素的真理也不会过时，何况我们是发展中国家，我们的人民才仅仅走在奔小康的路上，还有许多家庭还生活在贫困线上，他们连起码的温饱问题都还没有真正得到解决，他们的孩子上学，连120元的杂费都缴不起。因此，我们没有理由不勤俭节约。无论何时我们都要勤俭节约，贫穷时要勤俭节约，富有时也要勤俭节约。勤俭节约是一个人的重要品质，很难想象，一个从小就大手大脚、随便浪费的人长大后能创造出一番事业，建立好家庭。

从人类社会发展的历史看，人生必须具备谋生、抵御生活磨难和趣化生活三种能力。由于孩子追求的偏差，价值观的扭曲，形成孩子一味追求金钱、享乐、挥霍无度的习惯，导致孩子爱虚荣，不爱劳动，懒惰自私，花钱大手大脚，有的甚至走上刑事犯罪的道路。由此可见，要让孩子更好地面对未来人生，必须对孩子进行节俭朴实的生活习惯培养。

然而这种良好习惯的养成不是一蹴而就的，妈妈要能根据孩子的心理特点和行为方式循循善诱，帮助孩子在幼年时期就逐步树立起正确的消费观，养成良好的节俭习惯。

1.让孩子了解妈妈的工作

未成年的孩子往往不知道妈妈的钱是从哪里挣来的，并对妈妈给的每分钱抱有一种无所谓的态度。妈妈可以为孩子创造条件，让他懂得劳动和收获之间的关系。例如，鼓励孩子利用假期去参加公益劳动或者勤工俭学，体会劳动的艰辛和挣钱的不易；带领孩子参观自己工作的场所，特别是体力劳动者那些流血流汗的工作场所。劳动会给孩子幼小的心灵带来一种震撼。体会妈妈的辛劳，会让孩子更懂得珍惜，更心疼妈妈，更热爱生活。

2.让孩子学会理智消费

孩子将来要在社会上独立生存，就必然要与钱打交道。所以，妈妈就应该尽早教孩子学会用钱，理智消费。

要训练孩子有计划地使用钱，妈妈最好和他们一起制订出一个消费计划。让孩子自己去订计划，妈妈不必直接干预，但要对孩子的计划进行监督、检查。这样，孩子在日常生活中才能养成好习惯，懂得预算，懂得把钱花在"刀刃"上。同时，妈妈还可以用实际行动让孩子看到理智消费带来的益处。

一位妈妈曾带着7岁的女儿逛了3家商店，目的是为了买一套物美价廉的餐具。最后，妈妈用省下来的10元钱给女儿买了一个她向往已久的卷笔刀。这位妈妈的做法使女儿了解了什么是性价比，什么是理智消费及其带来的好处。这样，女儿在自己支配钱的时候，也会注意节俭。

3.让孩子养成储蓄的好习惯

在当代社会里，教给孩子科学的理财方法是每位妈妈义不容辞的责任，妈妈要在实践中培养、训练孩子的理财能力，教孩子养成储蓄的好习惯。妈妈要引导孩子把属于他的零用钱存进储蓄罐，这能帮他养成节省"自己的钱"的习惯。

随着人们生活水平的不断提高，孩子收的压岁钱数目也水涨船高，上千元已非常普遍，上万元也已算不上是新闻。过去收的钱少，妈妈就直接给孩子当零花钱自由支配了，现在钱多了，如果再放手不管，不但会造成浪费，而且还能助长孩子花钱大手大脚的不良习惯。

当孩子收到的压岁钱比较多的时候，妈妈可以和他一起，拿着家庭的户口簿，到银行以孩子的名义开立一个活期结算账户，如果过去的压岁钱是存在妈妈名下的，这时也可以转到孩子自己的账户上。如果孩子经常存取款，还可以同时办理一张与存折配套使用的银行卡。同时，妈妈可以借机教孩子一些理财小常识，比如，定期储蓄比活期储蓄利率高，活期储蓄比定期储蓄取款方便，等等。如果过去存储的压岁钱正好到期，这时可以教孩子明白利率、本息等概念，让孩子知道，如果连续存储，压岁钱的本息会像滚雪球一样越滚越大。给孩子建立属于他们自己的理财账户，能帮助他们树立理财观念，增强责任感，形成积累财富的良好习惯。

4.让孩子体会挣钱的艰辛

"要花钱，自己挣"是西方一些国家中学生的口号，其实中国的家长也应该重视培养孩子自力更生的能力，让孩子通过适当的劳动自己去挣钱。当然，在此需要指出的是，"自力更生"并不是让孩子放弃学业，去一心一意挣钱，而是让孩子体会挣钱的艰辛。当孩子体会到劳动艰辛的同时，也会珍惜用汗水换来的钱，在以后花钱的时候，就会珍惜、有节制了。

一天，一个年轻的妈妈带着刚上小学不久的女儿去逛街。在一个繁华的路口，有一位老爷爷正在卖《北京晚报》。妈妈从口袋里掏出5元钱交给女儿，让她去买10份晚报。女儿买回晚报，妈妈就跟她商量：按原价把晚报卖出去，看看我们能不能很快卖完。女儿在父母的支持与帮助下，费了不少时间才把10份晚报卖出去。然后，妈妈让小女儿去问卖报的老爷爷，一份报纸能赚多少钱。孩子从老爷爷那里知道，卖一份报纸只赚几分钱。她算了一笔账，花了这么长时间才能挣几角钱，而且要费很多辛苦和口舌。"妈妈，我以后可不能随便花钱了，挣钱太不容易了。"妈妈肯定了孩子的想法，表扬了她。这个女孩从此就懂得节俭了。

 ## 让孩子在劳动中找到快乐

高尔基曾说过："我们世界上最美好的东西，都是由劳动、由人的聪明的手创造出来的。"

劳动是人类的第一需要。然而，有很多父母却由于溺爱自己的孩子，或是不舍得孩子"受苦"等原因忽视了对孩子的劳动教育，使孩子渐渐地养成了不爱劳动的习惯。

生活中经常看见那些手拿小勺、满嘴满脸都是饭粒的孩子，憨态可掬、津津有味地给自己喂饭吃。虽然他们吃得慢，满身满地都是饭菜，但他们吃得特别香，更可贵的是他们的小手正在学着为自己服务。看到这样的景象，有教育眼光的家长会流露出一种欣慰与满足的表情。然而，许多妈妈们为了省时间，为了不弄脏孩子的衣服，硬是夺走孩子手中的碗勺，亲自喂宝宝吃饭。这些妈妈并不知道，她们夺走的并不仅仅是孩子手中的碗勺，无形中她们剥夺了孩子动手锻炼的机会和由此所培养起来的其他各种能力。许多独生子女在大人们的包办代替下，变得越来越退化，变得越来越迟钝了！

俗话说："十指连心"、"手巧心灵"，可妈妈们往往在寄予孩子无限希望的同时，又轻易地抹杀了孩子的动手能力。妈妈们给予婴幼儿阶段的孩子无微不至的关怀，帮他穿衣、戴帽、系鞋带等，料理一些生活琐事是必要的，可孩子长到六七岁时，这些事情如果还是由妈妈来完成的话，那这些行为就不是在爱孩子，而是在害孩子了。

劳动的过程，实际上是心理训练的过程，妈妈要求孩子劳动的目的，不是为了创造财富，而是培养孩子自觉劳动的习惯和热爱劳动的优良品质，孩子一旦养成了懒惰的不良习气，再想让他变勤劳那可就非常难了。所以妈妈一定要重视孩子的劳动锻炼，从小培养孩子热爱劳动的优良品质。

在现在的家庭里，劳动主要是做家务。妈妈应该多让孩子做一些家务劳动，如整理报纸、买瓶酱油、擦擦桌子，等等，这些事情虽小，但对孩子来说却意义重大。因为在做家务的过程中，孩子不仅可掌握一些简单的家务技能，还可以训练他的观察力、理解力、应变能力及体能。孩子每完成一项家务，他的能力和自信心便会向前迈进一步。通过做家务，孩子也会有参与感、成就感和荣誉感，更重要的是，培养孩子对家庭有份责任心和归属感，协助他独立自主。因此，妈妈应重视利用家务劳动对孩子进行教育。

1.安排孩子从事适合其年龄特点的劳动

有时候，孩子会突然想做某件事情，但是这件事情却不适合孩子做。这个时候妈妈要做到既要给孩子劳动的机会，又不能因此让孩子对劳动失去兴趣。比如，一个3岁的孩子想要洗衣服，这根本就是一件孩子做不到的事情，如果真的给他一件衣服让他洗，可能到最后会因为有难度而放弃，从此就对劳动丧失了兴趣。这个时候妈妈可以给他一条小手绢让他洗，这样既没有给孩子造成困难，又满足了孩子的兴趣。而如果孩子想用水果刀削水果，或是提开水壶，这些都是很危险的事情。这个时候，妈妈要告诉孩子，这样的事情等他长大以后才能学着干。

一般来说，3岁左右的孩子在家长的帮助下，要能逐步学习进餐、穿衣脱裤、解大小便、收拾玩具、图书或帮成人取放物品等；4岁左右的孩子应要求他们能独立迅速地穿脱衣服、折叠衣被，做些简单的家务，如抹桌子、扫地、洗袜子等；五六岁的孩子应要求更高，要形成良好的劳动习惯，并有始有终地做自己能做的事。双休日包饺子时，孩子也想参加的话，父母们应该欢迎孩子的加入，教给孩子正确的方法，让孩子揉一揉、看一看、想一想、最后尝一尝，体验用双手劳动带来的快乐。

2.经常督促孩子

当孩子开始学着干家务时，妈妈要在一旁督促、指导，必要时给予帮助。任何好习惯的养成都是需要时间的，这个时间或长或短，因此妈妈不能一见孩子有点成绩就放松要求，要督促、指导孩子一段时间，使孩子真正养成爱劳动的好习惯。

3.从孩子感兴趣的劳动做起

孩子的好奇心特别强，他们什么都想尝试，很乐于模仿大人的劳动。妈妈不妨利用这一点来培养孩子的劳动习惯。如当孩子对洗衣服搓出肥皂泡感兴趣时，妈妈可以教孩子怎样洗，并让他们动手洗自己的手帕、红领巾和袜子等；当孩子对扫地感兴趣时，妈妈可以教他怎样扫地才会扫干净；当孩子对上街买东西感到很神秘又愿意去尝试时，就可以让孩子去买点油、盐、酱、醋等零星东西，并可以教孩子算数、付钱。

告诉孩子怎么洗衣服、怎样扫地、怎么买东西，孩子从中体会到劳动的乐趣，而且还会学到课本上学不到的知识和技能，这样就会达到一举两得的效果。

4.和孩子一起做家务劳动

孩子是非常喜欢和家人一起做家务的，如和妈妈一起择菜洗菜、收叠衣物、清扫房间、整理花木；节假日和全家人一起包饺子、打扫卫生等。妈妈和孩子一起劳动，可以提高孩子劳动的兴趣，融洽家庭气氛，增进母子感情，还能培养孩子的协作精神。在与孩子一起劳动时，妈妈应以身作则，以自己对劳动的热爱之情来感染孩子，给孩子树立一个良好的学习榜样。

5.教给孩子一些劳动的方法

孩子有着超强的模仿能力，所以妈妈可以让孩子在游戏中仿效成人劳动，学习一些实际的劳动方法。比如，孩子有一个美丽的洋娃娃，并且很喜欢它。这时，妈妈就可以让孩子给洋娃娃洗澡、洗衣服、铺床等。这样既符合孩子的兴趣，又让孩子从中学到了东西。对于一些难以掌握的劳动技能，就需要妈妈耐心地讲清方法并给以示范。大家都知道，让孩子学会系鞋带是一个难题，有的孩子只会打死结。这个时候，如果把孩子训斥一顿，就会影响孩子劳动的积极性。因此，妈妈要用正确的方法对孩子进行指导和示范，并创造条件让孩子反复练习。另外，在教孩子做一些事情的时候，妈妈不要急于示范，更不要伸手代劳，而是先让孩子动脑筋，看他能否独立地想出办法来。

正常饮食身体棒

营养是人体生命活动的物质基础，其重要性可想而知。现已知人体需要的六大营养素包括蛋白质、脂类、糖类、无机盐、维生素和水。这六大营养素缺一不可，必须保持平衡，才能维持人体健康。营养来自饮食，营养平衡依赖于膳食平衡。

现在的孩子最大毛病之一就是偏食挑食。对于妈妈来说，辛辛苦苦准备好了一桌丰盛的饭菜，而孩子却皱着眉头，这也不想吃，那也不感兴趣，妈妈肯定会感到很失望。而且，最让妈妈揪心的还是孩子的身体健康问题。挑食、偏食不仅会使孩子营养失衡，留下健康隐患，还会影响他的智力发育。因此，纠正孩子挑食、偏食的坏习惯，是妈妈必须认真对待的重大课题。

彤彤今年7岁了，小时候她吃得白白胖胖的很招人喜欢，可近两年来，她变得非常挑食。吃饭的时候，她总喜欢在菜里翻来翻去，吃肉的时候，上面有一丁点的肥肉她就会吐出来，像蘑菇、芹菜这类营养丰富的蔬菜，她吃了还会返胃。

有一天，奶奶买来青菜给彤彤吃，并告诉她："彤彤，多吃点，这青菜既有营养又好吃。"没想到彤彤大声叫道："你不知道我最不喜欢吃青菜吗？"奶奶见状，笑着对她说："彤彤不爱吃青菜，我知道乖孙女最喜欢吃鸡腿了。"说着，就夹起一只大鸡腿给彤彤。结果这顿饭彤彤一口青菜也没吃。

有时候，饭桌上没有彤彤喜欢吃的菜，她就说心情不好，不想吃，因为怕她不吃饭会肚子饿，所以妈妈经常为她预备着各种口味的零食。

和同年龄的孩子相比，彤彤的脸色没有应有的红润，体质也明显偏弱，动不动就发烧感冒。她每次吃饭时的样子，简直像是在受罪，有时候甚至为多吃一口饭还要提条件，就好像是在为妈妈吃的一样。

在现代家庭里，由于妈妈的疏忽，很多孩子都会出现像文中的彤彤那样的情况。比如有的孩子喜欢吃甜食，有的喜欢吃辛辣的，有的只喜欢吃荤，有的只喜欢吃素。无论孩子饮食偏向哪一种，都是不对的，因为这种挑食、偏食的坏习惯直接影响着孩子的健康，如果长期得不到纠正，可能会引发各种疾病，所以妈妈一定要想办法尽早帮助孩子改正这个坏习惯，保证其健康成长。只有不偏食、不挑食，合理搭配饮食，才能吃得营养，吃得科学。

然而纠正孩子挑食、偏食的习惯和纠正其他坏习惯不一样，不是一次、两次就能成功的。需要不断地努力和耐心的教育，才能收到效果。妈妈可采取以下措施帮助孩子纠正挑食、偏食的坏习惯。

1.控制孩子吃零食的数量

许多孩子食欲不佳的主要原因在于吃零食太多。大多数零食在口感上比妈妈做的饭菜要好吃，因此，孩子常常会无节制地吃零食。零食中最常见的就是垃圾食品，包括油炸类、腌制类和罐头类的食品等。这些食品仅仅提供一些热量而别无其他营养。孩子如果长期、大量摄入这种食品，身体里还会残留一些无用甚至有害的物质。例如，饼干和糖果类食品含食用香精和色素过多，长期大量摄入易损伤肝脏。而坚果、葡萄干和乳酪等零食，里面虽然含有大量营养物质，但吃多了也肯定会降低孩子吃正餐的欲望。因此，妈妈应该有意识地控制孩子吃零食的数量，或者用孩子喜爱的新鲜水果和蔬菜代替他所吃的零食，循序渐进地纠正偏食、挑食的坏习惯。

2.有意识地给孩子讲吃蔬菜的好处

很多孩子都不爱吃蔬菜，其实蔬菜是最有营养的菜肴，妈妈一定要帮助孩子克服这个坏习惯。譬如妈妈在教孩子唱儿歌、讲故事时，可以有意识地结合儿歌、故事的内容给他讲吃蔬菜的好处。吃饭时，若孩子不愿意吃蔬菜，可以帮助他回忆儿歌、故事中的内容，孩子就会乐意吃菜。

3.增加饭菜的花样

为了纠正孩子挑食、偏食的习惯，增加孩子进食的欲望，妈妈也可在烹调上多下功夫，增加饭菜的花样，尽量把饭菜做得可口。比如说，很多孩子都不喜欢胡萝卜的味道，遇到饭菜里有胡萝卜，就会把它们都挑出来。妈妈可以把胡萝卜擦丝儿、剁碎，加入肉末、鸡蛋等，做成小丸子；或者将胡萝卜和去皮的土豆蒸烂，压成泥，加入调味料以后做成小饼煎着吃。孩子在视觉上见不到不爱吃的胡萝卜，味觉上也尝不出那不喜欢的味道，心理上又被这些形状各异、样式新颖的菜肴吸引，一定不会抗拒吃饭，没准会吃得比谁都多呢。

4.适当给孩子补充保健食品

一般说，只要孩子不挑食、不偏食，妈妈又能科学合理地安排一日三餐，基本上可满足所需营养。但由于空气、水质、土地的污染，滥施农家药、化肥加上食物结构变化，加工越来越精细，各种食品添加剂的影响等，食品本身所能提供的营养普遍受到损害，特别是各种微量元素不足，不仅易导致地方病蔓延，也会造成各种疑难病增加，可见，适当补充保健食品也是必要的。问题是，要选择符合国家卫生标准的、确实是孩子平衡营养所需又确有实效的保健食品，并实施综合进补，而绝不可以随随便便跟着广告走，免得上当受骗。

此外，还要注意应该让孩子养成科学的饮食习惯：

1.不要"狼吞虎咽"

吃饭太快是不好的饮食习惯，"狼吞虎咽"吃下去的东西，不仅会增加胃肠的负担，而且还会直接影响人体对食物的消化、吸收。时间一长，人就易得胃炎、肠炎、胃溃疡等疾病。吃饭过快，有时还会发生一些意外的事故。

2.不要边吃边看

如果边吃饭边看书、看电视等，人的中枢神经系统与消化系统就会争夺循环血量。这样，就看书来说，会因供血不足而使学习效率明显下降。就吃饭来说，会因消化液分泌减少而产生嗳气、胸闷涨饱，继而还会诱发食欲不振、胃炎、溃疡病等，造成营养不良症状。

3.不要暴饮暴食

历代养生家都认为，人必须有良好的进膳规律，做到一日三餐，定时定量。这是因为，人们一日三餐吃进的食物，从经过胃的加工消化，到被身体完全吸收，要经过几个阶段，而每个阶段的消化吸收能力都是有一定限度的。超过这个限度，就会破坏胃、肠、胰、胆等脏器的正常功能，严重的会造成急性胃肠炎、急性胃扩张、急性胰腺炎以及诱发心脏病等，如果抢救不及时甚至会有生命危险。

4.不要过冷过热

进餐温度要适宜，一般以20℃～45℃为好。如果过热（超过60℃），食管壁和口腔黏膜会被烫伤，继而会引起炎症，长期这样，还可能会引起食道和胃的癌变。反之，如果吃过量的冷食或冷饮，则会影响胃肠正常蠕动，产生腹泻、腹痛等症状。

5.不要过量饮水

饭前不宜大量喝水，饭前大量喝水会冲淡胃液，加重肠胃的负担，影响消化。吃饭时也要少喝汤，因为边吃边喝汤，囫囵吞咽，咀嚼时间短，口腔消化不完全，会造成胃肠负担重。此外，汤中水分也会稀释消化液，不仅使食物不能很好地消化与吸收，日子一长，也易引起胃病。

6.不要吃饭说笑

尽管人体的消化道与呼吸道是完全分开的，但它们都在口腔下部开口。如果吃饭时大声说笑或争吵，就会使呼吸和咽食动作同时进行，咽部软骨活动就会失调。这样，食物就很容易掉进气管和鼻腔，发生呛咳、喷嚏、流泪等现象，严重的甚至会堵塞气管，发生意外。

爱运动的孩子身体健

1 8世纪法国著名启蒙思想家伏尔泰的名言"生命在于运动"，早已风行世界，甚至成为许多人的座右铭。它道出了运动与身体健康的密切关系。运动是身心健康的保证之一，健康是一切事业的基础。人生活在世界上是必须要运动的，如果没有运动，就没有生命。

居里夫人有句名言："科学的基础是健康的身体。"她坚决不给女儿留下财产，却很注意两个女儿的健康。在她看来，女儿有了健康的体魄，才能为人类的幸福事业做出贡献，这才是无可比拟的宝贵遗产。她常常带孩子去远游，夏天带孩子去游泳，秋天又带孩子去爬山。在这位母亲的科学培养下，大女儿在1935年为居里家族荣获了第三次诺贝尔奖金，小女儿也在音乐上取得了成功。

英国现代杰出的现实主义戏剧家萧伯纳不仅才思敏捷，有着"当代人中最清楚的头脑"，而且有一副可与职业运动员相比拟的体格。他说："我小时候没有过人的智慧，是凭下苦功夫坚持在智力和体育两方面的锻炼而成为作家的。"

萧伯纳小时候，他父亲对他说："孩子，以我为前车之鉴吧！我干的事，你都不要学呀！"原来，他父亲喜欢乱吃，一顿吃大量的肉，喝酒很凶，整天抽烟，而又不运动。他听了父亲的话，一方面在生活上非常有规律，另一方面，他一生都坚持体育锻炼。

他每天很早就起身，天天洗冷水浴、游泳、长跑、散步。他还喜欢骑自行车、打拳。70多岁的萧伯纳曾和当时世界著名的运动家、美国人丹尼同住在波欧尼岛上的一家旅馆里，每天他俩的生活时间表是一样的：起床后洗冷水澡，接着是一段数公里的长距离游泳，然后躺在海边上进行日光浴，还要一起长途散步。最后，他活到了94岁的高龄。

现在的父母虽然非常重视孩子的健康，但侧重点还是放在饮食和保健品上，特别是为了防止孩子生病，父母总希望买些牛初乳之类的保健品来增加孩子的免疫力。而运动，作为增强孩子抗病能力的最佳方法一直被父母忽视着。其实，多做运动不仅为孩子的健康增加了重重的砝码，它还对孩子增强智力发展和心理健康有帮助。

1.运动能强化孩子肌体的功能

强化心脏：有氧运动是指运动身体的大肌肉群，使心脏持续加速跳动几分钟。通过一次次的有氧运动，氧气被输送到肌肉。结果是，心脏变得更加强壮，做事时更有效率，不会很容易就感到疲劳。

增强肌肉：锻炼能使肌肉更加强健，这样能给关节更好的支持，使人不易受伤。

增加柔韧性：柔韧性越好的人就越不容易在剧烈的活动中发生拉伤肌肉或扭伤关节的问题。而生活中有许多休闲运动都对提高柔韧性有帮助，比如：武术、跳舞，等等。

2.锻炼能保持体重

事实证明，许多肥胖儿童在生活中明显缺乏锻炼。肥胖儿童更容易受到诸如心脏病、糖尿病和高血压等疾病的威胁。因此，平衡能量摄入和能量输出并保持适当体重对儿童很重要。要做到这两点可通过摄入能提供生长发育所需营养的平衡饮食与通过经常锻炼以消耗多余热量相结合来达到。

3.锻炼使孩子更愉快、更兴奋

这是由于锻炼时体内能分泌内啡肽，这种化学物质能使人产生极为兴奋的感觉。

4.运动好，学习才好

查尔斯·谢尔曼是爱好运动的学者，他一直在美国伊利诺伊州立大学从事神经学及运动机能学研究。

最近，他和同事们对259位小学生志愿者进行了研究，先测量他们身体的数据，再让他们进行传统的体育锻炼，如快速跑、俯卧撑和仰卧起坐，在将身体运动情况和考试成绩进行比较后，他们发现了一个明显的规律，身体棒的学生成绩也好。因此希尔曼得出结论，运动可以增强孩子的智力。

所以，妈妈要想维护孩子的身体健康，强健孩子的体魄，除了要给孩子提供充足且合理的营养以外，还要重视孩子的运动锻炼。那么，妈妈应如何做呢？

1.激发孩子对运动锻炼的兴趣

要让孩子乐于运动锻炼，就必须激发他们对运动锻炼的浓厚兴趣。

激发孩子运动锻炼的兴趣，不仅意味着使孩子认识到运动锻炼对社会和自己的意义而产生运动锻炼的愿望，更意味着在从事运动锻炼的过程中让孩子产生愉快的情绪体验，从而产生进一步运动锻炼的需要。

培养孩子对运动锻炼的兴趣，妈妈在其幼儿期就可以入手。因为，一岁左右的幼儿已能站立和独立行走，在鼓励他们行走的同时，还要有意识地通过玩具锻炼他们的动作，如搭小积木和套圈等；两岁左右的孩子，行走已不成问题，可以对他们进行跳跃、攀登、投掷、上下台阶等方面的锻炼；对于三岁左右的孩子，可以让他们随意跑跳，迈过简单的障碍物，双脚交替上下楼梯等。随着孩子年龄的增长，体育锻炼的项目也应不断增加，但长时间的耐力性强的项目不宜过多，应把锻炼的重点放在增强身体的灵敏度和协调性的项目上。还要多带孩子到户外去活动，呼吸新鲜空气，接受阳光照射。

妈妈可以在多种场合或通过多种媒介，提高孩子对体育运动项目的认识，循序渐进地教给他一些体育知识，让他懂得各种体育运动对人体的益处，了解各种体育竞赛中的乐趣，以激发和引导孩子的兴趣。比如，可以在看电视的时候，和孩子共同欣赏一场精彩的球赛，通过评价球星精湛的球艺、队员们密切的配合、各种运动技巧的巧妙运用等，让孩子感悟体育运动的妙不可言，从而激发他参与该项活动的兴趣。

2.和孩子一起享受运动的乐趣

妈妈要以自身的言行带动孩子，如果妈妈热衷于锻炼，孩子也会如此。运动不仅是锻炼身体的过程，也是一个非常重要的情感经历。

由于许多孩子都是独生子女，缺少玩伴，妈妈就不可避免要充当这一角色——做孩子的玩伴，如与孩子一起踢毽子、打网球、跳绳等。妈妈多参与到和孩子一起的运动中，等他有了微小的进步，就及时表扬鼓励。这样，既锻炼了自己和孩子的身体，又增进了两人之间的感情，可谓两全其美。

3.让孩子选择自己喜欢的运动

培养孩子热爱运动的习惯，妈妈要根据其兴趣、特长来考虑他应该尝试的项目，不要强迫孩子从事某种自己认为很好的体育运动。不管妈妈认为这项运动多么好、多么有趣味，那是妈妈的事情，而孩子可能并不这样认为。如果妈妈强迫孩子去做他不喜欢的运动，他就不会从运动中享受到乐趣，有时反而会对运动产生反感。

让孩子爱上讲卫生

俗话说"病从口入"，说明个人卫生习惯与健康息息相关。但是经常看到不少的孩子玩累了就直接伸出黑黑的小手吃饼干，妈妈们很是苦恼。其实妈妈们让孩子自由的探索世界的想法是好的，但是如果孩子把细菌吃进肚子，没有了健康的身体，即使学习了再多的知识又有什么用呢？好的卫生习惯是孩子一生的财富，所以妈妈应该注重培养孩子从小养成重视个人卫生的好习惯，这对孩子的一生都十分重要。

笑笑特别注意卫生，这与笑笑妈妈的教育是分不开的。妈妈经常告诉笑笑，要从小养成爱清洁、讲卫生的好习惯，尤其是饭前便后洗手的习惯。

在笑笑很小的时候，妈妈就想尽办法让他感受到洗澡、洗脸和洗手的乐趣。比如，在洗澡时，水温调好后，妈妈便把笑笑放进洗澡盆，接着放入一只玩具鸭，让儿子教小鸭子游泳；或是用一个小塑料杯，装满水后从笑笑的脖子或背上往下浇水。通过这种方式，笑笑逐渐把洗澡当成了一种享受，用他自己的话说："洗澡像游戏一样好玩。"

虽然爱洗澡，但笑笑也像别的小朋友一样不爱洗脸。对此，笑笑的妈妈没有用打骂来威胁他，而是像对待成年人那样，让他自己挑选洗脸盆和洗脸用的毛巾。当笑笑拿着自己喜欢的有长颈鹿、小白兔等动物图案的小脸盆和一条天蓝色的小毛巾时，他的情绪变得非常好，主动要求妈妈倒水帮他洗脸了。一连好几天，笑笑的妈妈都用这种方法来引导他，使他开始喜欢洗脸了。

每当洗手的时候，笑笑总是要问："为什么饭前便后要洗手？"妈妈总是会耐心地告诉他："因为手上摸了脏东西，在吃饭前不洗干净，吃进肚子里就会长出虫子来，有虫子就会生病，就要去医院打针吃药了。"等他稍大一点，妈妈又告诉他，饭前便后洗手可以预防各种肠道传染病、寄生虫病。

在笑笑还不会自己洗手时，妈妈就会亲自为他做榜样。先把袖子挽起来，把手沾湿再打上肥皂，然后两手互相搓擦，并对笑笑说："看!起了多少肥皂泡沫!" "现在脏东西都搓掉了，我们把手冲洗干净吧!"

一面说着，一面教笑笑在水龙头下把手上的肥皂泡沫冲洗干净，甩掉手上的水珠，用毛巾把手擦干。

笑笑虽然学会了洗手可是还没形成习惯，于是妈妈会为笑笑准备好肥皂、擦手毛巾，放在笑笑容易拿到的地方，并且经常通过语言的提示帮助她完成这些应该做的事情，并逐渐养成习惯。

培养孩子良好的卫生习惯，对于妈妈来说是一件平凡而又细致的工作，因此一定要持之以恒。笑笑的妈妈就是一个值得很多家长学习的榜样。

那该怎样培养孩子好的卫生习惯呢？

1.讲究卫生父母要以身作则

父母必须做好表率。如果孩子周围的成人不能自觉遵守卫生规则，那么要纠正孩子的不卫生习惯就非常困难了。父母应向孩子示范如何保持干净整齐的仪容；梳洗打扮时允许孩子在一旁观看，学习如何保持仪容的整洁。

2.教导孩子养成梳洗的生活规律

自小教导孩子将洗脸、刷牙、洗澡等当成生活作息的必需部分，孩子自会养成习惯。如果允许孩子有时候不用洗澡，他会混淆，不确定该不该、需不需要洗，请他去洗澡时，他也比较可能不顺从，有意见；使用生活作息表。生活作息表一目了然，有助于孩子规划自己的每日作息，也可以代替妈妈的唠叨。和孩子一起设计属于他的生活作息表，内容包括他该有的卫生习惯和活动。

3.给孩子制定具体的卫生规则

妈妈可以和孩子共同制定具体的卫生规则，并向他讲明这些规则的意义。甚至可以将这些规则以标语的形式张贴在墙上。例如：不撒饭粒，饭前便后要洗手，饭后擦嘴，吃水果要洗净，等等。这样可以时时提醒孩子遵守卫生规则。

4.坚持维持整洁工作的进行

妈妈必须要让孩子了解，有些要求是没有商量余地的。例如，如果家里的规定是每天都要洗澡，不管孩子怎么要求、怎么吵闹，都不可以让步；或者可以和他谈条件："好，我知道你不想洗澡，可是你知道我们的约定，要等你洗完澡才可以听故事。你自己决定要怎么做吧？"

5.检查孩子是否完成整洁工作

如果孩子应该洗澡、洗头或饭前洗手，要注意他是认真去做了还是敷衍了事？要知道，孩子的头发湿了并不代表他一定洗了澡。万一发现他做假或敷衍了事，罚他重洗一次，并取消他晚上的娱乐活动，例如："你骗我说你洗好了，我很难过，今天晚上你不许玩象棋。现在再去洗一次"。让洗澡成为愉快的经验，为孩子准备方便及造型有趣的梳洗用具，例如泡沫沐浴乳、肥皂、梳子等。

妈妈在教育孩子讲卫生时，要注重言传身教，同时叮嘱家中的其他成员在日常生活中要注意自己的个人卫生。成年人先规范自己的行为，给孩子做好榜样，营造一个干净、整洁的家庭氛围，才更有助于孩子养成好习惯。

培养孩子良好的睡眠习惯

睡眠对一个孩子的生长发育起着重要的作用。睡眠在一个人的一生中约占三分之一以上时间，处于生长发育高峰期的孩子对睡眠的需求最高。这是因为，睡眠与生长激素的分泌有关。人类的生长发育依赖于脑垂体分泌的生长激素，生长激素只有在睡眠时分泌的量最多，人体各种营养素的合成也只有在睡眠和休息时才能更好地完成。所以，睡眠充足，孩子的生长发育就快。年龄越小，睡眠应越多。学龄儿童和青年人一般每日应不少于8小时睡眠。

一般情况下，深夜10点至1点是生长激素分泌的高峰期，也是人体内细胞新陈代谢最活跃的时间。如果错过这段睡眠时间，细胞的新陈代谢将受到影响，即使白天补睡也达不到最佳效果。所以给孩子养成好的睡眠规律和习惯，对孩子智力、体力的发展至关重要。

可现在相当多的孩子睡眠质量不高，对学习和身体很不利。

儿童睡眠障碍的原因很多，归纳起来有以下三种情况：首先是精神刺激，比如受惊吓，或有苦恼的事情又不愿让家长知道，或家庭关系紧张，总在压抑中过日子等。其次是疾病，最常见的是特异性皮肤病，其中90%的儿童年龄在5岁以下，因夜间起来抓挠皮肤而影响睡眠。最后是用药的影响，如哮喘病人服用茶碱药，可发生入睡困难和易惊醒；慢性病服皮质固醇类药物，可发生夜间醒来次数过多、易惊醒、多梦等。

那妈妈应该怎样培养孩子的良好睡眠习惯呢？

1.让孩子的饮食起居具有规律性

首先，妈妈应该保证孩子正常的作息规律，即每日按时睡觉、起床。周末，不妨为孩子安排特别的活动，允许他睡晚一会，作为日常生活节奏的调整。孩子大一点时，应少睡午觉。

其次，妈妈应该确保孩子睡觉前的一个小时之内的活动是轻松、安静的，如读书或者看电视，应避免让孩子进行剧烈的活动，或看恐怖的影视片。此外，睡觉前的热水浴也可以让孩子放松身心，获得良好的睡眠。

再次，孩子的饮食要适量，尤其要避免夜间吃得过饱。同时，在睡觉前的5~7小时内，孩子不要摄入含咖啡因的食物，比如咖啡、可乐、巧克力或者是可可。孩子睡觉前，可以适量地吃一点对身体有益的食物，最好是含丰富的氨基酸类的食品，如牛奶、豆类、奶酪、鸡蛋、汉堡包、花生酱、牛肉或是鱼类等。

最后，妈妈应鼓励孩子积极参加体育锻炼，增强体力，以便承受相对剧烈的体力活动。不过，应有规律的活动，如打网球等。白天的体育锻炼，有助于孩子拥有良好的睡眠。

2.让孩子恢复平和的心理状态

首先，睡前应让孩子保持精神放松，肌肉放松。妈妈还应帮助孩子选择就寝时间，这一时间既应符合孩子的体质，又适合孩子的睡眠需要。不少少年属于"夜猫子"型，更要加以改正。

其次，妈妈应告诉孩子，很多人都有失眠现象，这主要是忧虑带来的紧张。如果处理好引起烦恼的难题，就会轻松起来，失眠现象就会消失。妈妈还应该安慰孩子，一两次睡不着觉，不会对身体造成明显的损害，没有必要太担心。否则，失眠就会更加厉害。

3.遵守睡眠时间，保持良好的睡眠习惯

良好的睡眠应该遵循醒睡节律，每天按时就寝，按时起床，保证睡眠的时间。对长期形成的睡眠习惯不要随意改变。许多人有午睡的习惯，抓紧中午时间小睡一会儿，对于消除倦意、恢复兴奋、振作精神是有益的。但不要睡得太久，一般不宜超过1小时，否则会影响夜间的睡眠。

4.创造良好的睡眠环境

妈妈应确保室内的温度要适宜，环境要安静。最好经常开开窗，保持空气流通。冬季不要在卧室内生煤炉、烧煤气，避免一氧化碳中毒。床垫不宜过于柔软。枕头不宜太高或太低。被褥应该洁净，薄厚适宜。睡眠时不要忘了关灯，因为开灯睡觉往往会因为灯光刺激眼睛而睡不着。

5.做好睡前准备

睡前1小时内，要让孩子减少或停止紧张的脑力劳动，也不宜做运动量大的体操，更不要使心情过于激动或悲伤、烦恼。上床前最好洗澡，至少用热水洗洗脚。最好不要在床上看书和思考问题。

6.选择正确的睡姿

睡眠姿势也值得注意，妈妈要注意孩子的脸最好不要朝下趴着睡，这样会有碍呼吸。最好多采用右侧睡，可以减少心脏的负担。夜里应多

变换睡眠姿势，翻几回身。还应注意不要让孩子蒙头睡，要注意脚的保暖，衣服应保持宽松舒适。

教会孩子珍惜时间很重要

寸光阴一寸金，寸金难买寸光阴，这说明时间无比宝贵。时间之所以如此宝贵，是因为时间就像流水，不经意间就溜走了。人的一生就是时间的累积，任何成就都是时间的转化。所以人们又说，时间就是生命。

一位科学家曾说："时间最不偏私，给任何人都是一天24小时。时间也最偏私，给任何人都不是24小时。"究竟怎样利用这24小时呢？不同的人会有不同的选择。大凡有成就的科学家和伟人，都不虚度自己的年华，他们会珍惜生命中的每一秒钟，以体现自己的生命价值，这是对时间的尊重，也是对自己生命的尊重。

著名的物理学家爱因斯坦认为，人与人之间的最大区别就在于怎样利用时间。在我们每个人出生时，世界送给我们最好的礼物就是时间。不论对穷人还是富人，这份礼物是如此公平，一天24小时，我们每一个人都用它来经营自己的生命。有的人很会经营，一分钟变成两分钟，一小时变成两小时，一天变成两天……他用上天赐予的时间做了很多的事，最终换来了成功。

刚上二年级的东东最近老是向妈妈抱怨时间不够用。原来，下午5点放学的东东，在回家的公交车上就要坐半个小时，而等车有时就要花上20分钟。6点到家，接着，学习半小时，6：30东东喜欢的动画片上演了。7点是吃晚饭的时间，东东一边吃饭一边收看新闻联播。等到了7：30，东东继续完成没有做完的功课。因为第二天要早起，所以晚上8：30的时候东东就得睡觉了。这样，东东的时间就显得特别紧张。

后来，妈妈帮东东想了一个好办法。妈妈教东东把每天要记的词语或单词写在卡片上，装在口袋里，可以利用等公交车的时间或在公交车上的时间背诵、记忆。这样至少可以省下20分钟的时间。6点到家后，妈妈让东东把当天学习的内容复习一遍，把老师讲过的内容和做的笔记从头到尾看一遍。

6：30，东东照样可以轻松地看自己喜欢的动画片。同时，妈妈争取在7点之前做好晚饭，提早开饭。这样，等吃完饭了新闻联播也看完了，然后可以接着学习一个小时。8：30可以按时睡觉。

经过这番周密的安排，东东不仅把所有的事情都做完了，而且做得都很愉快、轻松。

从上面的例子可以看出孩子的时间观念往往很差，他们很多时候不能根据问题的主次和事情的轻重缓急来安排时间，而是凭自己的兴趣、喜好来利用时间，结果不但造成了不必要的时间浪费，而且还影响了正常的学习效率。所以，妈妈应当培养孩子珍惜时间、合理安排时间的好习惯，这是非常重要的。让孩子有了良好的时间观念，就等于给了孩子美好的开端，也就为孩子以后成为出色的人才奠定了基础。

那么，怎样才能培养孩子珍惜时间及合理安排时间的好习惯呢？

1.要让孩子正确认识时间的价值

著名的德国无机化学家、诺贝尔奖得主阿道夫·冯·拜尔，在他的自传里曾提到自己小时候一次难忘的经历。那是在他10岁生日前一天晚上，他躺在床上高兴地预想，父母会送他什么礼物，并打算怎样为生日热热闹闹地庆祝一番。但是，那天早晨起床以后，父亲还是老样子，一吃完早饭就伏案苦读，母亲则带着他到外婆家消磨了一整天。小拜尔就有些不高兴了。细心的母亲发现了，耐心地开导他："在你出生的时候，你爸爸还是个大老粗，所以现在他要和你一样努力读书，好参加明天的考试呢！妈妈不想因为庆祝你的生日而耽误爸爸的学习，妈妈在为明天我们的生活能够丰富多彩而尽心尽力呢。你也要学会珍惜时间学习呀！"这番教诲从此就成为拜尔的座右铭，他认为："这是10岁生日时，母亲送给我的一份最丰厚的生日礼物！"

让孩子正确认识时间的价值应该注意以下几点：

（1）告诉孩子时间是最宝贵的，不要浪费时间；

（2）告诉孩子时间是永不停留的，应该及时抓住时间；

（3）告诉孩子时间是神圣的，不要故意浪费时间，否则会受到时间的惩罚。

2.教孩子作息要有规律

孩子心理过程的随意性很强，自我控制能力较差。常常是一边吃饭，一边玩耍，一件事情还没有做完，心里又想着另一件事情，做事总是杂乱无章，缺乏条理。这时候如果不加注意，就会让孩子养成"拖拉"的坏习惯，久而久之，这种坏习惯就会根深蒂固。

所以，妈妈一定要坚持让孩子养成有规律的作息习惯。良好的作息习惯是养成时间观念的前提。妈妈可以和孩子一起制订一张作息时间表，什么时间起床，洗漱要多长时间，吃早餐要多少时间，放学后先做什么，然后做什么，几点睡觉等，都可以让孩子做出合理的安排。只有把作息时间固定下来，形成习惯，孩子才能对时间有一个明确的认识，才能养成良好的时间观念。

在孩子的作息时间中，学习时间是一定要固定下来的，妈妈必须规定孩子在一定的时间内进行学习。妈妈应该事先与孩子商量好做作业的时间、中午休息的时间，然后按规定进行。规定孩子在一定的时间内必须学习会使孩子具有一定的紧迫感，集中注意力，从而提高学习效率。

另外，妈妈一定要注意，在孩子高质量高效率地提前完成学习任务时，千万不可以再追加作业，这样会造成孩子的反感，导致对学习感到厌烦。正确的做法是表扬孩子的高质量学习，并奖励孩子一定的时间来休息和娱乐。

3.指导孩子按照事情的轻重缓急安排时间去做

孩子往往分不清自己要做的事情的重要程度，他们的事情往往是由父母和老师来安排的。这是造成孩子不善于利用时间的一大原因。

事实上，只有充分认识到自己要做的事情与自己的关系，才有可能把这些事情都处理好。妈妈可以指导孩子每天把自己要做的事情按照重要程度和紧迫程度排列顺序，让孩子能够按照一定的顺序来安排事情，保证把重要的事情都能及时完成。

另外，妈妈应该让孩子明白学习是他目前最重要而紧迫的，无论何时都应把学习放在第一位，对于玩耍、逛街等事情，妈妈要教孩子在做这些事情之前，先问问自己："我有必要做这件事吗？""做这件事会花我多少时间？""有没有比这件事更重要的事情需要我去做呢"通过这种事前思考，可以帮助孩子少做一些不重要的事情，从而提高时间的利用率。

4.教孩子有效利用黄金时间

每个人都有生物节律，孩子也是如此。孩子常常会有这种感觉：在相同的时间段，心情好的时候学习效率就高，情绪不稳定的时候，学习效率就低。在一天当中，早晨和夜间学习效率高，下午和傍晚学习效率低。可见，孩子的学习往往存在一个最佳学习时机。对一个孩子来说，一天内有四段高效的记忆时间：

第一段：早上6至7点，适合记忆一些新的概念、新的内容；

第二段：上午8至10点，适合记忆大量基础理论知识；

第三段：下午7至9点，适合进行综合性知识的记忆。

第四段：晚上10至11点，适合记忆精确性高、容易出错的知识。

当然，每个人的具体情况又有所不同，有些人早上学习效率高，有些人晚上学习效率高。妈妈可以让孩子注意观察自己的特点，掌握自己的最佳学习时间，然后把重要的学习内容安排到最佳时间里去学习。

5. 教育孩子，学会集中精力做事

有的孩子，做事情时三心二意，甚至边玩边干，这是最浪费时间的。妈妈应教育孩子明白做事就做事，玩就是玩，而且事情要一件一件地做，不可一心二用，为此，妈妈要指导孩子养成做事有头有尾，善始善终的习惯。比如打扫卫生，就要在规定的时间内把房间里的每件东西都摆放在合适原位置。然后清扫地面擦抹桌凳，也不能忘记倒掉垃圾。房间没清扫完毕，不能停下来玩或干别的。一件事情做好了，家长要给予表扬，强化他的行为习惯；如果没做好，就要批评或让他重做。对于高效地完成任务节约下来的时间，应让他自己支配，以示"奖励"。居里夫人对孩子就是这样，布置任务时总是告诉女儿："干完了你随便玩"。这样，不但有利于调动孩子完成任务的积极性，而且有利于孩子养成在规定时间内集中精力做好一件事的习惯。

6. 让孩子自己承担耽误时间的后果

美国的斯特娜夫人是个享有盛名的教育家。她在教育自己的儿女的过程中，有这样一个故事：

有一个星期二，孩子问斯特娜夫人："我想到朋友家里去玩，可以吗？"母亲说："可以，但必须要在12点半以前回来。"可那天孩子超过了10分钟才到家。母亲见孩子回来了，什么也没有说，只是指了一下墙上的钟。孩子知道回来迟了，马上抱歉地说："是我不对。"吃完饭，孩子赶快换了衣服，因为他们每到星期二就要去看戏或电影。这时，斯特娜夫人再让孩子看看钟，并说："今天时间来不及了，戏和电

影是看不成了。"孩子难过地流下了眼泪。这位母亲并不就此止步，而是紧逼一步，说了这样一句十分惋惜的话："这真遗憾!"她别的手段都未采取，却使孩子知道，母亲的正确要求是必须照办的，自己做错了，就要来一番痛苦的反省。

我们许多孩子爱睡懒觉，每天早上家长一遍又一遍地叫，一直耗到将要迟到的时候，才匆忙起来。在处理这类问题上，我们不妨学学斯特娜夫人的做法，让孩子尝尝自己耽误时间的苦果。当然采取这种惩罚孩子的方法，家长要根据孩子的心理变化和实际承受能力，把握时机，灵活运用。

专注是成功不可或缺的条件

专注是一个人对所做事情注意力集中的程度，包括定向的时间长度与紧张度，表现为全身心地投入到一件事情上，外界任何东西都干扰不了。只有专注，才能高效，才能做好事情。一个人是否具有专注的品质，直接决定着一个人能否把事情做好。

苗苗是小学六年级的学生，但成绩一直不佳。苗苗的父母很纳闷，孩子平时在家学习挺用功的，怎么成绩就这么差呢?

一天，班主任的家访揭开了答案。苗苗的班主任告诉她的父母说："苗苗上课不专心听讲，不仅东张西望，还不时吃零食，这就是她成绩一直提高不了的原因。"苗苗的父母此时才恍然大悟。

其实，苗苗学习不专注与父母有一定的关系。苗苗的妈妈看见孩子学习，怕孩子渴了，一会儿送去茶水;怕孩子饿了，一会儿又送上零食，这样就干扰了孩子专心学习，时间长了，苗苗就养成了不专心学习的行为习惯。此时，苗苗的妈妈为自己的行为后悔不已。

专注的品质在人的一生中很重要。一个人学习是不是专注，做事情是不是专心，有先天的病理性因素，但大多都是像上例中苗苗的情况一样，主要还是由于后天的环境和习惯造成的。所以，妈妈要注重从小培养孩子专心做事的习惯，帮助孩子提高学习效率，将来能够更快地取得工作及事业的成功。

要让孩子养成专注的习惯，必须从一点一滴的小事做起。家长的行为习惯和在日常生活中展现出的意志品质也很关键，孩子长大的过程也是一种习得过程，倘若家长总是因为小事而随便调整计划，那孩子怎么能从中学会专注和坚持呢？

不得不说的额外话题是，无论是在电视前长大的孩子，还是在电视旁度过大部分闲暇时间的成年人，都应该审视、改变一下自己的生活方式，给自己、给孩子留出一点安静的时间去沉思、去冥想、去安静地读一本书、去享受亲情的温暖与宁静，而不要让纷乱的电视图像牵着我们的鼻子，使我们失去了自我，失去了思考，失去了享受宁静、孤独的乐趣，而最终导致失去了注意力、记忆力和思维的能力。那么妈妈应该如何培养孩子的专注力呢？

在这个世界上，有许多孩子未曾见过和未曾听说过的新鲜事物，以其独特的魅力吸引着好奇心强的孩子，引起他们的极大关注。因此，妈妈可以充分利用孩子的好奇心来培养专注力。

1.充分利用孩子的好奇心

实验证明，强烈、新奇、富于运动变化的物体最能吸引孩子的注意。转动音乐鸟笼、会跳的小青蛙、会摇头的小木偶、自动下蛋的母鸡等玩具能让孩子集中注意力观察、摆弄。妈妈可以给孩子买一些类似的玩具，用来训练他集中注意力。特别是0~3岁的孩子，采取这种方法是最理想、最有效的。另外，还可以把孩子带到新的环境中去玩。比如带小孩逛公园，让他看一些以前未曾见过的花草、造型各异的建筑及其他引人入胜的景观。带孩子到动物园去看一些有趣的动物等，利用孩子对新事物的好奇心去培养专注力。

2.把培养孩子的兴趣与专注力结合起来

兴趣是最好的老师，人们在做自己感兴趣的事情时，总会很投入、很专心，小孩子也是如此。如果儿童在入学前接触的书本知识太多，走进课堂后发现老师讲授的都是自己屡见不鲜、耳熟能详的东西，那么，大多数儿童都会不由自主地精神溜号儿，东张西望，做小动作。在生活中你常常会看到一些小孩子在按家长的要求做某些事的时候，总是心不在焉，而在做他感兴趣的事情时，却能全神贯注、专心致志。对幼儿来说，他的注意力在一定程度上直接受其兴趣和情绪的控制。因此，妈妈应该注意把培养孩子广泛的兴趣与培养专注力结合起来。

培养孩子的兴趣，要采取诱导的方式去激发。比如培养小儿识字的兴趣，妈妈可以利用小孩子喜欢故事的特点，给小孩子买一些有文字提示的图画故事书。让小孩子一边听故事一边看书，并且告诉孩子这些好听的故事都是用书中的文字编写的，引发孩子识字的兴趣，然后认一些简单的象形字，从而使孩子的注意力在有趣的识字活动中得到培养。

兴趣是产生和保持注意力的主要条件。孩子对事物的兴趣越浓，其稳定、集中的注意力越容易形成。所以妈妈应注意培养孩子广泛的兴趣，并以此为媒介来培养孩子的注意力。

3.在游戏中训练孩子的专注力

前苏联心理学家曾做过这样一个实验：让幼儿在游戏和单纯完成任务两种不同的活动方式下，将各种颜色的纸分装在与之同色的盒子里，观察孩子注意力集中的时间。实验结果发现，在游戏中4岁幼儿可以持续进行22分钟，6岁幼儿可坚持71分钟，而且分放纸条的数量比单纯完成任务时多50%。在单纯完成任务的形式下，4岁幼儿只能坚持17

分钟，6岁幼儿只能坚持62分钟。实验结果表明，孩子在游戏活动中，其注意力集中程度和稳定性较强。因此，妈妈可以让孩子多开展游戏活动，在游戏中培养婴幼儿的专注力。

游戏活动方法很多，比如传统游戏让孩子"找回不见的玩具"便是一种简单易行培养孩子专注力的游戏方法。其具体做法是：妈妈和孩子一块取出几件玩具摆放在桌上，并教孩子清点玩具的数量，让孩子说出玩具的名称，记住玩具的种类。然后，趁孩子不注意的时候，拿走其中的某样或几种玩具。问孩子："什么东西不见了？"让孩子集中注意力去回想、查看、寻找，这种训练方法简单、灵活而实用。妈妈还可根据具体情况选择其他类似的游戏方法。

游戏是婴幼儿喜爱的活动，它能引发孩子的兴趣，使孩子心情愉快。妈妈应该有选择性地与孩子一同开展游戏活动，并在活动中有意识地培养孩子的专注力。

4.让孩子明确活动目的，自觉集中注意力

孩子对活动的目的意义理解得越深刻，完成任务的愿望就越强烈，在活动过程中，注意力就越集中，注意力维持的时间也就越长。

比如：一个平时写字总是拖拖拉拉、漫不经心的孩子，如果你许诺他认真写字，按时完成任务之后就送一件他一直想得到的礼物，他一定会放下心来，集中注意力认真地写字。

在日常生活中，妈妈还可以训练孩子带着目的去自觉地集中和转移注意力。如问孩子："妈妈的衣服哪儿去了"、"桌上的玩具少了没有"，或是叫孩子画张画儿送给妈妈做生日礼物，等等，这样有目的地引导婴幼儿学会有意注意，可让他逐步养成围绕目标、自觉集中注意力的习惯。

5.培养自制力

现实生活是一个处处充满诱惑，时时会有外来干扰的世界，要维持

长时间的、集中的注意力，必须具备一定的自我控制能力。所以，从某种意义上说，良好的专注力是稳定而集中的注意力和自制力的结合。

要培养超常的专注力，就必须从小开始培养孩子的自制力。这就要求妈妈在日常生活中要有计划地不断向孩子提出适当而合理的要求，培养他们良好的意志品质，鼓励他们按时完成任务，把每一件事做完，不半途而废，培养他们控制自己行为的能力。

当然，培养儿童专注力的方法有很多，其具体实施方法也不尽相同。妈妈可根据孩子专注力发展的特点，采取适当的方法，有计划、有目的地训练和培养孩子的专注力。只要你采取科学的方法和态度，努力去做，一定会取得成功的。

教育孩子做事情应善始善终

婷婷看到她的朋友都在学习跳舞，便心血来潮，也很想学跳舞。于是，她就对妈妈说自己要学跳舞。妈妈觉得可以将舞蹈作为孩子的一个兴趣与爱好，当然非常支持孩子。为此，舞蹈老师为她制订了一套训练计划，刚开始需要给孩子拉筋，可婷婷还没坚持两天，就觉得太残酷了，整天都要压腿，实在是受不了。

妈妈看着也很着急，一直鼓励她说："坚持一下，你刚开始学，总会辛苦一点儿的。"可还没坚持几天，孩子就叫嚷着再也不学了，妈妈对此很不理解，明明是孩子自己要求学的，为什么遇到一点小困难就想到放弃呢？

孩子的行为具有较大的随意性，他们的好奇心很强，兴趣爱好广泛，但往往缺乏坚持性、自制力差，做事总不能专心，常常半途而废。

要知道，良好的责任心是要靠坚强的意志力和持之以恒的态度来维持的，而这恰恰是很多孩子所缺失的。美国著名学者安东尼从他亲自策划和主持过的上百次民意测验中整理和归纳了美国500家大企业创立人成功的要点和原则，其中有一条就是：做事情必须像猫追老鼠一样紧追不舍，不能半途而废，否则就会在竞争中一事无成，就不可能拯救自己。这也就是说，要"完成一件事情"必须经得起挫折，有始有终，不然，只会自食其果。

一般来说，做事不能善始善终的孩子心理素质比较脆弱，意志力较差。这样的孩子做事很少会获得成功，以至自信心不足，严重的甚至有自卑感……长此以往，对人对事都抱着一种不在乎的无所谓态度。这对孩子的成长与发展危害极大。因此，妈妈应教育孩子学会坚持，养成做事情有始有终的好习惯。

那么，妈妈平时应该怎么做呢？

1.多鼓励，少指责

孩子年龄幼小，让他每件事都做到善始善终几乎是非常难的。为了让孩子养成善始善终的好习惯，我们要坚持正面教育原则，多鼓励，少指责。

当孩子认真地做完一件事情的时候，我们要热情而公正地去评价，鼓励他继续努力，持之以恒。当孩子做事虎头蛇尾的时候，我们应该耐心而艺术地把孩子的注意力吸引过来，让他继续完成应该完成的事情。例如，我们可以对他说："妈妈相信你会把事情做好的，因为你是一个好孩子。"这样，孩子就会相信自己的能力，就会努力把事情做完。在鼓励孩子做事时，我们既要让孩子看到自己做事的潜力，又要让他看到自己的不足，这样，他就会努力改进，坚持把每件事情做到尽善尽美，久而久之，孩子也会养成做事善始善终的好习惯。

2.通过身边小事让孩子养成做事坚持的习惯

在平时的生活中，妈妈可以多利用身边的小事加强对孩子坚持力的培养。比如，让孩子自己叠被子，自己收拾自己的房间。刚开始，孩子也许会因为感觉新鲜而去做，但是过一段时间，孩子就会腻了，不想做了，这时候，父母就要督促孩子，让孩子用心去做，直到把一件事做完为止。要让孩子明白，坚持就是胜利。

为了让孩子的坚持力进一步提高，仅仅让孩子做一些生活中的小事是远远不够的，还要有意识地给孩子设置一些障碍，让孩子在克服困难中学会坚持，在克服困难中养成坚持的习惯，每一个人的坚持力都是在困难中磨炼出来的。

3.引导孩子独立活动

妈妈应尽可能让孩子独立活动，孩子在进行活动时，要克服外部困难和内部障碍，正是在克服这些困难的过程中，使其意志得到锻炼。倘若孩子不能完成这些活动，也不必急着去帮助，而应该"先等一会儿"，让他自己克服困难去解决。当他战胜了困难，达到了目的，会表现出一种经过努力终于胜利的满足感。在这个过程中，孩子克服困难的勇气和信心也就随之增强。

4.借助兴趣的力量，磨炼孩子的毅力

俗话说"兴趣是成功的一半"，可见兴趣对于成功的重要性。孩子做事虎头蛇尾是孩子意志力不强的表现，我们何不借助孩子的兴趣，去磨炼孩子的毅力，培养他做事善始善终的好习惯？

我们可以留意孩子的爱好，然后鼓励孩子去做自己喜欢的事情，那么，当孩子遇到困难的时候，他也不会轻易放弃。我们还要监督孩子，让他学会坚持不懈，每当他想放弃的时候，就及时、恰好地鼓励他，让他渡过难关。这样，孩子就会全身心地投入到他感兴趣的事情中去，他的毅力也会逐渐变强，并逐渐养成做事情有始有终的好习惯。

第五章

拥有好性格，赢在起跑线

好性格是孩子健康成长的关键

曾经有人说过："播洒性格，收获命运。"这就是说性格不仅影响一个人的生活状态，还会影响一个人的人际交往、事业发展。性格往往决定一个人的成败得失，甚至还决定一个人的命运和前途。爱因斯坦说："优秀的性格和钢铁的意志，比智慧和博学更重要，智力的成熟，很大程度上是依靠性格的，这点往往走出人们通常的认识。"因为性格影响渗透个性的其他部分，改变气质的消极部分，巩固发展积极成分。这就彰显出了从小培养孩子好性格的重要性。

从小培养良好的性格对人的一生有很大影响，这种影响将伴随孩子的一生，无论是学习还是生活，为人还是处世。它以一种无比顽强的姿态影响着生活中的点点滴滴，从而主宰孩子的人生。孩子要想成就学业、事业，拥有美好、幸福的人生，就必须拥有良好的性格。而良好的性格需要从小培养，从小对其进行教育。

家长是孩子的第一任老师，而一个好妈妈更是胜过一个好老师。家庭教育是形成孩子好性格的梦工厂，它对孩子的成长起着至关重要的作用，是其他教育无法代替的。著名作家老舍分析自己性格的时候就曾说过："把性格传给我的，是我的母亲。"因此，培养孩子的好性格是妈妈当前对孩子进行教育的重点任务之一。然而，并不是每一个妈妈都是天生的教育家，对于大多数的妈妈来说，如何培养一个具有完美性格的孩子还是一个不小的难题。那么，妈妈应该怎么去培养孩子的好性格呢？

1.正己

孩子在成长的过程中，其性格包含着复杂的心理成分，妈妈的一言一行、脾气秉性都在影响着孩子的思维和认知能力。因此，妈妈在日常生活中，要注意自己的言行，给孩子树立一个良好的行为榜样。

2.注重教育方式和态度

妈妈应该常备"理智"这个家庭教育的"节制器"，因为孩子的有些性格就是父母教育方式和态度的副产品。

3.把握好教育内容

父母总是按照自己的愿望去塑造孩子的性格，这就需要把握好性格培养的内容。性格有社会评价意义，也就是说，性格有好坏之分，如善良、勤奋是好的性格特征；虚伪、懒惰就是不良的性格特征。

4.创设良好的家庭气氛

具有活泼、开朗、热情、乐观等良好性格的孩子，一般来自和谐融洽的家庭，孩子能在幸福的生活环境中快乐成长。

5.注意家庭地位、条件的影响

不能过分溺爱孩子，让孩子树立勤俭节约、劳动光荣的意识。父母有钱有权，不要在孩子面前炫耀，更不能让孩子有一种权力和金钱至上的想法，引导孩子自食其力，树立向善的品德，靠自己从小不断地学习、积累，将来做一个有利于社会的人。如果家庭条件一般，父母就要保持生活上的自信，教育、引导孩子踏踏实实做人，不要自卑，要乐观向上，认认真真读书学习，将来用自己所学的知识去改变生活。

6.注意孩子在家庭中的地位的影响

妈妈平时要学会和孩子谈心。发现孩子性格孤僻时，要多和孩子一起运动或做游戏，耐心倾听孩子的话语。妈妈不能居高临下，更不能打骂孩子，要公平地对待孩子，不要认为孩子什么都不懂，多征求孩子的意见和建议。让孩子干一些力所能及的活，让孩子主动参与到家庭的一些事务中来，增强孩子的主人翁意识、办事能力和积极进取的性格。

培养活泼快乐的孩子

当孩子的生活轻快顺利时，他会笑逐颜开。如果一切事都不妙时，孩子还可以保持最初的微笑，那他就是真正的乐观和快乐。

真正的快乐是内在的，它只有在孩子的心里才能被发现。孩子应该是自己心灵的主宰，把负面的情绪从心中扫去，把快乐的阳光迎接进来，这样的人生，才会有灿烂的阳光和美好的色彩伴随他的左右。

每个家长都希望自己的孩子快乐活泼、善于交际，但是，有很多孩子在生活和学习中却不合群、不爱交朋友。其实，这是孩子性格孤僻的一种表现。这种性格的形成除了与遗传有一定的关系之外，很大程度上与后天的成长环境和教育方法有关。

小刚和小勇为了一点小事发生了争斗。结果小刚被推倒在地，"哇哇"大哭起来。小刚妈见了非常生气，把小刚拉回家，从此限制其与同伴来往。

小孩子们在一起玩耍，发生冲突是很正常的现象，孩子吃点小亏也是在所难免的事情。妈妈因为怕孩子"吃亏"、"受气"而限制孩子与同伴交往是很不理智的做法。这样只会使孩子变得不合群，缺乏人际交往能力，进而慢慢形成内向、懦弱、孤僻的性格。

有时，父母对孩子的过度保护也是孩子性格孤僻的原因。父母若对孩子学习、生活过度参与和保护，只会使孩子对父母过于依恋——父母在身边就没事，一旦离开其视野范围，孩子就会表现出不同程度的痛苦，不能独立处事，甚至是排斥与其他人接触。

由此可见，父母对孩子的"过度"疼爱只会让孩子出现交往心理缺陷。并且随着年龄的增长，这种症状愈发明显，孩子也会因此而变成一个性格孤僻的人。

如今，"人际关系"技能已被列为孩子的基本智商之一。一位儿童心理学家就说过："一个社交能力低下的孩子比没有进过大学的孩子具有更大的缺陷。"

孩子交朋友看起来似乎是自然而然的，但研究表明，不管孩子的性格活泼还是沉闷，他们往往是在成人的引导下，才渐渐学会了正确地与小伙伴相处，那些性格孤僻的孩子更是如此。因此，作为孩子最亲近、最信任的人，在引导孩子正确交际方面，妈妈的责任重大。

如果你的孩子有不愿意与他人接触、不愿意与同龄人交朋友的问题，做妈妈的也不必紧张。通过妈妈的耐心引导和帮助，孩子一定会变得活泼又善于交际。

1.家庭传统习俗会让孩子的快乐更"长久"

无论是每天共进晚餐，还是每年一起庆祝生日或节日，对一个家庭而言，没有什么比建立家庭传统更有价值的了。过春节时的饺子、鞭炮，或是过生日时的蛋糕、蜡烛，这些传统习俗都十分重要，因为它们赋予孩子生活的意义，加强家庭成员之间的感情，让孩子获得更"长久"的快乐。同样珍贵的是每个家庭独特的小传统，例如每个周末全家外出晚餐，每个月末全家一起看一场儿童电影，等等，这些熟悉而亲密的传统习惯会带给孩子强烈的安全感。

2.给孩子选择的自由

童年是一生中最快乐的时期。但有许多孩子却没有这种感觉，因为他们对一切事情都没有做主的份儿，比如穿什么衣服、留什么发式、什么时间可以玩耍等都由大人决定。他们并不像成人认为的那样很愉快。当然，父母在大多数事情上不能不做主，但有些事情不妨让孩子决定。例如让两岁的孩子晚餐时选择他爱吃的黄瓜，而不是强迫他吃胡萝卜，或者让6岁的孩子选择他喜欢看的电视节目，让8岁的孩子自由地去交朋友玩耍等。即使在小小年纪，孩子也会知道选择能使自己开心。

3.会歌唱的孩子最快乐

人们常说音乐可以陶冶人的情操，一点儿也不错。儿童医学研究发现，给患病的孩子听他们喜爱的歌曲，可以减轻他们的疼痛症状。对孩子来说，每当全家一起唱一首他喜爱的儿童歌曲，他都会很快乐。

4.在孩子面前尽量少些负面评论

成人们时常对各种人与事进行评论，其中不乏负面的东西。父母也许不会意识到这些评论对孩子产生的影响。但事实上，它们会让孩子渐渐丧失对周围人和环境的信任，从而失去安全感，而没有安全感的孩子是不会快乐的。妈妈应该让孩子觉得世界是美好的，而人们本质上都是好人。

5.引导孩子与人和睦相处

与人关系融洽是快乐的一个重要条件。虽然父母不能支配孩子的社交活动，但却可以通过向孩子表露亲热、满意引导他们与人相处。妈妈可以安排孩子常与别的孩子一起玩，像参加小组旅游，或带孩子到游乐场去与年龄相同的孩子玩，随时欢迎孩子的朋友到家里来玩。

6.教育孩子迅速恢复情绪

快乐的人与其他人一样也有情绪低落时，但他们能很快恢复。妈妈只要指出任何困难的情况都有一线转机，别灰心丧气，便能帮助孩子掌握使自己变得快乐的重要本领。当改变态度无济于事时，妈妈应帮助孩子找到安慰自己的办法，应教孩子做些使他们恢复心情的活动，如听音乐、看书、骑车、与朋友交谈等。

7.培养孩子广泛的兴趣

快乐的人过一种平衡的生活，他们的快乐来自各方面。如果孩子的快乐来自一方面，那么妈妈就应该引起足够的重视。专家研究发现，全身心投入到一项充满挑战的任务中，会给人带来很大的快乐。虽然不知道什么东西会引起孩子的兴趣，但我们可提供各种各样的活动让孩子试试。对于孩子而言，培养他的兴趣爱好，例如集邮、绘画等，让他投入其中，会让他很快乐。但这里的投入并非指给孩子安排满满的绘画课程或者舞蹈练习等，因为那样只会让孩子失去兴趣，失去从中得到的快乐。

8.多让孩子亲近大自然和小动物

对孩子来说，大自然充满了神奇的力量，无论是雨雪、白云，还是花开、叶落，都可以从中发掘到很多快乐。亲近大自然还可以培养孩子的各项感官能力、观察能力、反应能力。

9.让孩子吃得开心且经常参加体育运动

父母要为孩子及早建立正确的饮食习惯，包括全家坐下一起用餐，选择健康营养的食物，等等。此外还要经常参加体育运动，这样不仅有助于孩子的身体健康，还有助于孩子的心理健康。健康强壮、体力充沛会带给孩子良好的自我感觉，让孩子快乐。

让孩子养成自信的性格

美国的一个教育专家做了一个实验，将一个学习成绩较差班级的学生当作学习优秀班的学生对待，而将一个优秀学生的班级当作问题班来教，一段时间下来，发现原来成绩距离相差很远的两班学生，在实验结束后的总结测验中平均成绩相差无几。原因就是差班的学生受到不明真相的老师对他们所持信心的鼓励（老师以为他所教的是一个优秀班），学习积极性在长，而原来的优秀班学生受到老师对他们的怀疑态度的影响，自信心被挫伤，以致转变了学习态度，影响了学习成绩。

从以上的实验可以看出，对于孩子来说，拥有自信是非常重要的。如果孩子是个自信的人，那么他处世就会乐观进取、做事就会积极主动、勇于尝试、乐于接受挑战；如果孩子缺乏自信，那么他就会表现出柔弱、害羞、恐惧的心理，不敢面对新的事物，不敢主动与人交往，从而失去很多学习和锻炼的机会，影响自身的发展。而且长期缺乏自信会让孩子产生"无能"的感觉，产生自卑等不良心理，甚至可能自暴自弃、破罐破摔，那将是很可怕的。所以妈妈应当注重对孩子自信心的培养。

美国通用电气公司董事长杰克·韦尔奇，带领通用电气这个"百年老店"进行大刀阔斧的企业改革，在全世界范围内开疆拓土，显示了非凡的领导才能，创造了20世纪的商业奇迹，被称为世界第一经理人。

韦尔奇出生在一个典型的美国中产阶级家庭，不算穷，也不富，父母结婚16年后才有了这个独生子。他父亲是个工作狂，每天都早出晚归，所以培养孩子的任务就落在了母亲的身上。

与其他母亲不一样的是，韦尔奇的母亲对儿子的关心更体现在提升儿子的能力与意志上，她要求儿子一切从自信开始，努力主宰自己的命运。韦尔奇从小就口吃，可母亲说这算不了什么缺陷，甚至还表扬他："你有点儿口吃，正说明了你聪明爱动脑，想的比说的快些罢了。"如果是一般不够明智的父母，可能会让孩子为这个缺陷感到自卑，自己也感到难过。但她却变其为一种激励，这无疑给韦尔奇带来了极大的自信。

结果，略带口吃的毛病并没有阻碍韦尔奇的发展，更没有影响他的自信。而在实际生活中，注意到他有口吃这个缺陷的人士，倒反而更加对他产生敬意——因为一个有这样缺陷的人在商界竟取得了这么辉煌的成就。美国全国广播公司新闻部总裁迈克尔甚至开玩笑地说："杰克真行，我真恨不得自己也口吃！"

韦尔奇从小就非常喜欢运动，尤其喜欢打曲棍球，经常和同学到其他城市参加比赛。别的孩子出远门父母都要陪着，可韦尔奇的母亲很早就把儿子当大人看待，她总是让儿子独自去参加比赛。

韦尔奇的中学成绩应该是可以保证进入美国最好的大学的，但结果却未能如愿，他只得进了麻州大学。开始他感到非常沮丧，想不上学，来年再考。但母亲却鼓励他就上麻州大学。韦尔奇进入大学不久，原先的沮丧变成了庆幸。他说："如果当时我选择了麻省理工学院，那我就会因为入学成绩较差，而被昔日的伙伴们打压，永远没有出头的一天；然而这所较小的州立大学，让我获得了许多自信。事实证明，母亲让我进麻州大学是对的。"后来，韦尔奇果然成了麻州大学顶尖的学生。

在孩子的成长过程中，没有比让孩子自信更重要的了。可是自信心并非与生俱来，必须由家长对孩子从小加以正确引导，使孩子逐渐学会相信自己，信心十足。那么妈妈具体应该怎么做呢？

1.发现孩子的优点

没有完美的人，也没有一无是处的人。孩子们的智力发展是不均衡的，每个人都有自己的个性、特色。所以妈妈应当了解孩子，激发他们的优势。有些孩子虽然缺乏自信，但是却能写一手好字，这时可以让孩子学习书法，钢笔字、毛笔字都行，只要孩子有兴趣去学，肯定会做得很好，同时妈妈还要抓住机会夸奖孩子，让孩子明白自己也是有能力的，从而培养起孩子的自信心。

2.让孩子有成就感

孩子有成功的表现或得到肯定的评价，就容易建立自信心。所以妈妈可以经常引导孩子做一些对家庭或社区有益的事，即使只是鸡毛蒜皮的小事。要知道，正是由于完成了这些"鸡毛蒜皮"的小事，孩子会觉得自己并非无用之人，小小的成就感也会提升孩子的自信心。

3.勤于鼓励，多多肯定

培养孩子的自信心，鼓励和肯定最重要。不信你可以在孩子身上做试验：如果今天夸他手干净，第二天他的手会更干净；如果今天夸他的字比昨天写得好了，明天的字肯定写得更工整；如果今天夸他讲礼貌了，明天他也会更注重礼貌……孩子毕竟是孩子，在受到大人的夸奖时，他不仅心情愉悦，而且懂得了什么是对的，什么是错的，什么是大人提倡的，什么是大人反对的。这样，比我们直接对他说应该做什么、不应该做什么，效果要好得多。

4.对事不对人

让孩子知道，不管他好看与否，健康与否，妈妈都会爱他，这将是孩子自信心滋长的最佳土壤。妈妈应该慷慨地给孩子爱，更多地拥抱他、亲吻他。在帮他改正某个错误时，明白地告诉他，你不能接受的是他的行为，而不是他这个人。

5.满足孩子的安全感

有安全感的孩子，才会有自信。在孩子成长的每一步上，妈妈都要让他感觉到安全。比如，一个4岁的孩子第一次到公园荡秋千时，妈妈要关心他，扶他坐上秋千后，用手轻轻地推，并边推边唱："荡秋千，真好玩，小小心心荡秋千……"孩子很容易就会建立荡秋千的自信心。相反，孩子刚坐上秋千板，妈妈就用力推，孩子一定会感到害怕，以后很可能再不想玩秋千了。孩子的安全感得不到满足，是不能建立自信心的。

6.允许孩子犯错误

毫无疑问，孩子会时不时犯些错误。事实上，这些犯错体验，也是孩子树立自信心的必修课。孩子犯错时，妈妈不要横加指责，而应帮他找出改正错误的方法。这样不仅不会伤害孩子的自尊，还会使他明白，接受和改正错误是件很容易的事情。

7.给予鼓励

当孩子"成功"时，父母应给他们适当的奖励，可以送给他们小小的奖品。不一定是奢侈的礼物，可以是一张小卡、一只纸船、一件小饰物，这些奖励会使孩子更加努力。建议以精神鼓励为主，小心使用物质奖励。

8.平等尊重，让孩子自己动手做事

任何人都有自尊和被人尊重的需要，孩子也不例外。而自尊、被人尊重，是产生自信的第一心理动力。孩子的自信首先来自于自尊，一个没有自尊的孩子是不可能产生自信的。在生活中，妈妈要把孩子当成与自己平等的人看待，有意识地让孩子多参加一些家务劳动，并让孩子感

觉到自己的能力和妈妈对他的信任。如果大人过多地为孩子做事，就剥夺了孩子发展自己能力的机会，也就剥夺了孩子的独立与自信。

9.随时巩固孩子的自信

树立孩子的信心需要一个不断巩固的过程。当妈妈看到孩子因不断成功而逐步建立起信心时，千万不要以为大功告成，而要不断鼓励孩子，巩固其自信心。孩子只有在不断的鼓励中，才能通过自己不断的努力树立起自信。在这个过程中，妈妈要注意以下几个原则：第一，不要讽刺孩子，以免孩子受到打击；第二，不要过分赞扬孩子，以免孩子产生骄傲情绪。只有随时鼓励，才能不断助长孩子的自信。

让孩子拥有乐观的性格

世间有好多事情是我们所不能左右的，以积极、乐观的心态面对才是至关重要的。乐观的人总是能看到事情比较有利的一面，期待最有利的结果。儿童心理学家马丁·塞利格曼认为，乐观不但是迷人的性格特征，还有更神奇的功能，它能使人对生活中的许多困难产生心理免疫力。

乐观的孩子不易患忧郁症，也更容易成功，身体也比悲观的孩子更健康。

美国有一对兄弟，一个非常乐观，一个却出奇的悲观。他们的父母希望兄弟俩的性格都能改变一些。

有一天，他们把那个乐观的孩子锁进了一间堆满马粪的屋子里，把悲观的孩子锁进了一间放满漂亮玩具的屋子里。

过了一个小时，他们的父母走进悲观孩子的屋子时，发现他坐在一个角落里，一把鼻涕一把眼泪地在哭泣。原来，他不小心弄坏了玩具，怕父母会责骂自己。

当父母走进乐观孩子的屋子时，却发现孩子正在兴奋地用一把小铲子挖着马粪，把散乱的马粪铲得干干净净。看到父母来了，乐观的孩子高兴地叫道："爸爸，这里有这么多马粪，附近肯定会有一匹漂亮的小马，我要给它清理出一块干净的地方来!"

这个乐观的孩子就是后来的美国总统里根。因为他乐观、努力、心中有爱，他天天快乐地生活、努力地工作，他一步一个脚印，从报童到好莱坞明星，再到州长，直到最后当上了美国总统，他的乐观性格起到了相当大的作用。

美国心理学家塞利格曼认为，乐观与悲观的最大区别就是对有利和不利事件的认识。乐观主义者认为，有利的、令人愉快的事情总是永久的、普遍的，他们能够促使好事发生，而一旦不利事件发生，他们也能视为是暂时的。悲观主义者则认为，好事总是暂时的，坏事才是永远的。在解释坏事发生的原因时，他们不是责怪自己，就是怪罪别人。

乐观是成功的催化剂。乐观的孩子总认为自己是幸运的，即使遭遇挫折，他还是坚信自己有能力改变现状，他们会拿出自己最好的状态与挫折做斗争，直到把挫折打败。因此，乐观的性格是孩子应对人生中悲伤、不幸、失败、痛苦等不良事件的有力武器。

如果孩子无法乐观地面对人生，就会意志消沉，对前途丧失信心，而且长此以往，还会损害身心健康。遇到这种情况，妈妈不要着急，只要你正确地引导，孩子乐观的性格是可以培养的。那么妈妈应该怎样做呢?

1.妈妈要做个乐观的人

妈妈在教育孩子的过程中，自己首先要做乐观的人。每个人在工作、生活中都会遇到各种困难，妈妈如何处理困境会直接影响孩子的做法。

我们每一个人都不喜欢加班，尤其是有了孩子的女性，周末的时候总想陪孩子多待一会儿。然而，偶尔也会有周末加班的情况。遇到这种情况，很多人都会对孩子抱怨："该死的，今天妈妈又要加班去了，不能陪你了。"其实，你在说这句话的时候，已经对孩子的情绪造成了影响。他会觉得你不愿意去加班，但是又不得不去，因此，即使周末有爸爸陪伴，孩子也不会快乐。

但是，此刻，乐观的妈妈就不会这样说了，她会说："宝贝，妈妈工作很忙，要去加班了，晚上回来陪你玩。"这时，孩子就会觉得妈妈很能干，从而产生自豪感。

其实，在平时，妈妈就应该多向孩子灌输一些乐观主义的思想，让孩子明白，令人快乐的事情总是永久的、普遍的，一旦有不愉快的事情发生，那也只是暂时的，不具普遍性，只要乐观地对待，生活仍然是美好的。

2.引导孩子摆脱困境

任何一个孩子都有可能遇到不顺心的事情，即使天性乐观的孩子也是如此。当孩子遇到困境时，妈妈要多留心孩子的情绪变化，如果孩子闷闷不乐，妈妈无论自己多忙，也要挤出一点时间和孩子交谈，教育孩子学会忍耐和坚强面对，鼓励孩子凡事多往好的方面想。

小强六岁了，上幼儿园大班。一天，妈妈从幼儿园接小强回来时，发现小强有点闷闷不乐。

妈妈问道："小强，今天幼儿园有什么高兴的事呀？"

"没有高兴的事情，一点都不好玩。"小强不高兴地回答。

"为什么不高兴呀？出了什么事吗？"妈妈又问。

"今天幼儿园来了一个新同学，他很会说话，老给同学讲搞笑的事情，同学们都爱和他在一起，都不理我了!"

妈妈笑了，原来，小强今天在幼儿园受到冷落了。

"那不是很有意思吗？以后，你每天都可以跟这样一个会说笑话的人玩了，你不高兴吗？"妈妈引导小强。

"可是，同学们都不理我了呀!"小强有些生气了。

"只要你也跟那位新同学一起玩，你们不是都可以玩得很快乐吗？其他同学还是跟你一起玩的呀!"妈妈说道。

"嗯，好像是。"小强点了点头。

很明显，小强同意了妈妈的看法。一路上，小强又恢复了往常的快乐，又蹦又跳的，很开心。

所以，平时妈妈一定要注意观察孩子的情绪，只要孩子愿意和你沟通，你就要引导孩子把心中的烦恼说出来，这样，烦恼就会很快消失，孩子也会很快变得开心。

妈妈也可以帮助孩子克服一些困难，教会孩子采取正确的措施来保持乐观的情绪，这些都是促使孩子摆脱消极情绪、培养积极情绪的好办法。

3.培养孩子广泛的兴趣

开朗乐观的孩子心中的快乐源自各个方面，一个孩子如果仅有一种爱好，他就很难保持长久快乐。培养多种爱好可使孩子的生活变得更为丰富多彩，也必然更为快乐。这要以孩子自愿为前提，强迫孩子进入各种兴趣班学习并不能真正达到目的。

妈妈平时要注意孩子的爱好，为孩子提供各种兴趣的选择，并给予必要的引导。孩子的业余爱好广泛，自然就拥有了快乐的性格。

4.给孩子一些发呆和闲逛的时间

能够获得成功的孩子通常也就能得到快乐。然而，在帮助你的孩子准备应付未来种种挑战的同时，你一定要克制自己，不要用各种各样的活动把孩子的时间填得太满。在大人们都高喊减压的年代，孩子也同样需要没有压力的空间，在各种训练班和课程之间得以喘息。

给他们一些望着天空的云发呆的时间，这种你看来是无聊的活动其实是孩子的想象力充分活动的时间。让他们可以不受约束地去抓小昆虫，堆个样子奇怪的雪人或者是看蜘蛛结网。这些活动都将给你的孩子一个自己去探索世界和追求快乐的机会。

5.不要对孩子抑制过严

许多孩子因为没有自由，所以感到不快乐。为什么呢？因为父母对孩子太过溺爱，往往会抑制孩子们的一些行为和举动，甚至替孩子包办一些事情，这样，孩子就事事不用做，也无法在做事中得到乐趣。

所以要培养孩子乐观开朗的性格，就不要对孩子抑制过严，而是要允许孩子在不同的年龄段拥有不同的主权。一般来说，只有从小就享受到"民主"的孩子，才会感受到人生的快乐。因此，妈妈应当让孩子自己去选择、处理自己的事情。

例如，对于两三岁的孩子，应该允许他自己选择早餐吃什么，什么时候喝牛奶，今天穿什么衣服；对于四五岁的孩子，应该允许他在家长许可的范围内挑选自己喜欢的玩具，选择周末去哪里玩；对于六七岁的孩子，应该允许他在一定的时间内选择自己喜欢看的电视节目，什么时候学习等；对于上小学的孩子，应该允许他结交朋友，带朋友来家玩耍。

6.丰富孩子的精神生活

妈妈应该丰富孩子的精神生活，这样可以使孩子把注意力转移到其他事情上来。

一方面，妈妈要鼓励孩子广泛地阅读，让孩子在阅读中增加知识，升华思想。可以选择阅读名人传记、童话、小说等文学作品。

另一方面，妈妈要鼓励孩子多交朋友，为孩子创造与同龄人交往的机会，如带孩子到邻居家串门，邀请其他孩子到家里来玩，让孩子多到同学家去玩等。

另外，妈妈可多搞一些活动，如带孩子外出游玩；也可让孩子做一些创造性的活动，如利用废物制作小作品等。开始时，可以暗示孩子主动提问、主动要求、主动学习。当孩子主动行动了，妈妈要用表扬、奖励等方法强化孩子的自主观念和乐观精神。

孩子主动去做了，可是不一定成功。此时妈妈要激励孩子，告诉孩子，失败了也不要紧，失败是成功之母。让孩子接触各类事物，接触的事情多了，见多识广，心胸自然就开阔，就不容易产生悲观思想和消极情绪了。

7.创建快乐的家庭气氛

家庭的气氛，家庭成员之间的关系，在很大程度上会影响孩子性格的形成。研究表明，孩子在牙牙学语之前就能感觉到周围的情绪和氛围，尽管当时他还不能用语言来表达。可以想见，一个充满了敌意甚至暴力的家庭，绝对培养不出开朗乐观的孩子。

8.利用游戏培养孩子良好的情绪

游戏时是培养乐观孩子的好时机。妈妈应让孩子多和热情大方的小伙伴接触，在愉快的创造活动中建立友谊，如小伙伴们一起在玩耍中互相熟识，这对孩子生活处理能力、自我表现能力有很大关系。孩子在玩耍中可能会弄脏衣物，妈妈可温和提示，不要因此在孩子玩兴很浓时无理地训斥、责骂孩子，也不要强行责令孩子停止游戏，甚至禁止小伙伴间的往来，这样会使孩子产生不满、压抑的情绪。

对于适应性差和有逃避性的孩子，要先让孩子接触较安全的陌生环境和态度友善的陌生人，以后逐步接触较复杂的环境和各种态度的人，接触的时间和次数也应逐步增加。经过一段时间的训练后，可让孩子单独接触新的环境，让他学会与不同的人融洽相处，培养他独立生活的能力，并要不断鼓励他如此坚持下去，孩子开朗乐观的性格就会逐渐形成。

培养孩子勇敢的个性

生活中，一些孩子往往非常胆小。晚上不敢独自睡觉；白天，见了小虫也会嗷嗷直叫。

孩子胆小，除部分原因与遗传因素有关外，主要跟后天的环境因素有关。其中，以家庭环境尤为重要。有些孩子胆小，主要原因是家长没有进行正确的教育。比如孩子学习走路摔倒了，妈妈本应该鼓励孩子自己爬起来，继续再走，不必大惊小怪。可现实生活中就有不少家长，一见到自己的孩子摔倒了，就会惊慌地说："哎呀！我的宝贝摔痛了。"结果，孩子被妈妈的惊叫吓住了，不敢再学走路了，至少也放慢了学走路的速度。妈妈的这种行动和态度，无形中助长了孩子胆小的性格弱点。

下面的例子可以给我们一些启示：

宁宁是个可爱的四岁小女孩，温顺、孤僻、胆小、怕猫、怕狗，还怕小老鼠。在家里，父母非常宠爱她，外婆更视她为掌上明珠，处处关心、事事包办。

父母上班后，宁宁喜欢一个人待在家里，看小人书、玩玩具，听外婆讲故事，她很少出门，十分听话，非常乖巧，邻居们都夸宁宁是听话的好孩子。可是，家里来了客人，无论大人还是小孩子，宁宁大多不理不睬，也不上桌吃饭，而是独自在屋里玩玩具。

宁宁的妈妈送她上幼儿园，她又哭又闹，不肯去。被妈妈强行送入幼儿园后，宁宁却一个人躲在角落里，不与任何小朋友玩耍，对谁也不讲话，也不愿参加集体游戏活动，显得十分孤僻，老师反复劝慰，作用却不大。

妈妈只得把宁宁领回家，但一回到家，宁宁就又恢复了正常，与外婆、父母倒是有说有笑，有时还能帮助外婆择菜，扫扫地，洗洗手帕等。看到宁宁的情况，别人对此表示担忧，可她的父母却不以为然地说："没关系，再大一点儿，去上学就会好点的。"

大多数孩子都能与其他小朋友融洽相处，一起玩耍，当然在面对一个完全陌生的环境，或遇到惊吓、恐怖的情境的时候，孩子有少动、发呆、退缩等行为表现，这也是正常的，是儿童正常的适应性反应。随着幼儿与同伴活动的增多，他们会主动发展自己适应环境的能力。对于刚进入幼儿园的孩子来说，这一生活情境的变化就是对他们适应能力的一种检验，通常情况下，孩子经过一星期的时间就能达到逐步的适应。

虽然说胆小不是太大的问题，但孩子过分胆小，也会引起一连串的问题，妨碍孩子正常社会交往的发展。时间长了，胆小的孩子还会表现出内向、沉默、缺乏自信、没有主见等，所以，在孩子性格形成的关键期，妈妈应该鼓励孩子跨过胆小这道影响人际交往的障碍，您不妨试试下面的方法：

1.玩"勇敢者"游戏

玩是孩子的天性，胆小的孩子也爱玩，不过，您应该注意他平时更喜欢玩什么游戏。许多胆小的孩子更喜欢玩一些没有伤害性的安静的游戏，如看书、画画、拼图、搭积木等，比起和小伙伴们一起玩耍，他可能更喜欢一个人玩。

您应该鼓励他多进行户外运动，多在户外和小伙伴们一起玩游戏。对胆小的孩子来说，尝试玩沙子、抓虫子、拍皮球等"脏脏"的游戏，在台阶上跳上跳下、相互追逐、抢皮球等"危险"的游戏都需要一点勇气。孩子在户外活动中难免磕磕碰碰，妈妈不要大惊小怪，这些"勇敢者"的游戏可是帮孩子练胆量的好办法。

2.让孩子开口的技巧

在超市、商场、公园、游乐场等公共场所，让孩子多开口和陌生人交流，也可以帮助孩子克服胆小的心理。不过，妈妈要耍点小"花招"。例如，陪孩子去商场买玩具时，让他自己对营业员说："我想买这个玩具，请问多少钱？"如果孩子不愿开口，就不买玩具。

一开始，他不好意思说的话，您就先说一遍，让孩子学着再说一遍，不管孩子说得好不好，声音够不够大，您都应该鼓励他。说得多了，孩子就习惯了。在鼓励孩子开口说话的同时，您也可以教他正确使用礼貌用语，这样，人们会更喜欢您的孩子。对孩子来说，也增加了开口说话的自信心。

3.越早自理越不怕生

如果您的孩子很胆小，那么您应该反省一下，在平时的生活中是不是给了孩子太多的保护？过多的保护和代劳只能束缚住孩子的手脚，时间长了，孩子就变得不爱探索新事物了。

孩子到了2岁以后，您就可以开始培养他的自理能力，从一开始的自己睡觉，到自己上厕所，自己刷牙洗脸，自己穿衣服，自己吃饭，自己收拾玩具等。自理能力强的孩子比那些"父母包办"的孩子更活跃，更愿意探索陌生的人和事。

4.帮孩子找个外向的小朋友

学龄前的孩子很容易因为爱玩相同的游戏而成为朋友。如果您的孩子内向、胆小，那就告诉他的幼儿园老师，让老师多安排外向大胆的孩子和他一起玩。有条件的话，您也可以在小区的邻居中给孩子找个外向的小朋友，让他们经常在一起玩。

5.胆小的孩子更需要鼓励

有的孩子大大咧咧，做错了事就算多说他几句也没问题。可批评胆小的孩子时，您就要注意您的措辞。尽量以鼓励为主，不要在言语上无意中伤害了孩子的自尊心。

平时，不要在别人面前给孩子戴上"这孩子就是胆小"之类的"帽子"，这种定性的话只会起到负面的强化作用。时间长了，孩子会以为他就是胆小的孩子。

6.让孩子当"小司令"

胆小的孩子在一群孩子中往往不"出挑"，因为不管做什么事，他都躲在别人的后面。因为胆小，他会失去在人前表现的机会，表现的机会少了，孩子更胆小了。这是一个很打击孩子自信心的恶性循环。

您不妨找几个年龄比孩子小的小孩，让他们和您的孩子一起玩。您的孩子虽然胆小，但因为比其他孩子年龄大，游戏中他就会处于主动的位置。不管是玩什么游戏，出什么主意，他都会自然地成为孩子中的"小司令"。

7.不要想着完全改变孩子的个性

每个孩子都是不一样的。个性有时候是天生的。内向害羞只要不影响他与社会正常的交流和沟通，也无大碍。因此在引导害羞孩子时，妈妈不要老想着完全改变他的个性，那是不太现实的。只要用正确的引导方式，再加上融洽的家庭环境，就会让孩子变得更自信。

让孩子变得越来越坚强

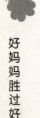

爱迪生曾经说过："伟大人物最明显的标志，就是他坚强的意志。不管环境恶劣到什么地步，他的初衷与希望不会有丝毫的改变，而后克服困难，达到预期的目的。"

坚强不仅仅是摔倒了不哭，而且是摔倒了勇敢地站起来，并以更加积极、乐观的态度去走下面的路。

美国心理学家曾经对八百名男性进行了三十年的跟踪调查研究，结论是：在成就最大和最小的人之间，最明显的差异不是智力水平，而在于是否有进取心、自信心、耐力和不屈不挠的意志。

孩子往往意志薄弱，耐力差，做事不能长久，"知之"而不能"行之"，更不能"持之"。不少孩子上课注意力不能持久集中、成绩忽高忽低、屡犯小错等，都是意志薄弱的表现。孩子在成长的道路上都会遇到许多挫折，在面对困难和挫折的时候，意志薄弱的孩子往往没有坚强的意志去克服它，而坚强勇敢的孩子面对困难时不会退缩，反而奋发图强，持之以恒，凭借自己坚强的意志，战胜困难和挫折，越过障碍和绊脚石，从而取得成功。

可是现在的大部分孩子都缺乏意志，因为他们生活在父母的溺爱下，缺乏独立解决问题的能力、坚持不懈的毅力及承受挫折的耐力。这样的孩子在以后的生活中会遇到各种各样的麻烦，所以妈妈应该从小培养孩子坚强的意志，敢于向一切挫折、困难挑战的精神。这样的孩子，才能真正成为时代的佼佼者。那么妈妈应该怎样做呢？

1.妈妈首先要坚强

一天，妈妈带菲菲去医院拔牙，菲菲有点害怕。妈妈就安慰她说："别怕，妈妈会守在你的身边。"谁知进了诊疗室，菲菲却抓住妈妈的手不肯放，哭哭啼啼的就是不肯跟医生合作。这时，一位老大夫走过来对妈妈说："请你出去，离开你的孩子!"

妈妈忐忑不安地在外面等待着。不一会儿，孩子平静地走了出来。妈妈急切地问："疼吗? 你哭了吗? "菲菲说："有点儿疼，可我一声也没哭!"

后来，老大夫解答了妈妈的疑问："你知道当时我为什么要你出去吗? 你守在孩子的身边，孩子感受到依靠，就会撒娇、任性。我让你离开你的孩子，是要促使孩子自己去直面痛苦和磨难。孩子没有了依靠。自然会丢掉幻想，用自己的意志和毅力去战胜怯懦和疼痛。"

其实，孩子并不像我们所想象的那样怯懦和脆弱。当孩子遭遇困难时，首先无法忍受的往往是我们。如果我们感情用事，焦急地对着孩子问这问那，不仅无助于孩子克服困难、战胜痛苦，相反，只能增加孩子的恐慌和软弱。

例如，当孩子与小伙伴们玩耍时，不小心跌倒了，他们会迅速地爬起来，拍拍身上的灰尘，继续和小伙伴们快乐地玩耍。但是，这时，如果妈妈担心孩子会摔痛，而焦急地跑过去，抚摸着孩子问长问短，孩子则往往会因为害怕疼痛，或者为了博得妈妈更多的关注而大哭一场。

所以，希望孩子坚强、勇敢，妈妈首先要自己坚强起来。在孩子遭遇小小的痛苦和磨难时，离开你的孩子，让他直面人生，独立面对困难和痛苦，经受锻炼和考验。只有这样，孩子才能坚强地面对人生中的任何困难。

2.不要把孩子当成弱者

在公共汽车上，有人给一个5岁的小女孩让座。孩子的妈妈却对让座的人说："让她站着吧，她已经到了该自己站立的年龄了！"

著名科学家居里夫人很注意培养孩子的坚强性格。在第一次世界大战期间，居里夫人把大女儿带到战争前线救护伤员，让她在艰苦的环境中锻炼。1918年，居里夫人又要两个女儿留在正遭到德军炮击的巴黎，并告诉孩子，在轰炸的时候不要躲到地窖里去发抖。这种把孩子当成强者的态度真的使居里夫人的孩子们成为了坚强的人。

因此，现在的妈妈应当调整自己的教育观点，不要把自己的孩子当成弱者。很多妈妈认为孩子很娇气，其实什么样的教育方式就培养出什么样的孩子。如果妈妈总是担心孩子受到伤害，而把所有危险与孩子隔离开，就等于剥夺了孩子锻炼自己的机会了。只有让孩子自己去站立，他的双腿才会坚强，他的意志才会坚强。

3. 给孩子一些劣性刺激

劣性刺激是指一些令人不舒服或不愉快的外界刺激，这些刺激对孩子来说是必需和有益的。这些刺激主要有：

（1）困难

美国一些儿童专家指出，有条件的妈妈应该为孩子有意识地设置一些困难，常给孩子制造一些经过努力可以克服的困难。当然，在这当中，妈妈需要教给孩子克服困难的勇气，也要教给孩子克服困难的办法。

（2）饥饿

饥饿是一种挑战生理极限的刺激。如今生活条件好了，很多孩子吃饭挑食或抱怨这、抱怨那，这时候，妈妈可以适当让孩子尝一下饥饿的滋味，让孩子在饥饿的刺激下学会控制自己的偏好。

（3）吃苦

大部分孩子在面对吃苦的时候总是显示出娇弱的一面，妈妈不妨有意识地锻炼孩子，比如多让孩子参加一些野营活动，让孩子在艰难的条件下吃点苦头，这样比较有利于培养孩子坚强的性格。

（4）批评

许多孩子的心理非常脆弱，根本无法接受别人的指责和反面评价。美国阿拉斯加州的埃丽希·弗说："没有规矩不成方圆。因此，必须明确规定一些孩子不应做的事情，比如，打人、骂人、偷东西等，这些都是绝对不允许做的。如果孩子做了，就要接受批评、惩罚，有时还要严厉一些。这样对孩子的身心健康成长是有益的。"

（5）惩罚

对于孩子犯的较大的错误，妈妈应该给予适度的惩罚，这种惩罚可以是物质上的，也可以是精神上的。比如，把孩子关在一个比较安全的地方，不允许孩子买他想买的玩具等。

（6）忽视

如果妈妈总是一味地以孩子为中心，无论是在哪种环境下，孩子们似乎永远是主角。那么，如果环境发生变化，孩子不能再当主角了，不被重视了，他的心理就会失去平衡，他就可能承受不了这种角色的转变。因此，在生活中妈妈不要总把孩子作为重心，有时候可以适当忽视孩子，让孩子调整自己的心态，从而帮助孩子在与人交往中保持良好的心态。

培养孩子做事要有耐心

俗话说，"欲速则不达""心急吃不了热豆腐"，这说明耐心是成功的关键因素之一。在心理学上，耐心属于意志品质的一个方面，即耐力。它与意志品质的其他方面，如主动性、自制力、心理承受力等有一定的关系。

齐白石是中国近代画坛的一代宗师。齐老先生不仅擅长书画，还对篆刻有极高的造诣，但他并非天生就会这门艺术，而是经过了非常刻苦的磨炼和不懈的努力，才把篆刻艺术练就到出神入化的境界的。

年轻时候的齐白石就特别喜爱篆刻，但他总是对自己的篆刻技术不满意。他向一位老篆刻艺人虚心求教，老篆刻家对他说："你去挑一担础石回家，要刻了磨，磨了刻，等到这一担石头都变成了泥浆，那时你的印就刻好了"。

于是，齐白石就按照老篆刻师的意思做了。他挑了一担础石来，一边刻，一边磨，一边拿古代篆刻艺术品来对照琢磨，就这样一直夜以继日地刻着。刻了磨平，磨平了再刻。手上不知起了多少个血泡，日复一日，年复一年，础石越来越少，而地上淤积的泥浆却越来越厚。

最后，一担础石终于统统都被"化石为泥"了。这坚硬的础石不仅磨砺了齐白石的意志，而且使他的篆刻艺术也在磨炼中不断长进，他刻的印雄健、洗练，独树一帜。渐渐地，他的篆刻艺术达到了炉火纯青的境界。

　　耐心被认为是一个人心理素质优劣、心理健康与否的衡量标准之一，也是孩子未来成功的关键因素之一。培养孩子的耐心不仅对他在学习上有帮助，而且对他今后的人生道路也有很大的影响。但是，孩子毕竟是孩子，他们一般都不够有耐心，只要想到了或者听到了，他们便要求立刻兑现，否则便不停地纠缠、吵闹，直到父母满足他们的要求为止。

　　这其实并不奇怪，因为孩子的耐心并不是与生俱来的，而是需要后天的培养。当孩子不停地用哭闹强迫妈妈满足他的要求时，这时妈妈一定要沉得住气，要注意对孩子进行耐心训练。只有妈妈付出耐心才会培养出孩子的耐心。

　　那么，妈妈应该怎样做呢？

1.妈妈要做好榜样

　　孩子的很多习惯通常都是因为受身边一些人或事的影响才养成的，所以这就必须要求妈妈们自己要做好榜样，耐心地去做每一件事，而不要总是虎头蛇尾。

　　比如，晚上妈妈跟孩子一起学习，当孩子不断地起身、坐下时，做妈妈的却可以坚持看书，孩子见妈妈能够耐心地看书，也就能受到一些感染。

　　另外，妈妈在要求孩子做一件事情之前，要先跟孩子约好这件事必须耐心地做完；如果没有完成不仅需要补上没做完的，而且还得再增加时间来处理相关的事情。这样，孩子就能够有计划地去做事，也能够在一定的时间内耐心地把事情做完。

2.让孩子学会等待

　　有时孩子只要想到一件事情，他们总是希望立刻去做，否则便会不停地纠缠。

星期天早上，刚吃完早餐，4岁的儿子就开始叫道："妈妈，我要到公园去玩。"

妈妈说："等一下，等妈妈收拾完东西一起去。"

"不要，我要现在就去，你回来再收拾吧。"儿子开始坚持。

"不行，做事情就要有始有终，妈妈要先收拾完才能跟你一起去。你可以看看连环画，妈妈很快就收拾完了。"

于是儿子拿起连环画看了起来。等妈妈收拾完东西走到客厅的时候，发现儿子已经看得津津有味了。

可见，在孩子纠缠不休的时候，妈妈一定要坚持，不能因为孩子的要求而作出让步。如果妈妈每次都是只要孩子一要求就作出让步，孩子得到的经验就是"妈妈总是听我的，我想怎样就可怎样"，那么，孩子就会越来越没有耐心。当然，妈妈也不可以用生硬的态度来命令孩子，如"不行，你给我等着"，这样孩子就会产生逆反心理，聪明的妈妈应该让孩子明白，等待是有原因的。

3.从身边的小事来培养

在日常生活中，任何小事情都可以用来培养孩子的耐心。例如，洗碗、擦桌子、收拾房间等。刚开始，孩子会漫不经心地边做边想玩，这时妈妈可以陪着孩子一起做，直到孩子把他负责的地方收拾得干干净净。

在经历过小事的锻炼后，妈妈应该再有意识地给孩子设置点障碍，为孩子提供一些克服困难的机会。因为耐心是坚强意志磨炼出来的，越是在困难的环境中，越能锻炼孩子的耐心。这时，妈妈要鼓励孩子做事不要半途而废。孩子经过努力完成一件事时，妈妈应当及时给予表扬，强化孩子耐心做事的好习惯。

4.3分钟耐性训练

安吉娜·米德尔顿在《美国家庭的卡尔·威特教育》一书中介绍

了一种"3分钟"耐性训练法，这种方法被证明是训练孩子耐性的好方法。

皮奈特是一个缺乏耐性的孩子，他只爱看电视和玩游戏，对书本不感兴趣。

一天，父亲拿着个沙漏，告诉他说，这是古时候的钟表，里面的沙子全部漏下去时，整好是3分钟。皮奈特想玩玩这个沙漏，这时父亲说，以沙漏为计时器，你和爸爸一起看故事书，我会边看边讲给你听，每次以3分钟为限，3分钟到后你可以自由去玩。皮奈特很高兴地答应了。

第一次，皮奈特果然静静地坐下来听爸爸讲故事。但事实上他根本没有留意看书，而是一直看着那个沙漏，3分钟一到，便跑去玩了。但是皮奈特的父亲没有气馁，他决定多试几次。这样数次之后，皮奈特的视线渐渐由沙漏转移到故事书上了。虽说约定3分钟，但3分钟过后，因为故事情节吸引人，皮奈特听得特别入神，他要求延长时间，但父亲坚持"3分钟"约定，不肯继续讲下去。皮奈特为了早点知道故事情节，就自己主动阅读了。

皮奈特的父亲用了一种循序渐进的训练，对孩子进行了潜移默化的教育。这实际上是通过孩子感兴趣的东西，使孩子的注意力在一定时间内专注于某一对象，久而久之，孩子形成了习惯，也就提高了耐性。

3分钟的时间，正好适合孩子注意力的特点，3分钟后立即打住，这样不仅使孩子觉得父亲守信，而且还利用了孩子的好奇心，引发了他主动学习的动力。当然，培养孩子的耐性时妈妈也要有耐心和恒心，不要试了一两次之后觉得没效果就放弃了。

培养好强心，为成功加足马力

好强心是一种超越他人、超越自我的上进心态。它是孩子非智力因素中最重要的一种个性心理特征。当孩子的好强心被激发时，他就会拥有不满足现状、奋发向上、敢于竞争的勇气。好强心可以使儿童努力进取，不怕困难，勇往直前，敢于成功。好强心是一种富有挑战性的心态。一般来说，孩子越自信，好强心越强，其成就动机也就越强烈。反之，越自卑，缺乏好强心，则其成就动机就越弱。对孩子来讲，培养成就动机主要是培养其好强心。

日本著名早教专家铃木镇一，数十年来教两三岁的孩子学小提琴。每收一个来自国内外的婴幼儿，起先都让他在教学室里自由自在地玩。当孩子熟悉了环境，又看到老师和别的小朋友拉琴、练琴的快乐时，自尊心、好强心就不允许他旁观了。当他抢着也要学琴时，铃木老爷爷才带着鼓励、赞赏，指导孩子学起琴来。经过严格的训练，孩子最后都取得了可喜的成绩。

这个事例充分说明了好强心的重要性。所以说，从小培养孩子的好强心很重要。妈妈应根据孩子的心理发展特点，通过成功的体验，采用孩子能够接受的方法，积极引发他的好强心。一个孩子，只要自己一心向好的同学看齐，有了强烈的好强心、竞争心，就拥有了一种内在力量。这种力量可以变成勤奋的态度和上进的精神，变成自觉自愿搞好学习的内在动力。具有这种性格的孩子，一般都是能出类拔萃的。那么，妈妈在平时应该怎样培养孩子的好强心呢？

1.激将法

孩子在他们幼小的心灵中，本就燃着争强好胜之火，他们都希望在与别的孩子竞争中得到奖赏，赢得尊敬。激将法就是要激励孩子的争强好胜之火，并使之愈燃愈旺。例如，几位小朋友在一起做作业，妈妈对孩子说："你瞧，某某小朋友多聪明啊！作业写得又快又好，你能不能像他一样啊！"这样一说，孩子自然来了劲，决心争这口气，相互比起来，结果作业完成得很好，妈妈也很满意，孩子的争强好胜心理得以被激励。

2.确定目标法

妈妈应经常向孩子提出明确的目标，让他经过自己的努力去达到。这个目标不能太高，必须是孩子经过自己的一番努力能够达到的。这对激发孩子的好强心，增强自信是很重要的。应该让孩子懂得样样靠自己，事事做到底，是一个人有本领的表现。如让孩子玩积木，家长只需提出一个目标："搭一座大桥。"然后，让他自己动手，直到搭好为止。当他完成任务，达到了目标，就及时表扬，让他获得成功体验。同时，还应激励他进一步学习新知识，解决新问题。

3.竞争教育法

让孩子经常进行分层次的比赛，重奖比赛中的强者，强化争强好胜的荣誉感，妈妈应当提供充分发挥孩子的各自优势的机会。例如，孩子甲总成绩较差，但语文分数第一；孩子乙学习成绩较差，但体育的单项成绩优异，等等。当孩子能较好地完成一些较难的任务时，应及时给予赞扬，乃至奖励，使他获得完成较难任务的体验，从而逐渐转化为好强心。要允许孩子在完成一项任务时失败、犯错误，使他不断解除对失败的恐惧心理。当孩子失败时，妈妈应对他说："只要自己尽了最大努力，就是失败了也没有关系。"妈妈应要求孩子尽量不说"我不如别人"、"我学不会"、"我不会做"之类的话，因为这只能使孩子失去探求新事物的勇气和力量，对培养好强心是极为不利的。

第六章

培养健全品格，让孩子受益一生

教孩子学会做人最重要

英国伟大的教育家赛缪尔·斯迈尔斯曾说过："有比快乐、艺术、财富、权势、知识、天才更宝贵的东西值得我们去追求，这极为宝贵的东西就是优秀而纯洁的品德"。这是对品德重要性的最好诠释。我们培养的孩子无论将来做什么，成就大小，他首先必须是一个"人"，是一个合格的公民。这是做妈妈的首先要考虑的。因此，培养一个有德行的人(教孩子学会做人)应成为家庭教育的首要目标。学会做人，是人生第一课，也是人生永远一课！因为一切成功都来源于做人的成功。其实教育孩子的最终目的就是培养如何做人的问题，人的思想端正了，那么做什么学什么就能自觉地去完成。

古今中外大量事例都说明，一个人能否成功，最重要的在于人品德行。优秀的品德，有助于学习和事业的成功，而不良品行则会贻害无穷，甚至贻误终生。

一天，小志跟随妈妈去买东西，看着花花绿绿的商品，她抓在手里不肯放，她的妈妈当时也没有发现，回家后，小志妈妈看见女儿手里拿着没有付钱的东西，心里很高兴，亲了亲小志的红脸蛋以示奖励。

以后小志只要与妈妈一起出去，就会顺手拿别人家的东西。天长日久，小志养成了顺手牵羊的毛病。不管是与同学相处，还是去逛商场，只要有机会，她总是毫不犹豫地下手。

有一次她拿同学的文具盒被发现了，同学把他告到了老师那里，老师批评了她，并请她的家长到学校谈话。小志的妈妈很难堪，这才意识到自己当初不该贪图小便宜而毁了孩子。

品德是一个人立足社会的通行证，是人的综合素质中的核心部分。一个成功的人，大多是一个具有较高素养、品德高尚的人。

良好的品德是在后天的长期培养中形成的。同样，不好的品德也是在后天的环境中逐渐养成的。如上例中的小志，最初拿别人的东西是无意的，但因为得到妈妈的认可，逐渐养成了小偷小摸的习惯。

现在的很多妈妈只注重孩子的智力发展和学习成绩，而忽视了孩子的品德教育，他们以为道德教育是不实际的东西，体现不出实际的价值。在现实生活中，人们只注重利益追求，看到的是各种有形能力的拼杀。与智力教育相比，品德教育见效慢，很多妈妈在家庭教育中，就忽视了给孩子上这一课，这将在孩子的成长中埋下祸根。

孩子具有良好的品德是做人的根本，关系到孩子的未来。

因此，妈妈应从小注重孩子良好品德的培养，不能像小志的妈妈那样，不但不及时纠正孩子的错误，反而助长孩子的不良行为，这样会毁了孩子的一生。

还有很多妈妈会借口说工作很忙，既没有时间也没有精力每天教育孩子，找出这一理由其实就是推卸责任。因为对孩子的德育教育并不需要大块的时间。特别是对当今的孩子来说，长篇大论的说教也许效果并不理想。

所以说要想让孩子成才，妈妈首先要让孩子学会做人。一个道德高尚的人，意味着他的人生有了追求和动力，他的生命处于更高的境界，他的人生才会精彩。因此，教育孩子做一个品德优秀的人，是妈妈最重要的责任。那么，妈妈应该如何做呢？

1.给孩子树立良好的榜样

妈妈要培养孩子不撒谎、不欺骗、诚实守信、说到做到的良好品质，首先要给孩子树立这方面的榜样，以此影响和感染孩子，让孩子在潜移默化中养成良好的品德。如果妈妈自己没有做到，而要求孩子这样做，不仅起不到教育的作用，反而会引起孩子的不满和逆反心理。

2.面对孩子的不良行为要及时制止

孩子天生好奇，对很多事情都感兴趣，对于一些事并不知道这样做会伤害到别人。这时候，妈妈就要告诉孩子什么是好的行为，什么是不好的行为，让孩子建立正确的道德观念，防止对他人造成无意识的伤害。

3.及时夸奖孩子的好品德

孩子每做一件事情，不管事情做得是对是错，如果得到了表扬，他就会得到鼓励的暗示，而他的这种行为就会继续。因此，妈妈在孩子有了良好的表现时，不要视而不见，而应及时夸奖，强化孩子这种好的行为，以帮助孩子把好的表现坚持下去，直到形成一种习惯，内化成自身的一种品质，为孩子打下将来走向社会为人处世的基础。相反，如果孩子做错了事，妈妈应及时批评，让其意识到错误，千万不能夸奖孩子错误的行为。

4.教孩子学会明辨是非

环境能影响人，为了使孩子不受周围不好环境的影响，妈妈就要及时告诉孩子哪些做法是正确的，可以学习，哪些行为是错误的，不要模仿。并且教孩子学会去判断，这样孩子才不会受到不良环境的影响，同时能学习他人的良好行为。

培养孩子诚实的品德

高尔基曾经说过："走正直诚实的生活道路，定会有一个问心无愧的归宿。"诚信是为人处世的第一原则，也是孩子将来成就事业的基础。诚信让良心感到踏实，因为诚信之人没有良心上的负荷。因为讲诚信，一个人才能问心无愧，同时也能让世人了解自己宝贵的品质。当今社会，讲诚信越来越重要。

一个人的成长、成才、成功，需要多方面的因素，智力因素固然重要，非智力因素也同样重要，而诚实是非智力因素中最关键的一种。在培养孩子诚实的品格时，妈妈要注意方式和方法，这样既利于孩子良好品德的形成，又利于两代人之间的沟通。

下班后，妈妈刚走进家门就看见儿子浩浩一个人在玩玩具。等妈妈坐下休息了一会儿后，浩浩便要妈妈陪他一起玩。对儿子有求必应的妈妈当然不会拒绝。

正玩得高兴的时候，妈妈发现儿子手里的玩具有些眼生，于是问道：

"儿子，你手里的玩具我以前怎么没有见过？"

浩浩一愣，连忙回答道："是小姨买给我的。"

"小姨？小姨什么时候来过？我怎么不知道？"

浩浩的眼里闪过一丝惊慌，没有回答妈妈的问题。

妈妈察觉到儿子好像隐瞒了什么，但考虑到他的自尊心，便不再追问。突然，她想到了一个好办法。

妈妈对浩浩说："儿子，妈妈给你讲一个故事吧!"

浩浩见妈妈没有再逼问他，还要给他讲故事，连忙高兴地说道：

"我要听故事，我要听故事。"

"从前，有一个叫列宁的小朋友。8岁时，他到姑姑家做客，不小心打碎了她家的花瓶，但他却不肯承认，因为他怕在姑姑面前说出真相会遭到斥责，这样就会丢了自己的'面子'。列宁的妈妈了解列宁是个好强的孩子，如果一味粗暴地训斥，就有可能挫伤他的自尊心，另外空洞的说教也无济于事，因此，妈妈决定给他一段时间，让他进行自我道德评价，在内心深处萌生出羞愧感，他才能自己纠正自己的谎言。

"于是，妈妈假装听信了列宁的话，并以足够的韧性和耐心等待了3个月。果然，在一天临睡前，列宁一下子哭了起来，对妈妈说道：'我骗了姑姑。我说不是我打碎了花瓶，其实就是我打碎的。'"

故事说完了，妈妈看了浩浩一眼，只见他低着头，一句话也不说。

"宝贝，故事讲完了。听了这个故事，你有什么想法吗？"

浩浩想了一会儿，轻轻地说道："妈妈，我错了。"

"哦，为什么呀？"妈妈故作惊讶。

"这个玩具不是小姨买的，而是我借了别的小朋友的。因为我太喜欢它了，所以没有还回去。"

看到儿子意识到错了，妈妈把他抱进怀里，亲了亲："犯错误没有关系，只要敢于承认错误，你还是妈妈的好宝贝。"

"真的吗？"浩浩的眉头立即舒展开来。

"儿子，你要记住，要永远做一个诚实的好孩子，知道吗？"

听了妈妈的话，浩浩连连点头答应。

在这里，浩浩的妈妈明知儿子隐瞒了事情的真相，但她没有立即批评，而是给浩浩讲了一个有关诚实的小故事，使其主动承认错误。这种让孩子"自省"的方法，能使孩子从内心深处认识到撒谎是错误的行为，并能通过自身的积极努力去改正。

然而遗憾的是，很多妈妈虽然明白诚实的品性对孩子的成长、成才乃至成功都至关重要，但在培养孩子的过程中却急于求成，不讲方法，以至达不到好的效果。比如，有的孩子告诉妈妈某某坏事情是自己做的，妈妈就会暴跳如雷，对孩子或责骂，或体罚，而不是对孩子说真话的行为进行鼓励，这样就会误导孩子，使孩子认为说真话反而对自己不利，因而为了逃避责任和惩罚就会说假话，这就违背了教育的初衷，结果会适得其反。

那么在现实生活中，妈妈们应该怎样做才能让孩子养成诚实的品德呢？

1.教育孩子坦诚

首先，可以像上面提到的妈妈那样，利用寓言、故事来引导、教育孩子诚实守信。比如"狼来了"的故事常被中国父母用来教育孩子：撒谎的人最终将害了自己。"种不出花的孩子当国王"的故事，也说明了诚实的人将会最终获得好的报偿。

对于进入学习阶段的孩子来说，妈妈应更多地利用现实生活中的素材，去培养孩子诚实守信的性格品质。

其次，妈妈可以进行榜样示范。一个人是否具有诚实的品质，取决于儿童时期的家庭教育，关键是妈妈的言传身教。如果妈妈经常说谎，孩子就会照样模仿。所以希望孩子成为一个诚实的人，就不要把希望寄托在空话上，要以身作则，言行一致。

最后，让孩子知道撒谎的不良后果。孩子撒谎会带来一些后果，也许是他们事前没有想到的。比如经常撒谎而得不到别人的信任，得不到同学朋友的接纳，得不到父母及老师的喜爱。如果孩子因为撒谎而受罚，因说真话而得到奖励，那么孩子是会选择说真话的。

2.善待孩子的谎言

首先，细心分析孩子说谎的原因。孩子说谎的原因可能有：父母要求太严格，孩子因恐惧而说谎话；由于遭受冷落，孩子想利用谎言来引起别人对他的注意；因自卑心理作祟，希望赢得别人的赞美；因本身能力问题，承受不了过大、过多的压力；因推卸责任或觉得好玩而说谎等。

然后，针对孩子说谎的原因，分清孩子谎话的性质，采取相应的处理方法。

如果孩子的撒谎是一种善意的玩笑，那么我们没有必要大惊小怪。

正如汉堡的教育学家施特鲁克教授说："孩子第一次有意识地说假话是他成长过程中的一个重大进步。"年龄稍大的孩子说谎，说明他已经理解真与假的区别，拥有了想象力，开始以创造性的行为与周围环境打交道。

如果孩子的撒谎是恶意的，那么就必须认真对待，但并不是说必须对孩子采取非常严厉的措施。柏林的教育专家多罗特姬·克雷奇默认为，如果父母能采取更好的方式来对待孩子，从一开始就可能避免许多谎话和不必要的争论。她说："教育的方式越严，孩子越会采取遮遮掩掩的做法。"

最后，妈妈应具有正确的教育态度。许多妈妈对待孩子的错误不是正面教育，而是粗暴地处罚、打骂，孩子为了逃避处罚不得不选择撒谎，所以妈妈应该反思自己的教育方法，调整自己的施教言行。

在日常生活中，妈妈应该对孩子多鼓励，少批评，以避免孩子为了逃避惩罚形成撒谎的行为。在纠正孩子说谎的过程中，妈妈要根据孩子的心理特点，从关心、爱护孩子的角度出发，细心观察孩子的言行，分清是非、区别对待，耐心地引导，决不能简单粗暴地对待。只有这样，才能有效纠正孩子说谎的不良行为。

教孩子做一个守信用的人

信用是为人的根本，不讲信用，难以在社会上立足。今天，作为孩子的妈妈应让涉世不深的孩了懂得，人活在世上，必然要和周围的人打交道，而同学与同学之间、人与人之间的关系与友情，需依赖信用维系。自古至今，人们往往痛恶尔虞我诈、轻诺寡信的行为；崇尚"言必信，行必果"、"一言既出，驷马难追"、说话算话的君子作风。为人处世恪守信用，才能交到知心朋友。有了知心朋友，在学习上才能取长补短，在事业上才能互相帮助、互相鼓励。而要想成就大事，必须要信守承诺。信守承诺的人，永远会受到人们的赞扬。

英国著名小说家瓦尔特·司各特就是这样一个人，虽然他很贫穷，但是人们都很尊敬他。

司各特为人正直，他的一个朋友看见他的生活很困难，就帮他办了一家出版印刷公司，可是他不善于经营，不久就倒闭破产了。这使原本就很贫穷的作家又背上了六万英镑的债务包袱。

司各特的朋友们商量，要凑足够的钱帮助他还债。司各特拒绝了。说："不，凭我自己这双手我能还清债务。我可以失去任何东西，但唯一不能失去的就是信用。"

为了还清他的债务，他像拉板车的老黄牛一样努力工作，他的朋友们都非常佩服他的勇气，都说他是一个真正的男子汉，是一个正直高尚的人。

当时的很多家报纸都报道了他的企业倒闭的消息，有的文章中充满了同情和遗憾。他把这些文章统统扔到火炉里，他的心里对自己说："瓦尔特·司各特不需要怜悯和同情，他有宝贵的信用和战胜困难的勇气。"

从那以后他更加努力地工作，学会了许多以前不会干的活，经常一天跑几个单位，变换不同的工作，人累得又黑又瘦。

有一次，他的一个债主看了司各特写的小说后，专程跑来对他说："司各特先生，我知道您很讲信用，但是您更是一个有才华的作家，您应该把时间更多地花在写作上，因此我决定免除您的债务，您欠我的那一部分钱就不用还了。"

司各特说："非常感谢您，但是我不能接受您的帮助，我不能做没有信用的人。"

这件事之后，他在日记本里这样写道："我从来没有像现在这样睡得这样踏实和安稳。我的债主对我说，他觉得我是一个诚实可靠的人，他说可以免掉我的债务，但我不能接受。尽管我的前方是一条艰难而黑暗的路，但却使我感到光明，为了保全我的信誉，我可能困苦而死，但我却死得光荣。"

由于繁重的劳动，司各特曾经病倒过。在病中，他经常对自己说："我欠别人的债还没还清呢!我一定要好起来，等我赚了钱，还了债，然后再光荣而安详的死。"

这种信念使司各特很快从病中康复了过来。两年后他靠自己的劳动还清了债务。

守信用是每个人所应该具备的良好品质，而守信的人在做事和与人交际的时候，都更容易得到他人的肯定，也更容易成功，相信所有的妈妈都不希望自己的孩子成为一个不守信用的人。要想培养出一个"言必信，行必果"的孩子，妈妈就要从自身做起，给孩子树立良好的榜样，使孩子在榜样的影响下，从小就拥有强烈的守信意识。那妈妈们具体应该怎么做呢？

1.妈妈要做到言行一致

孩子的模仿能力很强，很容易受到某种行为的暗示。如果妈妈时常言行不一、不履行承诺，孩子就会受到暗示、跟着模仿。例如，妈妈如果答应了孩子星期天带他去公园玩，就一定要去。如果临时有事，也要先考虑事情重要不重要，若不重要，就要坚守诺言；如果事情确实比较重要，一定要向孩子说明情况，并争取以后补上去公园的活动。而且，好妈妈应该尽量避免这种推迟或失约的事情发生，这样才能取信于孩子。

如果妈妈自己都言行不一致的话，对孩子的教育怎么可能有说服力呢？孩子的很多行为都是在模仿自己的妈妈，批评孩子，其实就是在批评自己。如果妈妈要求孩子不要这样做，那么自己就要以身作则，说到做到。

2.要提高孩子的认知水平

守信，对人生的积极意义是显而易见的。但孩子由于认知水平有限，往往无法理解，因此也就不重视。这时，就需要好妈妈耐心地告诉孩子守信的意义。当孩子认识到守信对人生有积极的意义时，他就会时时以守信来要求自己。

有礼貌的孩子才受人欢迎

礼貌，是对一个人最起码的礼仪要求，是人与人之间正常交流的通行证，是人的内在品质的具体体现。

人与人之间互相观察和了解，一般都是从礼仪开始的。一个举止优雅、彬彬有礼的人，更容易交到朋友、找到工作。试观天下那些明智的和有礼貌的人，他们都非常谦虚谨慎，从不装腔作势、装模作样、夸夸其谈、招摇过市，他们是通过自己的行为而不是言语来证实自己的内在品质。一个有教养的孩子必须有礼貌，这样的孩子才受人欢迎。按心理学上的说法，也就是"被众人接纳的程度高"。

英国哲学家约翰·洛克曾说："礼貌是儿童与青少年应该特别小心地养成习惯的第一件大事。"俄国哲学家赫尔岑也说："生活里最重要的是有礼貌，它比最高的智慧，比一切学识都重要。"不学会以礼待人，就无法立身做人，可见礼貌是非常重要的。

有些家长认为，现代社会是个自由的社会，懂不懂礼貌没关系，只要学习好、有真本事就行了；还有些家长则认为，小孩子天真无邪，长大了就会懂得礼貌的。其实，这些都是误区。一方面，礼貌要从小培养，让孩子从小形成良好习惯，否则就会形成坏习惯，一旦形成坏习惯，再改就很难；另一方面，越是懂礼貌的孩子，就越能获得自由发展的广阔天地，因为他会受到他人的尊重和欢迎。

那么，应该怎样来培养孩子讲礼貌的品德呢？

1.要利用身边的小事来启发和鼓励孩子

当孩子帮助妈妈做了事情，比如拿双拖鞋，倒杯水，妈妈应该及时地对他表示感谢并夸奖他："谢谢!真懂事。"妈妈在生活中时时处处以身作则，对孩子进行启发和鼓励，就会使孩子意识到做人要讲礼貌，久而久之，孩子就可以从无意识到有意识地注意礼貌。

一天，妈妈带着婷婷一起去超市买东西，婷婷对售货员说："阿姨，请帮我拿一瓶牛奶。"拿到牛奶之后，妈妈就趁机启发婷婷："婷婷真有礼貌，以后婷婷还要这样做，知道吗？"

2.教孩子使用礼貌用语

当孩子学会说话后，妈妈就要开始有意识地在各种场合教他使用礼貌用语。每次和孩子一起遇到什么人时，都要教他用尊敬的称谓来称呼对方，比如"爷爷"、"奶奶"、"叔叔"、"阿姨"、"姐姐"、"哥哥"等。

同时，还要教孩子见到认识的人需主动打招呼，对初次相识的人要问好，在与人道别时要说"再见"，当有人夸奖时应说"谢谢"，做了对不起人的事后应主动道歉说"对不起，请原谅"。

3.要注意及时纠正孩子的不礼貌行为

比如当孩子打断别人谈话时，要先心平气和地告诉孩子，打断别人的谈话是不礼貌的行为。但也要谨守原则，千万别在孩子插嘴时回应他的要求，否则他会不断重复这个得逞的行为。在谈话告一段落后，要主动问孩子："你想做什么，我现在可以来帮你。"让孩子明白，这时候才能听他说话，满足他的需要。

当然，妈妈也可以和孩子一起体会与别人谈话要看着对方的眼睛、不随意打断别人的话；一起体会见了人要表示问候；得到他人关心帮助要表示感谢的心情。让孩子认识到礼貌是一种情感的沟通，讲究礼貌既是对别人的尊重，也是对自己的尊重。

培养孩子良好的责任心

现今，许多孩子出生在幸福的家庭，父母望子成龙心切，在这美好愿望的驱使下，他们心甘情愿地替孩子做一切事，把孩子的责任担到自己肩上。孩子绊倒了，妈妈教孩子说"凳子是个坏坏"；吃饭时，孩子把碗碰翻了，妈妈忙怪自己没放好；孩子漏做了数学题，妈妈怨爸爸光顾看报纸，没检查孩子功课；孩子学校春游，妈妈一个晚上醒三次，怕耽误唤孩子早起。西方一位儿童心理学家针对中国存在的这些现象曾说："我不能理解父母们为什么要教育他们的孩子推卸责任。一个不懂得承担责任的人是不会有任何出息的！"

良好的责任心是一个人立足于社会，获得事业成功与家庭幸福的一种至关重要的人格品质。责任心对孩子的全面发展和健康成长，都能起到不可估量的催化和促进作用，一个没有责任心的孩子，即使再聪明，再有知识，有能力，长大以后也难以成才，因此，培养孩子良好的责任心，是关系到孩子将来的命运、决定着孩子人生的大事。责任心的培养是一个人健康成长的必由之路，而一个人的责任心最好从小开始培养。

身为妈妈应该懂得，从孩子呱呱坠地那天起，他就是一个独立的人。他的成长不仅是身体和智力方面的，还有很重要的一点是人格和人品方面的。妈妈应该为孩子的成长提供各方面条件以及正确的引导，使其成为一个完整意义上的人。因而，要有意识地让孩子为自己的行为负责，那么具体应该怎么做呢？

1.让孩子学会自我服务

许多父母把无限的爱都倾注到了孩子身上，对孩子的关怀可以说是无微不至，孩子从来都过着衣来伸手、饭来张口、养尊处优的生活，本来是他应该自己做的事情全都由家长代劳了，应该自己负的责任全都由家长承担了，使得孩子们只懂得索取而不懂得付出，因此，培养孩子的责任心首先就要求妈妈放弃对孩子的溺爱，不要什么事情都代替孩子做，要让孩子去做一些他力所能及的事情，让孩子学会自我服务，让孩子去为自己多承担一些责任，如玩完的玩具要自己收拾好，自己的房间要自己打扫，穿脏了袜子自己去洗干净，起床后要自己叠被子，作业要自己独立完成，自己说过的话不能食言，自己应当做的事情必须有始有终。

2.让孩子对自己的言行负责

要想让自己的孩子成为一个有责任心的人，妈妈就应当要求孩子要勇于对自己的言行负责，不论孩子有什么样的过失，只要他具备承担责任的能力，就要让他去勇敢地面对，而不是逃避和推卸，比如孩子损坏了别人的玩具，妈妈就应要求孩子自己去帮人修理或照价赔偿；孩子一时冲动打伤了人家，妈妈就应要求孩子自己去登门道歉；孩子早晨磨磨蹭蹭上学要迟到了，妈妈也不用着急慌忙地送他，让孩子自己去面对老师的批评好了。

3.妈妈对孩子要"重过程轻结果"

孩子毕竟是孩子，他做事情可能会经常出错，速度可能很慢，但这些都是很正常的，要不然他就不是孩子了。妈妈在让孩子做事的时候，一定要沉得住气，一定要学会等待，一定要能够容忍孩子的不完美，绝不能因为孩子床叠得不整齐、书桌收拾得不够利落、袜子没有洗干净、清扫地面丢三落四而代替他做。要知道，孩子只有通过不断的实践体验，才能逐渐提高自身的责任意识，这里最重要的是孩子做事的过程，是孩子通过做事所得到的对"责任"的一种宝贵心理体验，只有这样的心理体验多了，孩子的责任意识才能不断地得到强化和提高。

如果妈妈过于看重结果，势必会在孩子做得不够快不够好的时候，就对孩子进行埋怨和责备，或者忍不住地去取而代之，这一方面会打击孩子的积极性，另一方面也会给孩子留下逃避责任的可乘之机，因为有的孩子一旦发现自己事情做得不够快不够好的时候妈妈会及时出手，他就会故意表现得能力不足，以此来逃避本来该做的家务。

4.妈妈应当要求孩子做事有始有终

良好的责任心是要靠坚强的意志力和持之以恒的态度来维持的，而这恰恰是许多孩子所缺失的，孩子往往好奇心很强，兴趣爱好也很广泛，但就是做起事情来却只有几分钟的热度，不是虎头蛇尾就是半途而废，稍稍遇到一点儿困难和挫折就打退堂鼓，不愿意再坚持下去，这样，就不易形成责任心。

为了增强孩子的责任心，妈妈平时就应当注意培养孩子做事有始有终、负责到底的良好习惯，交给孩子去做的事情，不管是大是小，妈妈都要全程监督，发现问题及时纠正，绝不允许孩子做到一半就随意放弃，要直到孩子从头至尾认认真真地把事情做完做好才能罢休。

另外，为了使孩子能够更好地坚持把一件事做完，妈妈可以给孩子选择比较容易的任务，如果一下子就把孩子给吓倒了，他就不会再有信心去努力了，妈妈交给孩子的任务可以经常换花样，要给孩子一定的新鲜感，不要老让孩子总是重复地去做一件事，那样孩子迟早会失去兴趣的。

让孩子拥有一颗爱心

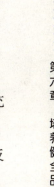

爱心是一个人的优秀品质。有爱心的人，是一个善良的人，爱心能够给他人、给社会带来温暖，也让自己的心灵充实、纯洁。

善良和爱心，也是孩子的天性。婴儿1岁前就对别人的情感有所反应。比如，旁边有孩子哭，他会一起哭；一两岁时，孩子看到别人哭，就会拿自己喜欢的东西去安慰；到了五六岁时，孩子开始进入认知反应阶段，他知道什么时候该去安慰正在哭泣的同伴，这些都是孩子爱心的自然表现。但是，如果得不到后天的培养，孩子的爱心就会逐渐消失。

对于一个人的个性发展而言，没有什么能比爱和善良更重要的了，这是孩子将来亲和社会的基础和前提。缺乏善良品性的人，是一个性格上有缺陷的人，最终往往难以有所作为。因此，妈妈一定要注重培养孩子善良的品性，教育孩子应当拥有一颗爱心。

美国的小姑娘德瓦娜·卜小学四年级时，她正在探究无家可归的问题。

有一天，在从学校回家的路上，她遇到一位流浪汉，德瓦娜停下来，问："你需要什么东西吗？"

"我需要一份工作，一个家。"无家可归的人说的是无可争辩的事实。

德瓦娜觉得自己在这方面无能为力，便又问："你还需要其他什么东西吗？"

"真想吃上一顿饱饭啊。"无家可归者带着满脸的憧憬回答。

德瓦娜觉得这是她能够做到的，于是，她花了整整三天时间采购、做计划，最后在妈妈和两位姐姐的帮助下，做成100多道菜，送到附近一个流浪者收容所。

在此后的一年中，几乎每个周五晚上，德瓦娜全家都要给收容所送饭。在全社区人的捐助与全班同学的帮助下，德瓦娜帮助了许多无家可归的可怜人。

《今日美国》的记者采访德瓦娜时，她这么回答："我们每个人都应该关心他人。我们中的每一个人都受到过别人的帮助，我们应该随时准备着把别人的帮助转为对别人的关心。"德瓦娜以自己的行动解释了什么是爱心。

前苏联教育家苏霍姆林斯基说过："善良的情感是良好行为的肥沃土壤。"他还说："良好的情感是在童年时期形成的，如果童年蹉跎，那么，失去的将永远无法弥补。"

爱心教育是让孩子受益一生的教育，一个充满爱心的人，会过得更自信更快乐。一个人有了善良的心，也会受到生活的眷顾，他给予他人多少爱，就会收获同样多的爱。那么，妈妈应该如何培养孩子善良的品性呢？以下几个方面对培养孩子的爱心很有帮助：

1.用自己的爱心感染

孩子虽然生下来就具有天然的爱心和善心，但他们仍然需要妈妈的帮助和引导，才能将这些情感转化为对他人的善意行动。所以妈妈一定要规范自己的言行，提升自己的道德水准。如果妈妈时常关爱别人、同情弱者，并因此受到周围人的赞许和爱戴，孩子自然会以妈妈为榜样，也用自己的爱心去争取赞许和喜爱。

2.悄悄教育

当孩子出现不友好行为的时候，妈妈要当机立断地制止孩子，可以采取把孩子抱走、转移注意力、给孩子讲道理商量解决办法等方式中断孩子的不适宜行为。然后贴在孩子的耳边说悄悄话，悄悄话的内容是告诉孩子在哪些地方错了。为什么要说悄悄话呢？因为孩子虽小也有自尊心，父母在批评孩子的同时要注意维护孩子的自尊心，保护好孩子的自尊心是孩子健康成长的保证，得到尊重的孩子会更懂得如何尊重他人，关爱他人。

3.拓展交往范围，培养表达爱心的能力

妈妈必须得把孩子带出去，让孩子在社区里活动，让他自由地与同龄小朋友交往、一起玩耍。要注意观察孩子在没有"特权"和"优惠"的情境下，能否识别他人的好意、回应别人的好意，孩子又如何向他人表达自己的喜好。

如果孩子的交往出现了不顺利的情况，妈妈要仔细观察孩子的应变能力怎样。

这些都能反映宝宝"爱心情商"的高低，帮助妈妈有针对性地培养孩子的爱心。

4.让孩子和大自然交朋友

让孩子学会爱护花草，爱护小动物，妈妈也要以身作则。告诉孩子大自然是人类的好朋友，要让孩子从小就知道爱护大自然、保护大自然是一种美德。父母可以多带孩子到植物园、郊外走走，让孩子领略大自然的美感，让孩子在轻松愉快中培养爱心。

5.不要扼杀孩子的爱心

在孩子成长的过程中，特别是在幼儿阶段，孩子会自发地表现出爱心，比如听到家长讲悲伤的故事会哭泣，见到小动物会去爱抚等。这

时，家长对孩子自然而然地流露出的爱心要加以鼓励，要对孩子的爱心行动给予肯定。受到鼓励的孩子下次会比较容易再次出现类似行为。

孩子的爱心是稚嫩的，你在乎它，它就会长大；你忽视它，它就会枯萎；你打击它，它就会死去。如果好妈妈想要拥有一个富有爱心的孩子，就应该在生活中培养它、呵护它，这样那仁慈博大的爱心，就会在孩子的心头扎下根，并会随着孩子的逐渐长大而不断壮大和升华。

给孩子播洒感恩的种子

位哲人曾说过："世界上最大的悲剧或不幸，就是一个人大言不惭地说没有人给他任何东西。"人们生活在这个世界上，时时接受着各种"恩赐"：父母的养育、师长的教诲、爱人的关爱、朋友的友情、大自然的慷慨赐予……然而，对于这些恩惠，有很多人似乎觉得都是理所当然，丝毫没有感恩意识。

这种现象表现在孩子身上尤为严重。在只有一个孩子的家庭里，大多数孩子是家中的"小太阳"，一切以孩子为中心。在这样的家庭氛围里，孩子生活在富裕的物质环境中，要什么有什么，得到所要的东西似乎是理所当然。其结果，造成大部分孩子自私、狭隘、霸道、不容人、不讲道理、缺乏或者没有爱心、不知道也不懂得关心他人。

王芳对女儿十分疼爱，事事替女儿包办，从没让女儿帮自己做过家务，即使是端茶倒水之类的事情也从不让女儿碰。而女儿也认为妈妈天天这样为自己服务是理所当然的。

有一天，王芳下班后有些不舒服，坐在沙发上，感觉口渴，但却不想动，她就叫正在看电视的女儿给自己倒一杯水，没想到女儿头也不回地说："你自己倒吧，没看见我正在看电视呢吗？"

王芳听到此话，泪水几乎要夺眶而出，她怎么也没有想到，自己一心照顾女儿，如今长大的女儿不仅不知道感恩，竟连一杯水都懒得给自己倒。

生活中，像王芳女儿这样的孩子大有人在，他们不懂得体谅妈妈，稍不如意，还会大发脾气，恶言相向。

事实上，只有学会了对家长、师长和社会心怀感激，并懂得付出关爱和回报，孩子才能形成健全的人格。一个自私、不懂得感恩的孩子，长大成人后也不会受人尊重，在事业上也难以获得成功。更为重要的是，一个不懂得回报，甚至忘恩负义的孩子，由于冷漠、自私、无情及人格上的其他缺陷，他会很难与人相处，而且容易走极端，甚至会走上犯罪的道路。所以，妈妈一定要培养孩子拥有一颗感恩之心。在培养孩子的感恩意识时，需要注意以下几个方面：

1.妈妈要以身作则

有这样一则感动了很多人的公益广告：一位年轻的母亲端着一盆水，给年迈的妈妈洗脚……镜头切换后，是她年幼的儿子，吃力地端着水盆，脸上是动人的笑容，一步一步地向她走来，嘴里说着："妈妈，我也给你洗脚……"年轻的妈妈笑了，眼里噙着感动和喜悦的泪。这就是榜样的力量！

孩子成年前与妈妈相处的时间最长久，因此妈妈的一言一行都将在潜移默化中深刻地影响着孩子。妈妈应当首先对生活抱有感恩的心，平和地对待得与失，困境与逆境，用自己的言行感染孩子。在生活中，妈妈应常常对自己的长辈、同事、朋友表达感激之情，并且用实际行动回报他人。孩子在和妈妈的朝夕相处中耳濡目染，自然也不会成为一个怨天尤人、自私自利的人。

2.教育孩子对周围人要心存感激

许多孩子从未真正感觉到需要对谁心存感激，是因为他们只注意自己需要什么，却很少注意这些东西是从哪里来的。好妈妈要教会孩子对身边的人心存感激，不光要感谢帮助、关心自己的人，也要感谢那些给自己找麻烦、和自己作对的人，正是他们磨炼了自己的意志、增长了自己的见识。好妈妈应该培养孩子拥有一个好心态，始终以"感恩"的态度面对生活。

3.让孩子感恩世界

培养孩子的感恩之心，不要只局限于家庭成员之间、师生之间、朋友之间、萍水相逢之间，还要学会感恩大自然。妈妈要经常带孩子到大自然中走走，去体验太阳带给自己的温暖，去听鸟鸣的婉转，去看森林的葱郁，全面感受大自然的美好，从而让孩子学会对所有的美好事物心存感恩，学会对大自然感恩的行为——节约能源、爱护环境、保护珍禽等，这是教育孩子学会感恩的最高境界。

培养孩子的宽容之心

宽容不但是做人的美德，也是一种明智的处世原则，是人与人交往的"润滑剂"。宽容能使人性情温和，消除了许多无谓的矛盾，化干戈为玉帛。宽容的人，时时处处都会受到人们的拥戴，因为他能够处理好各种人际关系，能够很快地适应各种不同的环境，能够融洽地与人合作，充分发挥自己的潜能。

宽容对于一个孩子个性的健康发展，尤其是情感的健康发展有着非常重要的意义。一个孩子如果性情温和、善良，为人宽宏大量，他在成长中与别人发生矛盾的机会就会减少，更容易受人欢迎。妈妈如果让孩子拥有一颗宽容的心，那么将会给他赢得更多的朋友，在人际交往上更加得心应手。

但现在的孩子大部分都是独生子女，妈妈们都见不得自己的掌上明珠受委屈，因此经常这样教育孩子："别人对不起你，你就可以对不起他；别人打你，你一定要回打他。"试想，在这种教育方法的引导下，孩子又如何能够学会宽容。这种缺乏宽容心的孩子，往往性情怪诞，易走极端，不易与人亲近。所以，为了孩子的幸福，为了孩子将来能有所作为，身为妈妈应当教孩子学会宽容。

那么，妈妈怎样做才能把孩子培养成为一个有宽广心胸的人呢？

1.妈妈要懂得宽容

妈妈要想让孩子学会宽容，首先自己应有宽容的品质。有这样一个故事：在泰国的一个度假村，有一天，工作人员带着很多孩子在广场做游戏，结束后，由于孩子太多，工作人员一时疏忽，将一个孩子留在了广场。等她发现人数不对时，才赶快跑到广场将这个4岁的女孩带回来。孩子因为一人在偏远的广场，饱受惊吓，大哭不止。

工作人员满脸歉意地安慰着孩子。这时，孩子的妈妈来了，她蹲下来安慰着自己的孩子，并告诉她："已经没事了。那位姐姐因为找不到你而非常难过，她不是故意的，现在你必须亲亲那位姐姐的脸颊，安慰她一下!"只见那位4岁的小孩踮起脚尖，亲亲蹲在她身旁的工作人员的脸颊，并且轻轻地告诉她："不要害怕，已经没事了。"这位妈妈以宽容之心原谅了工作人员的疏忽，从而为孩子做了一个非常好的榜样。

2.让孩子明白"人无完人"

教孩子明白"人无完人"，引导孩子多发现别人的长处。一个能看到别人优点，容忍别人缺点的人，才会有宽阔的胸襟。

思思最近与班里的同学发生了矛盾，回家就说同学的不是，妈妈为此不禁愕然：女儿怎么满脑子都是同学的缺点，这样怎么能建立良好的同学关系？长此以往，会使女儿对同学缺乏应有的宽容。

于是，妈妈与思思进行了一次交谈。引导她回忆自己和同学相处时的快乐经历，在充满快乐的回忆中发现同学的闪光点。如平时同学是怎样帮助自己的，生病的时候是怎样关心自己的……同时，妈妈还耐心地帮思思分析，同学们身上的优点比缺点多得多，而且那些缺点在她自己身上也或多或少地存在。妈妈告诉女儿，没有人是完美无缺的，与其为别人的缺点怄气，不如为他们的优点而开心。在这些充满快乐的回忆中，想起了同学的长处，在妈妈的劝解下，认识到了自己的问题。从那以后，思思很少抱怨同学的不是了，和同学们的关系也越来越融洽。

3.教孩子学会"心理换位"

所谓心理换位，就是指当双方产生矛盾时，能够站在对方的角度上思考问题，思考对方何以会如此行事、如此说话，如果真的能够做到这一点，就能够理解对方，减少很多不必要的矛盾。

许多孩子只习惯于从自己的角度思考问题，而不习惯于站在别人的角度上思考问题。要消除这种现象，办法就是"心理换位"。

一次外出旅游时，妈妈给强强买了一个小风车，同行的小伙伴欢欢买了一个稍大一点的，他便向强强炫耀。玩了一会儿后，欢欢的风车便玩坏了，这下强强找到报复的机会了："哈哈，我说大的不好吧，这么快就坏了。"欢欢难过地看着自己的风车。妈妈一听赶紧把儿子叫过来，说："强强，你觉得刚才这样说话对吗？""谁让他笑话我的风车小呢！""如果你的风车坏了，心情会怎样？""我会难过。""对呀，欢欢没有风车玩了本来就很难过，你又这样说他，他心里是不是会更难受？"强强听后不做声了。

于是，妈妈又对强强说："好朋友要互相关心，现在你该怎样做？"

他想了想说："让他和我一起玩我的风车吧。"于是，两个孩子又重归于好，开心地玩着小风车。

在日常生活中，如果都能够站在对方的位置思考，能够设身处地地多为对方设想，那生活中的许多矛盾就都容易化解了。

一定要教孩子学会谦虚

中国有一句古老的成语："满招损，谦受益。"意思是说，骄傲自满会招致损失，谦虚可以得到益处。

谦虚礼貌是一个民族文明进步程度的标志，也是一个国家社会风貌的具体反映。对一个人来说，这也反映着这个人的思想和道德水平。

一个谦虚的人会聆听别人的意见，然后根据自己的需要决定是否采纳。而骄傲的人还没等对方把意见完全表达出来，就会说出一堆大道理来反驳对方的观点。俗话讲："谦虚使人进步，骄傲使人落后。"这句话一点也不错。往往越是成功的人越是谦虚。他不会因为别人的称赞而沾沾自喜，也不会因为别人的批评而心存怨恨。

美国物理学家爱因斯坦是20世纪世界上最伟大的科学家之一。他活到老，学到老。当别人问他："您可以算是物理学界空前绝后的前辈了，以您现在的年龄，何不舒舒服服地休息，何必要选择继续学习、研究呢？"爱因斯坦听了，在纸上画了一个大圆和一个小圆，说："在目前的状况下，在物理学领域，我所知道的是这个大圆，你知道的是小圆，我是比你略多一些。但是在这个大圆之外，物理学知识是无边无际的，我要学的知识还很多。"

一天，9岁的儿子问爱因斯坦："爸爸，你为什么那样有名呢？"

爱因斯坦笑了笑，说："你看，瞎甲虫在球面上爬行的时候，并不知道它走的路是弯曲的。我呢？正相反，有幸察觉到了这一点。"像爱因斯坦这样一个伟大的科学家都能有这样一种谦虚的心态，何况普通人呢？事实上，也正如爱因斯坦所说，任何一个人哪怕在某一个领域有很高的造诣，但也不能说彻底精通了，因为任何一门学问都是无穷无尽的，如果不努力，很容易就被后来人超过。

对于孩子来说也一样。谦虚是孩子进取和成功的必要前提，而骄傲自大则会对孩子的发展产生消极影响。骄傲自大的孩子常会与外界形成隔膜，这将使他们的心胸变得很狭窄。在现代家庭中，由于受到特殊的家庭环境的影响，独生子女更容易产生骄傲自大的情绪。所以，在日常生活中，妈妈应把"为人要谦虚"这个美德逐渐渗透给孩子，要让孩子知道，骄傲自大是一个可怕的陷阱，而且，这个陷阱是自己亲手挖掘的，要想离开这口陷阱，就必须戒骄戒躁。

那么，在生活中，妈妈应该如何引导孩子克服骄傲的习气，在立身处世中学会谦虚呢？

1.告诉孩子骄傲的危害

骄傲是一种不良的心态，特别是聪明的孩子很容易产生骄傲自满的情绪。妈妈要让孩子明白"满招损，谦受益"的道理，告诉孩子骄傲的危害。也可以引用一些名人小故事，从正、反两个方面，向孩子阐述谦虚的好处、骄傲的危害，让他从根本上做一个谦虚的人。

2.掌握表扬孩子的艺术

在教育孩子的过程中，表扬和鼓励是必不可少的。但是任何一种语言只有使用得适度，才能达到预期的效果，过度则会产生"副作用"。因此，妈妈在表扬孩子时一定要慎重，遵循实事求是的原则，不盲目夸大，而是表扬他具体的行为，比如说："你帮助同学打扫卫生，很热心。"而不是"你做得不错"、"你真是一个好孩子"。同时，当众表扬孩子时，妈妈也要谨慎，不拿孩子的优点和其他人的缺点比。

3.时时提醒孩子，帮他克服傲慢心理

孩子产生骄傲的心理时，往往是因为某一方面的特长和优势。父母应该先弄清楚孩子骄傲的原因，比如，学习成绩比较好，在某方面有艺术潜质、运动天赋，或是被老师或者其他人表扬了，等等。找到原因之后，父母才能对他进行有针对性的教育。

一位妈妈曾给女儿写了一封信，信中写道："孩子，这段时间你进步很大，经常得到老师和别人的表扬，妈妈很欣慰。读经班（作者注：读诵《论语》、《大学》、《中庸》、《孟子》、《弟子规》、《三字经》等经典著作的课程班）的老师夸你有思想，上课积极回答问题；绘画班上，老师夸你画得有灵气；邻居夸你有礼貌。妈妈为有你这样一个优秀的女儿感到骄傲。

"但是，在这些表扬的背后，你有没有想过不足的地方？比如，绘画老师夸你画得有灵气，说明你的构思很新颖，那在其他方面呢？比如线条的流畅性，细心、认真程度，还有没有提高的可能？读经班老师夸你上课大胆发言，那在其他方面你还有没有进步的空间？比如，作文写得更好，优美句子更多，背诵的内容更准确。

"说这么多，妈妈没有批评你的意思，只是提醒你不要因为别人的表扬而变得骄傲起来，而是要客观地认识自己，要做一个谦虚的人，这样你才能不断成长。"

当孩子专注于自己的优点，不能客观认识自己的时候，妈妈要时时提醒他，帮他克服傲慢心理，从正面指出他有待进步的地方。这样即使别人再怎么称赞他，他也能认识到自己的不足，并积极完善自己了。

4.让孩子正确对待别人的批评建议

批评建议往往是孩子有了错误时别人的指正，或某一件事做得不够好时，别人的好心提醒。对于孩子来说，如果能虚心倾听别人的建议，

他就能比较清楚地认识到不足，并不断充实和完善自己。但孩子可能不理解这一点，被批评时，往往带有很大的负面情绪，尤其是被老师当众批评时，更难以接受。这个时候，妈妈可以通过聊天、留字条、写信等方式让孩子明白老师的良苦用心，缓解他的消极情绪。

5.不让孩子在别人面前炫耀才能

当孩子学习英语、钢琴诸如此类的知识和技能后，妈妈不要鼓励孩子在别人面前表演这些才能，以免孩子产生骄傲心理，导致"伤仲永"式的结局。在孩子长本领阶段，他还是要踏踏实实、认真地学习，注重知识的积累。同时，妈妈要理智地多鼓励他的点滴进步。

培养孩子的团结合作精神

合作是以开朗、宽容、善解人意为基础，以能先人后己、富有一定牺牲精神和奉献精神为基础，能为他人着想的良好道德品质。学会合作，不只是一种认识，一种意识，一种情感，一种态度，更表现为一种行为和能力，是一个人的道德品质和心理素质的统一体。

培养孩子学会合作的美德，不仅有利于提高孩子的道德素质、心理素质以及与人共事的能力、适应社会发展的能力，也有利于提高孩子的社会化水平，有利于推动社会的发展和进步。独生子女成了家里唯一的孩子后，成了全家人关注的中心人物，他们也自觉身价百倍，从而滋长了一些特殊化的思想、心态和性格，诸如破坏性大、脾气大、孤僻、不合群、与人合作能力差等。有些父母视孩子为掌上明珠，拿着怕丢了，顶着怕摔了。因此他们对孩子是百般顺从和迁就，结果使孩子只知道自己，很少想到家人、父母和伙伴们，逐渐养成了以自我为中心的不良心理状态。这不仅会使孩子脱离周围的小伙伴和欢乐愉快的生活，而且也影响孩子的进取心，损害他们的身心健康。

俗话说"兄弟齐心，其利断金"，只有相互团结合作才有可能把事情办得又快又好。社会上的每一个人都是相互联系的，孤立存在的人是没有的，特别是现代社会，更讲求合作精神，妈妈从小就要培养孩子的合作精神。一个懂得合作的孩子会很快适应工作岗位的集体操作，并发挥积极作用；而不懂合作的孩子在生活中会遇到许多无所适从的麻烦。

因此，妈妈应当注意培养孩子的团结合作精神，让孩子多参加一些需要合作的活动，鼓励孩子与人团结合作。可以从以下几个方面着手：

1.给孩子创造一个良好的家庭氛围

一个整天争吵不休的家庭，很难造就出一个具有和谐人际关系的孩子。父母必须把家庭成员之间的关系处理得恰当、合理。对邻居、对同志、对来客都要热情、平等、谦虚、有礼貌。孩子会以父母为楷模，逐步养成尊重别人、爱护别人的良好品德。

2.树立平等观念

要教育孩子在平等的原则上为人处事，告诉孩子不管对谁都应树立平等的观念。要让孩子懂得，在人格上，人与人之间永远是平等的。遇事要无私，要言而有信。只有这样，人与人之间才能互相信赖、和睦相处。特别是要教育孩子严于律己，宽厚待人，尊重他人，不轻易地怀疑、怨恨、敌视他人。

3.鼓励孩子多交朋友

让孩子多交一个朋友，就等于帮助他们多打开一扇窗口，使其视野开阔，心胸宽广。而不擅交际的孩子大多性格抑郁，因为时时可能遭受孤独的煎熬，享受不到友情的温暖。因此，妈妈要鼓励孩子多交朋友，特别是同龄朋友。比如，欢迎孩子的小伙伴到家里来做客，并热情接待这些小客人；又如，对孩子的朋友感兴趣，引导孩子谈论与朋友交往中的事情；谈论朋友的长处，告诉孩子千万不能天天盯着别人的短处，长此以往，就无法和朋友们友好相处，等等。

4.要让孩子多参加集体活动

每个人都是在集体中成长的，集体需要各种各样个性鲜明的孩子，这样，集体这个大花园才会百花齐放、绚烂多彩。但更重要的，集体中的每一个成员都应该具备集体意识。在集体中个人的力量很薄弱，个人的智慧像大海中的一滴水那样微小，许多工作都要靠集体的力量才能完成。

如果孩子的自我意识较强，常常以"自我"为圆心，以"个人主义"为半径，就会画来画去都离不开"自己"的小圈子，心中没有他人，没有集体，缺乏顾全大局的意识。所以妈妈应当从小培养孩子的集体意识，可以利用暑假送孩子参加各种各样的夏令营，平时多鼓励孩子和朋友一起行动，不要总把孩子拴在自己身边。

5.让孩子知道团结的重要性

要想让孩子知道"团结才有力量"这个道理，如果父母单凭说教，效果不一定好，但如果把这些道理揉进游戏中，孩子在体会游戏快乐的同时，也能感悟到团结的重要性，这样就能一举两得，欢欢的妈妈就是这样做的。

一天，妈妈带欢欢去公园玩，在路上，欢欢捡了几根很细的枯树枝拿在手里玩。在公园的长椅上坐下后，妈妈对欢欢说："来，我们来玩个折树枝的游戏，看你能不能把这些树枝都折断。"

"当然能。"欢欢说完，从妈妈手里接过一根树枝，"啪"的一声就折断了。

"那你再把这些都合在一起，看能不能一下就把它们都折断？"

欢欢满不在乎地接过妈妈手里的几根树枝，用力折起来。可是，无论欢欢怎么用力，树枝一根也没有断。

这时候，妈妈不失时机地问："欢欢，刚才一根树枝你轻易地就折断了，现在把几根合在一起就折不断，你知道这是为什么吗？"

欢欢点了点头说："我明白了，妈妈，团结的力量真大呀!"

 ## 让孩子学会分享

相信很多妈妈在养育孩子的过程中，都会碰到过以下情景："浩浩啊，隔壁的王阿姨有急事出去，他们家强强暂时住我们家，你陪他玩一下。"

"我不要！他会玩我的玩具！"

"那你把以前不玩的玩具借他玩好了。"

"我不要！叫他回去拿他自己的玩具来跟我玩！"

从这段亲子对话看起来，浩浩就是不懂得分享的孩子，显得很小器。现代家庭中的孩子，大多"集万千宠爱于一身"，因此很多人养成了不肯与人分享的坏习惯，只要是自己喜欢的东西，无论是玩具还是零食，便都据为己有。他们的自我意识极强，凡事首先考虑自己，满足自己，稍不如意，便会以哭闹来反抗。孩子之所以如此看重自己的东西，不肯与他人分享一点点，究其根源，与妈妈平时对他们的溺爱有关。

妈妈把自己的爱无条件、无保留地给予孩子是天经地义的。但是，如果一味溺爱、放纵孩子，孩子便容易养成"唯我独尊"的恶习，他们事事争、抢、霸，却不懂得分享、付出，这样发展下去，就会养成吝啬、自私的恶习。

一位哲人曾说："分享是这个世界上最伟大、最美妙的感觉，也是一个人必备的美德。它能让你收获快乐，收获友谊，收获事业的成功。"

孩子在成长的过程中应当学会与人分享，不懂得分享的孩子，他的人生必将失色许多。因此，妈妈有必要教育孩子学会分享，明白分享的意义。这样孩子在成长的过程中，会因懂得分享而去关爱他人，帮助他人，同时也能从分享中获得帮助与关怀。那妈妈应如何培养孩子这种乐于与人分享的品格呢？

1.妈妈要为孩子树立学习与模仿的榜样

在日常生活中，妈妈应首先做到慷慨待人。如肯把东西借给邻居使用，能主动把好吃的食品拿出来让别人吃，乐意把自己心爱的物品转让给别人。

2.对于幼儿的侵略和任性行为要适当处理

如孩子在幼儿期出现用打人、抢东西，或是用哭闹等行为来取得自己想要的东西时，妈妈不要采用责打或打骂的方式，而是应当用温和而坚定的态度进行制止，让孩子从中学习尊重别人，并学习控制自己的内外在行为。

3.妈妈要在家中营造与人分享的机会

在孩子小的时候，妈妈就要有意识地创造分享的机会。比如，在孩子处于婴幼儿阶段，当他手里拿着自己喜欢的小娃娃玩时，妈妈可以把另一个玩具递给他，然后从他手里拿走小娃娃，这样反复训练，孩子就学会用自己手中的东西去与人交换，而不是长时间地"霸占"

某一玩具了。

4.要善于从小事着手

教孩子学会分享，不要认为光向孩子讲道理就可以。妈妈应该抓住生活中的小事情来教育孩子，这样就更具说服力，更容易使孩子理解。比如，给孩子买了他爱吃的东西，妈妈可以要求孩子分给自己一点点，或是送一点给邻居小朋友；在公共汽车上，让孩子给别的小朋友让座位或者合坐一个座位，等等。在一段时间内坚持这样做，孩子在养成分享品格的同时，也能体会到给予的快乐。

5.不要给孩子搞特殊化

有的妈妈过分溺爱孩子，有了好吃的全摆在孩子的面前，即使孩子主动让给自己吃，也拒绝；有了好玩的，让孩子独自玩，并在家里来了小朋友时，主动帮助孩子把好玩的东西藏起来，以免被别的孩子玩坏……这样时间一长，就会强化孩子的独享意识。因此，不给予孩子"特权"，不让孩子独享，孩子就不会滋生"独霸"、"独贪"的心理。

让孩子懂得孝道

孝为百德之首，百善之先。孝敬父母是中华民族的传统美德，也是各种品德形成的前提。

小强是个小学四年级的男孩子，从小衣来伸手，饭来张口，连自己的床铺都要妈妈来整理。一天，妈妈生病卧床，要他独自去楼下的快餐店解决吃饭问题，且让他自己铺床。一听说家务得由自己动手，小强竟大发雷霆，对着病床上的妈妈破口大骂。

在现代生活中，相信以上例子并不是个例。孝顺这种美德尤其在一些独生子女的身上很少表现出来。常常可以看到这样的家庭生活镜头：吃过饭后孩子扭头看电视或出去玩耍了，父母却在那里忙碌着收拾碗筷；家里有好吃的东西，父母总是先让孩子品尝，孩子却很少请父母先吃；某高中班98%的学生要求父母给自己庆祝生日，而98%的学生不知道父母的生日。甚至还有一些高中生让母亲给自己端洗脚水。

孝是一切道德的根源，是一个人为人处世的根本。可以说，父母是为孩子付出最多的人了，当代不少伦理学家把孝敬父母看作是处理人际关系的第一台阶，是做人的基本要求，是关心他人、热爱祖国等品德形成的基础。可是一个连对自己付出最多的父母都不懂得孝顺和感恩的人，我们又怎么能够奢望他会对他人、对社会、对国家充满敬意、懂得感恩？又怎么可能懂得其他做人的基本道理呢？因此，我们千万不能忽视培养孩子尊敬长者、孝敬父母的好品格。那么如何培养孩子的孝心呢？

1.给孩子树立良好的榜样

俗话说："榜样的力量是无穷的"，对于孩子而言，父母就是奉行孝道最好的榜样。孩子对待父母的态度，直接受父母对待长辈态度的影响。比如说吃饭的时候，父母先给自己的父母夹菜，孩子看到后就会学着去给爷爷奶奶夹菜，渐渐地，孩子也会明白夹菜背后所蕴含的意义。如果说平时因居住地较远，工作较忙不能和老人朝夕相处，那么在休假日要尽量抽时间带上孩子去看望老人，帮老人做些家务，同老人共聚同乐，尽一份子女应尽的责任和义务。如此时间长了，孩子耳濡目染，潜移默化，也会逐渐养成尊敬长辈、孝敬父母的好品格。

2.让孩子体验父母的辛苦和不易

现在很多孩子都不知道父母的工作情况，不知道父母的钱是怎样得来的，只知道向父母要钱买这买那，认为父母给孩子吃好、穿好、用好是天经地义的。这样的孩子怎么会从心底里孝敬父母呢？为此，妈妈应当有意识地经常把父母在外工作和收入的情况告诉孩子，说得越具体越好，从而让孩子明白父母的钱得来不易。自然，孩子会逐渐珍惜自己的生活，也会从心底里产生对父母的感激和敬重。

3.从生活细节开始培养孩子的孝心

要把孝心变为孩子的实际行动，妈妈就应当从日常小事抓起，应经常让孩子做一些力所能及的事情。当父母生病的时候端水找药或陪同就医，替父母盛好饭菜，然后收拾碗筷；父母的生日要让孩子知道，并利用这个机会让孩子表现爱心；严格要求孩子不许顶撞父母，即使受了委屈也要心平气和地解释，而不能与父母为敌。

第七章

授之以"渔"，孩子学习轻松没压力

质疑是天才的体现

质疑是智慧的引线，是天才的体现，是孩子提高学习成绩的必要途径。然而，有人认为孩子提出质疑是在故意刁难自己，给自己出难题。出于自尊心的需要，他们把孩子的质疑强压回去，并加以嘲笑、讽刺。

某小学三年级语文课上，老师正在讲王之涣的《登鹳雀楼》："白日依山尽，黄河入海流……"一个学生举手问道："老师，太阳落山时，都是红红的，可这首诗为什么写'白日依山尽'呀？应该是'红日依山尽'呀？"老师看了看教科书，张口结舌，不知所措。

突然，老师瞪圆了眼睛对着学生吼道："你捣什么乱？王之涣不如你，怎么没见你的诗歌选入课本呀！"教室里一阵哄堂大笑，这个学生红着脸，低着头坐下了。以后，他再也不敢向老师提出问题了。而全班同学见此情景也都明白了一个道理，那就是对老师讲授的东西不能有半点怀疑。

能够质疑或有新的想法，表明孩子用了心思，进行了认真思考。事实上，不管孩子提出的问题多么天真，我们都应该报以鼓励的态度，保护孩子的这种用心思考的精神，提高孩子的学习兴趣和学习的自觉性，而不是斥责孩子，打击他们的积极性。这则故事里的老师就犯了这样的错误，作为母亲应该保持孩子质疑的天性。

当然，面对孩子们的质疑，因为母亲的知识能力或是受教育的程度，并不能给孩子一个准确的答复，但是母亲千万不要心急，我们来看这样一则故事。

小旭旭的妈妈阿英是一位普通的农家妇女，没有读过什么书，整日里只知道照顾孩子，然后下地干活，洗衣做饭。可是有了小旭旭后，她的生活就发生的变化。小旭旭从小就爱问一些稀奇古怪的问题，不停地在阿英耳边问东问西，很多时候，阿英根本答不上来。刚开始阿英只是胡乱回答，可是随着小旭旭上幼儿园，知道的事越来越多，问题也跟着越来越多，有时甚至会质疑阿英的回答。

有一次，小旭旭问：为什么上海的车牌号是"沪A"，阿英随口就答道："因为上海在全国排名第一，所以是A。"可是小旭旭并不满意这个答案，他上学后又问了老师，老师告诉他：沪是上海的简称，所以上海的车牌号是以沪开头，而A表示自选号码。小旭旭知道后，就说妈妈骗他，妈妈不是好妈妈。这让阿英很苦恼。

小旭旭的爸爸知道后，想狠狠地训斥下小旭旭，可是阿英阻止了，她觉得如果这样，会影响到孩子的成长，还会打消孩子的好奇心。她知道孩子长大了，能辨别是非了。于是以后小旭旭再有什么问题，阿英如果不明白，就去找资料，问别人，等自己弄懂了，再讲给小旭旭听，绝不再胡乱给小旭旭一个答案。正是在阿英这种态度的影响下，小旭旭以优异的成绩考上了重点大学，成为一个有用的人。

从这则故事里，我们可以看出，正是阿英保护住了小旭旭的质疑，让他在有益的环境中成长，才使得他的成绩异常优异。

事实上，大凡爱动脑筋的人，都会质疑身边的人或事，问一些奇奇怪怪的问题。大科学家牛顿正是因为质疑苹果为什么会落地这样的问题，才发现了著名的万有引力定律。如果你的孩子问了一个和当年牛顿问的同样的问题："为什么苹果从树上掉下来，会落到地面，而不是飞到天上去？"你会怎么回答呢？是说："你哪儿那么多事儿，哪儿凉快哪儿待着去！"还是说："这个问题牛顿早就研究出来了，原因是地球的引力作用，这个规律叫'牛顿万有引力定律'。"虽然你这么回答他并不一定能够理解，但是你可以给他举磁铁的例子，这样他就会对引力有一个理解了。

孩子之所以不问问题，一是因为好奇心没有得到满足，二是因为思维惰性。所以，如果要补救，先要让孩子对"问问题"的重要性有足够的认识，然后，鼓励孩子大胆地去问，去想，去探究。在孩子试着这样做了以后，要及时地鼓励，当然，也要切合实际，切莫走向极端。

要为孩子营造良好的学习环境

在现实生活中，很多父母往往怀着强烈的"望子成龙"心理，并为孩子创造了优裕的生活条件。可是，他们却忽视了对孩子健康成长至关重要的一个方面——为孩子创设良好的家庭学习环境。

一些父母下班回来只顾自己娱乐，把一些无所事事的人约到家里喝酒、聊天、玩牌、打麻将；有的父母夫妻感情不好，两天一小吵、三天一大吵，家庭纠纷不断，搞得孩子每日心事重重、精神紧张；有的搞个体经营的父母，晚上回到家里，不是叫孩子帮忙经营，就是算经济账；还有极少数的父母连孩子读书学习必备的学习用品也不添置，在这种气氛中，孩子怎么能够静下心来读书学习，又怎么能够热爱学习呢？

蔡元培曾经说过："家庭者，人生最初之学校也。一生之品性，所谓百变不离其宗者，大抵胎教于家庭之中。习惯固能成性，朋友亦能染之，然较家庭，则感化之力远有及者。"可见家庭对孩子有着举足轻重的影响。为了能更有效地调动孩子的学习积极性，一个良好的家庭环境是必不可少的。

我们都知道犹太民族是一个智慧的民族，世人对犹太民族的非凡智慧盛赞有加："三个犹太人生在一起，就可以决定世界。"犹太民族给世界创造了永恒的智慧，而智慧是一切财富的根源。他们凭着智慧，创造和拥有巨大的财富。

犹太民族创造财富的智慧是哪里来的呢？不是从天上掉下来的，是教育智慧培育的结果。

据说，在每一个犹太人家里，当小孩稍微懂事时，母亲就会翻开《圣经》，滴一点蜂蜜在上面，然后叫小孩子去吻《圣经》上的蜂蜜。这个仪式的用意是：书本是甜的。古时候犹太人的墓地里常常放有书本，因为"在夜深人静时，死者会出来看书的"。当然，这种做法有些象征的意义，即生命有结束的时候，求知却永无止境。犹太人家庭还有一个世代相传的传统，那就是书橱要放在床头。

如果书橱放在床尾，就会被认为是对书的不敬而遭唾弃。犹太人爱书的传统就这样由来已久，深入人心。这种爱书的传统，造就了一批又一批人类的精英。

犹太民族的这些爱书传统，对我们具有重要的启示意义。那就是，要培养爱学习的孩子，就必须给他们营造一个浓郁的读书、爱书的氛围。

家庭是孩子成长的主要环境。一天24个小时，孩子在家里要待16个小时以上。每天在学校学习的知识，必须回到家里来进行消化吸收。因此，家里的学习环境如何，对孩子学习的好坏及良好习惯的形成也是至关重要的，所以做妈妈的一定不要大意。

只有给孩子创造出一个良好的学习环境，孩子才有条件与心情去学习，才会努力进取，获取更多的知识。所以为了孩子的健康成长和美好的将来，妈妈应该尽力为孩子营造一个良好的学习环境。

1.以身作则，营造浓厚的学习氛围

妈妈要告诉家人应当以身作则，坚持学习，为孩子树立一个良好的榜样。如果家人经常在家看书、学习，孩子耳濡目染，也会养成爱读书的习惯。妈妈可以经常和孩子一起讨论一些问题，展开家庭辩论会，如孩子学到某个知识点了，妈妈在家里可以就这个知识点进行深入的探讨或讲解，一方面帮助孩子巩固所学知识，另一方面可以激发孩子的学习兴趣。妈妈还应该利用空闲时间给孩子培养多种爱好，既可扩大孩子的知识面，又可培养孩子的动手能力，全面发展孩子的智力。

2.给孩子营造安静、整洁的物质环境

让孩子尽快进入专心学习的状态，一个安静、干净、有良好通风和照明条件的学习环境是不可缺少的。这样才能最大限度地减少对孩子的负面干扰，使孩子心情舒畅、愉快，才能达到高效的学习效果。晚上孩子学习的时候，电视最好关机，让孩子安心学习。

有条件的家庭，可以为孩子设一个单独的书房，配上写字桌、书柜、电脑、工具书等学习用具。房间的布置不要花哨，以免孩子在学习时分心。可以在墙上张贴格言警句、作息时间表、学习计划、学习目标等，最大程度地激发孩子的学习积极性。

无论贫富，妈妈都应该给孩子准备一个安静整洁的学习环境，提供充足的学习时间，这样孩子才可能养成良好的学习习惯。

3.建立和谐的家庭关系

孩子可以不要优越的物质环境，但却不能失去温馨、关爱的心理环境。父母是孩子心中最重要的人，如果父母经常吵闹，或对孩子的教育观念不一致，会让孩子没有安全感，并无所适从。父母做任何事情之前，都需要考虑孩子的感受，让孩子在爱的氛围中学习，才有利于孩子

各方面的成长。父母有责任、有义务提高自己对孩子的管理、教育能力，及时发现和解决孩子产生的问题。

 ## 让孩子爱上读书

书籍是人类进步的阶梯，读书是一个人成长必不可少的精神修炼。一位儿童心理学专家认为，读书对于一个人一生的成长和发展都至关重要。多读书能提高能力，让孩子多读一些书，时时涌动新鲜感有助于丰富孩子的精神生活，使学习变得丰富多彩、趣味无穷，而不是死气沉沉、枯燥乏味。

多读书能拓宽视野。让孩子多看一些书，能对大千世界有更多的了解，使孩子在人生观、世界观、知识面、感知力、求知欲、思考能力、表达能力的形成及处理问题的方式等方面，都显示出明显的优势。

也许妈妈们都会有这样的感触：上学时，即使爱读书的同学不学习，他们的语文成绩也会特别好；而不爱读书的同学尽管很刻苦地学习，他们的语文成绩始终不会很突出。

进入社会之后，我们也会惊奇地发现，身边的那些成功人士，大多都有热爱阅读的习惯。翻阅大量的资料，我们也会发现，古今中外的名人，大多都会对读书"情有独钟"。因此，妈妈要想自己的孩子更加优秀、卓越，那就从培养孩子热爱阅读的习惯开始吧！

可是现在的孩子处于一个多元化、信息开放的时代，很多孩子被一些现代化的元素迷住了眼，不是沉湎于上网聊天中，就是置身于电子游戏里，很难静下心来去读一本书。父母买来的课外书在孩子眼里成了负担，弃之一旁，这引起了众多家长的担心。那么，妈妈怎样做才能让孩子爱上阅读、快乐地阅读呢？

1.妈妈要做热爱读书的榜样

作为和孩子朝夕相处的人，如果做妈妈的很喜欢阅读，那孩子势必会对书本产生兴趣；如果妈妈认为读书是一种享受，那孩子一定也会认为读书是件快乐的事。

一位聪明的妈妈是这样引导孩子从小就热爱读书的：

孩子遇到了困难，不知道怎样去解决，我就会告诉孩子："来，我们一起在书里找找答案吧!"就这样，孩子便有了很强烈的读书欲望。

有时，亲子共读是引导孩子看书的最佳方法之一。妈妈与孩子读同一本书，在读书的过程中，妈妈可以利用交流的方式引导孩子积极地去思考。如：孩子在读某一本书之前，妈妈可以这样问孩子："这本书的什么地方让你感兴趣？什么地方让你觉得没意思？"

阅读中："现在到底发生了什么？它跟你先前预想的一样吗？后面会发生什么？"

阅读后："你能不能大概说说这本书的内容？你喜欢它吗？喜欢什么地方？这本书会不会让你想到另外一本书？"

另外，妈妈还要为孩子营造一个爱书的环境。为了提高孩子的阅读水平，妈妈可以为孩子在家里建立他自己的"小图书馆"——为孩子提供一个单独的书架；妈妈还可以挤出时间，经常带孩子出入书店、图书馆，这样做有利于培养孩子对书籍的兴趣。

2.让孩子在房间里随手拿到书

哲学家波普尔的父母非常注重环境对孩子的影响。在波普尔的家里，除了餐厅外，其他地方几乎全是书。在一间特大的藏书室里，放满了弗洛伊德、柏拉图、培根、斯宾诺莎、康德和叔本华等名家的上万册著作。

所以妈妈如果想把孩子培养成博览群书的"小博士"，就要把家里布置出书香气，让孩子随手就可以拿到书。如孩子经常活动的厕所、客厅、床头等都放上书，这样的氛围，很容易就引起孩子的读书欲望。

3.正确对待孩子的求知欲

6岁的小鹏好奇心很强，对什么都有兴趣，无论走到哪里，他都喜欢这儿摸摸那儿看看，然后问别人，"这是什么？""为什么会这样呢？"他一天有一千个为什么!妈妈常常不耐烦地说："你别问了，真麻烦!"小鹏还是穷追不舍："妈妈，什么叫麻烦？"问得妈妈哭笑不得。

一天，妈妈带他到动物园去玩，他这里看看，那里摸摸，一双充满好奇的大眼睛忙碌个不停。

"狮子吃蛇吗？"

"企鹅为什么生长在寒冷的地方？"

"大熊猫为什么是国宝呢？"

小鹏带着好奇与疑问回到家。这时，妈妈拿出有关动物的书给小鹏看，小鹏高兴极了："哇!里面有这么多动物呀!"书上的动物图片使小鹏看得入了迷，他一边看，一边要妈妈读书上的文字，小鹏就这样开始了读书识字。以后，他只要在外面看到什么，听到什么，就要妈妈给他找有关的书，不知不觉中，小鹏读书的兴趣越来越浓了。

所以，当孩子表现出求知欲望时，妈妈要及时地给孩子推荐读书，这样，不知不觉，孩子就会尊重书，喜欢上阅读。

4.调动孩子的阅读兴趣

每个孩子都喜欢听故事，特别是童话故事，因此妈妈可以利用故事来引起孩子的阅读兴趣。对孩子来说，故事无论讲多长，永远没有完结，他希望妈妈永远讲下去。他们会经常问妈妈："后来怎样了？""白雪公主现在在哪里？"这时，妈妈可以针对孩子的心理，先将故事讲一半，在孩子急欲知道故事结局时，再借此时机把书给他看，孩子自然会对阅读产生极大的兴趣。

为了让孩子始终保持阅读的热情，妈妈千万不能急功近利。要尽量满足孩子的阅读要求，不要让自己的世俗想法扼杀了孩子的读书兴趣。

另外，妈妈不能把读书、学习看成是一种得到某种荣誉的途径和工具，而应把它作为生活的一部分、生命的一部分。这样，妈妈才能用正确的心态教孩子去阅读。

5.让爱读书的小伙伴来引导孩子

妈妈给上小学二年级的欣欣买了很多课外读物，但是欣欣却不喜欢读。暑假的一天。跟欣欣上同一年级的表哥东东来欣欣家做客，欣欣妈妈就把给欣欣买的一套《十万个为什么》作为礼物送给了他。这是一套非常有趣的儿童书，主要是为小学阶段的孩子设计的。东东把这些书拿回家后，一口气读完了，喜欢得不得了。

下一次东东再来欣欣家做客时，不经意间在欣欣面前讲起了这套书里面的情节。他讲得眉飞色舞，笑翻了天。欣欣一下就被吊起了胃口。表哥一走，欣欣就闹着让妈妈再给她买一套《十万个为什么》。拿到书后，欣欣一看就入了迷，一口气把一整套书都读完了。

从这以后，欣欣也喜欢上了读书。

很多时候，孩子们相互间的影响比大人对他的影响更大、更直接。近朱者赤，近墨者黑，对孩子来说更是如此。因此，妈妈要鼓励孩子和爱读书的人交朋友，在那些爱读书的小伙伴的感染和熏陶之下，孩子渐渐地也会爱上读书。

培养孩子的学习兴趣很重要

很多孩子对学习没有兴趣，父母让他多学一会儿就不行，就是对玩感兴趣，怎么玩也玩不够。怎样才能让孩子对待学习就像玩游戏、看电视或者去动物园那样兴致盎然呢？方法很简单，就是激发孩子的学习兴趣，让孩子带着兴趣去学习。

美国的斯特娜夫人亲身指导女儿的成长，她的教育经验在全球范围内都有很大的影响。她在培养女儿的过程中感到，在所有的学科中，再也没有比数学更难于使孩子感兴趣的了。尽管她曾通过游戏法很容易地教会了女儿数数，并用做买卖的游戏很容易地教会了她钱的数法，然而，当她在教女儿乘法口诀时，却碰到了麻烦：女儿有生以来第一次厌弃学习。

为此，她为女儿对数学不感兴趣而苦恼。尽管如此，她还是没有强制女儿死记硬背乘法口诀，她坚信强制是行不通的，并容易扭曲孩子的性格。斯特娜夫人的苦恼被与洪布鲁克教授的一次幸会解开了。为了宣传世界语的优越性，她曾带女儿到纽约州的肖特卡去演讲，在那里幸好遇到了芝加哥的斯他雷特女子学校的数学教授洪尔鲁克女士，她的数学教学技巧相当高明。

在听了斯特娜夫人的担心后，她一语道破了问题之所在："尽管你女儿缺乏对数学的兴趣，但绝不是片面发展，这是你的教法不对头。

因为你不能有趣味地教数学，所以她也就无兴趣去学它了。你自己喜好语言学、音乐、文学和历史，所以能有趣地教这些知识，女儿也能学得好。可是数学，由于你自己不喜欢它，因而就不能很有兴趣地教，女儿也就厌恶它。"

这位女士的建议是让孩子对数字产生兴趣，例如把豆子和纽扣等装入纸盒里，母女二人各抓出一把，数数看谁的多；或者在吃葡萄等水果时，数数它们的种子；或者在帮助女佣人剥豌豆时，一边剥一边数不同形状的豆荚中各有几粒。

母女俩还经常做掷骰子的游戏，最初是用两个骰子玩。玩法是把两个骰子一起抛出，如果出现3和4，就把3和4加起来得7分。如果出现2和4、3和3，就得6分，这时就有再玩一次的权利。把这些分数分别记在纸上，玩3次或5次之后计算一下，决定胜负。

女儿非常喜欢这类游戏。在女儿投入到这种游戏的乐趣之后，斯特娜夫人仍按洪尔鲁克女士的建议，每次玩游戏不超过一刻钟。理由是所有数学游戏都很费脑力，一次超过一刻钟后就会感到疲劳。在这一游戏玩了两三周以后，她们又把骰子改为3个、4个，最后达到了6个。

然后，她们又把豆和纽扣分成两个一组的两组或三组、三个一组的三组或四组，把它们排列起来，数数各是多少，并把结果写在纸上，然后把这些做成乘法口诀表挂在墙上。这样一来，维尼夫雷特就懂得了二二得四、三三得九的道理，而且非常高兴。更复杂的游戏可以依此类推地继续做下去。

为了使女儿将数学知识运用于实际，妈妈还经常同她做模仿商店买卖情景的游戏。所卖的物品有用长短计算的，也有用数量计算的，还用分量计算的。价格是按着实际的价格，钱也是真正的货币。妈妈常常到女儿开办的"商店"买各种物品，用货币支付，女儿也按价格表进行运算，并找给妈妈零钱。

当维尼夫雷特学习努力、工作积极或帮助家里干活儿时，妈妈就付给她钱。她还不断地从杂志社和报社领取稿费。她把这些钱用自己的名字存入银行里，并计算利息。

不久，维尼夫雷特就对数学产生了浓厚的兴趣。一旦有了兴趣，她从算术开始一直到顺利地学会了代数和几何。

从这个故事中，我们不难发现，让孩子对学习产生兴趣是一件多么重要的事，故事里的妈妈通过自己的实践方法让女儿产生了兴趣，所以学起讨厌的数学事半功倍。同样地，如果没有兴趣，孩子在学习上就不可能有好成绩，学习就会变成没有出路的牢狱，孩子就会成为牢狱中的囚犯，终日饱受折磨。

不吝啬赞美，时常表扬孩子

每个孩子做完某一件事后，都希望得到父母的肯定和表扬，孩子的自我意识不强，更需要来自父母的表扬和鼓励。父母要善于发现孩子的闪光点，使孩子体会到自身的价值，享受到成功的喜悦。这样孩子学习的情绪才会高涨，学习的自觉性和积极性才会有大幅度的提高。

生活中，每个孩子都有获得成功的时刻，如在一次考试中取得了好成绩，因为某种特长而取得了某种奖项等。在这种时刻，孩子肯定会对自己充满了信心，因此，妈妈抓住这一时机鼓励孩子，往往能够起到事半功倍的效果。

可是妈妈应该怎样鼓励孩子呢？也许所有的妈妈都会说，表扬孩子、给孩子物质奖励。但如果仅仅是这样做，孩子成功的喜悦并不能被最大限度地激发出来。

有一个叫小伟的小男孩，在一次学校组织的朗诵比赛中，他获得了一等奖。回到家后，小男孩的妈妈故意用记者的口气问孩子："小伟同学，请谈一谈你此时此刻的心情好吗？"

小男孩配合着他的母亲，昂起头挺起胸，骄傲地说："取得这样的成绩，我要感谢学校、感谢老师，尤其要感谢父母。这次成绩的取得，坚定了我的一个信念——我要为成为一名出色的作家而努力。"

听到他的这些话，妈妈开心地说："我为你这个伟大的梦想而感到自豪，不如这样，为了永远记住这个日子，我们把它定为你的一个纪念日怎么样？"听到这句话，儿子高兴地欢呼起来。

这是一位很聪明的妈妈，这是一位很懂孩子心理的妈妈，孩子取得了成绩，你给他再多的物质奖励，都不如与他分享喜悦对他的激励作用大。而且，这位妈妈的这种做法，巧妙地增进了母子之间的感情，并让孩子永远记住了这一成功的时刻，让孩子产生了这样一种感觉：妈妈很关心我、很看重我。在这种心理的影响下，孩子会拿出自己最大的努力去学习。

韦本文是美国著名的画家。他能够成为画家，与妈妈对他的表扬和鼓励是分不开的。有一次，妈妈把韦本文和妹妹莎莉留在家里，他发现家里有几桶颜料，便突发奇想地想为妹妹画肖像，为此他把客厅弄得乱七八糟的，沙发上摆着纸，地板上也沾满了颜料。

妈妈回来后，看到屋里的一切，又看看孩子充满兴奋的眼神，顿时觉得孩子的"破坏"很有价值，所以她没有因为客厅里有多么乱而责怪韦本文，而是很真诚地对他赞扬道："哇，这是你的妹妹啊，你画得像极了！"她热情地拥抱韦本文并给了他一个吻。

正是妈妈的鼓励，激发了韦本文对绘画更大的兴趣和热情。后来，韦本文说，是妈妈的支持与鼓励才让他成为了一名画家。

父母是孩子心目中第一个被认可的，最具权威的评价者，孩子特别渴望得到父母的肯定。可是很多父母往往没有意识到这一点，经常毫不负责任地摧毁了孩子的兴趣。其实，当孩子做得好时，父母应该适时表扬；当孩子做得不好时，也要先发现孩子好的一面，然后再鼓励他们，用表扬和鼓励为孩子扬起兴趣的风帆。

当孩子犯了错误时，妈妈最先想到的不应该是如何惩罚孩子，而是想办法让孩子意识到自己的错误，并努力改正自己的错误。在此时，妈妈的鼓励就是一个很好的帮助孩子改正错误的好办法。

孩子犯错误并不可怕，可怕的是他并没有在错误中收获什么。其实，在孩子几岁到十几岁这个年龄段，要想孩子在错误中有所收获，往往需要父母的引导。这样，孩子才能在错误中有所悟、有所得。

不要让孩子在压力下学习

如果天生就聪明的孩子得到正确的教育，那么他们将前途无量。但有时错误总是出现在父母的身上。他们对孩子的教育大多是失败的。父母过分培养孩子身上所具有的"天赋"，过分挑剔，要求过高，忽视了对孩子的全面培养，最终造成孩子叛逆、孤僻和怨恨。因父母造成的压力太大而导致孩子走上一条没有未来的路的例子不在少数。

英国哲学家约翰·斯图尔特·穆勒的父母对少年的穆勒就极其严格，他们要求穆勒每天刻苦学习，对他事无巨细地严加管束；穆勒没有假日，没有自由，做不了喜欢做的事情。穆勒青年时常常压抑，一直都觉得自己有心理障碍。他在自传里痛苦地回忆了如何受父母的压制：一旦有错误必须马上改正。虽然父母往往以轻松愉快的交谈式口吻开始讨论，但是一旦出现错误，这种口吻就会戛然而止。然后，慈祥的父母一下子就成了残酷的逼迫者。

另一个著名而令人心痛的例子是卡尔·冯·路德维希。他天赋极高，但母亲一心想让他早早地功成名就，过分催逼，结果适得其反。母亲亲自教他高等数学，强制他无休止地学习。她只盯着卡尔的学业，根本不重视其他方面的培养和对大自然的探索。8岁时，卡尔就已经开始上大学水平的数学课程；9岁时，就开始学微积分并试着写剧本；11岁大学毕业——他主修数学，不断跳级，仅用3年就修完了大学课程。教授们预言卡尔会成为世界级数学家。

然而，昔日的光辉瞬间暗淡。卡尔研究生二年级时就完全失去了对数学的兴趣，然后学习法学，但很快就对法学没了兴趣。最后，他只是成为了一个既不用思考也不用承担责任的办事员。

这两个例子说明了正确的教育方法的重要性。如果教育不当，即使天赋很高的孩子也会被扼杀，更不用说一般的孩子了。所以妈妈不应该让孩子在巨大的压力下学习，这样培养出来的孩子，最终会失掉学习的兴趣和欲望。

还有一则故事，幼儿园马上就要放假了，所以放假前赶着开一次家长会。虽然可可的妈妈晚到了一点，但程老师并没有说什么，因为可可在幼儿园还算乖巧，而且可可也特别喜欢幼儿园，她对幼儿园的生活适应得很好。不过老师说的一些问题也多半是孩子普遍存在的问题，作为家长还是要虚心学习的，这样才能帮助孩子更好地提高。

在家长会上，程老师提到了这样一个问题，她说有些家长可能对孩子学习期望太高。原因是有一天中午一个孩子用很困惑的眼神问老师："老师，今天我们学了什么东西？"程老师觉得孩子能这样问，很有可能是家长每天问他在幼儿园学什么东西了。估计是说不出什么家长就批评他了，久而久之，孩子都把这个当作负担了。另外老师特别表扬了可可，说她在学校的适应能力很强，很懂事，很乖巧。这让可可妈妈很开心。

原来可可妈妈对可可现阶段的学习要求并不高，所以她对孩子问得最多的就是你今天在幼儿园开不开心？当然有时候也会问问在幼儿园学了什么东西，但只是希望孩子能加强语言表达能力，因为孩子很少向她描述幼儿园的生活，对学习知识可可妈妈从来不做要求。所以可可一直都很喜欢去幼儿园，因为去幼儿园没有压力，而且又有小朋友和她一起玩，还有老师教他们有趣的知识，所以她才能这么开心。

程老师还给幼儿园小朋友评了几个奖，基本上人人有奖，最大进步奖、最佳能力奖、最可爱孩子奖、最乖巧孩子奖。可可评上了最大进步奖和最乖巧孩子奖。因为可可是班上年龄最小的孩子，相比别的孩子还有一定的差距，但一个学期下来可可的进步很大，现在基本会自己吃饭，自己上厕所，也能够安静入睡了。而且可可不像其他孩子那样讨厌上学，而是对幼儿园充满了向往和期待。所以在幼儿园是一位很乖巧的孩子。

从上面这则故事中，我们可以看到，这位妈妈正是给孩子营造了轻松的学习氛围，才使得她在幼儿园取得了很大的进步，这不仅有利于孩子天赋的发展，还能让孩子对学习产生兴趣，从而更好地学到知识。

事实上，妈妈应该给孩子正确的引导，而不是把所有的期望都向孩子表露出来，这样会给孩子造成无形的压力，让她对生活和学习产生厌倦心理。合理的期待值会让孩子更有激情地完成目标。

别让孩子"偏科"

小学生在学习中会出现这样的情况：做有些科目的作业速度很快，轻松自如；而做另一些科目的作业，却总是磨磨蹭蹭，拖拉半天连本子都没打开。每当这个时候，身为家长的你是不是总是火冒三丈——"为什么这么拖拉，不能利索一点？"看到孩子一门功课不行，想方设法地给孩子找老师辅导或者去书店买教辅，加班加点仍然是"老黄牛拉破车"，没多大进步。难道是孩子太笨了？其实这一切并不是因为孩子拖拉或者是孩子太笨了，很可能是孩子偏科的前兆。

专家们指出，孩子有点偏科并不是什么可怕的事情。但是孩子过早偏科却不好，因为人的知识结构有一个科学的构成成分，其中的某一部分过分偏低，另一部分也容易受影响。就说数学吧，数学是大脑的体操，经过数学操练的大脑，不仅条理清楚，而且推理能力极强，这对文科学习不仅没有影响，相反有很强的促进作用。反过来说，语言成绩优秀的学生，对数学题的分析也会比一般学生透彻。

不过，偏科难免。原因有内在的，也有外在的。内在的主要指孩子的先天素质，有的孩子偏于情感，从小就对文学艺术感兴趣，而有的孩子比较理智，如果学校又经常举办竞赛之类的活动，这些孩子就难免更加喜欢数学了。实际情况也表明，如今，很多中小学生偏科现象十分严重，虽然其他科目成绩都不错，但就是因为一两门偏科拖了后腿。总分上不去，对参加中、高考影响很大。孩子把时间和精力都投入在一两门自己感兴趣的功课上，而将其他学科抛在一边，就会妨碍他们建立合理的知识结构，更不利于学习的进步。

那么，妈妈应该如何对待孩子的偏科问题呢？过度关注有时会适得其反，但放纵不管也不是良策。在对待孩子偏科这个问题上，好妈妈要因材施教，帮助孩子摆脱困扰。

1.让孩子懂得偏科的危害

妈妈要让孩子知道，只有把每个科目都学好，才能够适应升学和就业的需要。妈妈还要让孩子明白，无论是哪一门功课，都有着属于它们特别的作用，都是不可替代的。无论缺少哪一门课程，都构不成完整的知识框架，会阻碍孩子的全面发展。

2.给孩子以鼓励

家庭是一个非常重要的教育环境，孩子的成长和成功需要妈妈的鼓励、支持和肯定。所以创造一个和谐融洽的家庭生活氛围，多与孩子心平气和地交流，给予他相应的理解、尊重、支持和信任，才能调动和激发孩子的积极情绪来保持孩子的学习劲头。

在得知孩子有偏科现象时，妈妈要适时地对孩子进行开导和鼓励，让他们能真正对自己不喜欢的学科产生兴趣，从而提高学习成绩。不要打击孩子，每当孩子取得一些进步时，要给予肯定。帮孩子营造成就感，让孩子在享受快乐的过程中不知不觉地提高成绩，才是聪明妈妈最明智的做法。

3.及时和老师取得联系

学生学习偏科是比较普遍的现象。比如：有的文科偏差或理科偏差；有的单科独进，其他课程一般；还有的其他各门功课都很好，只有一门较差等，这种情况到了初中越来越普遍。作为妈妈，当发现孩子存在偏科现象时，一定要及时与学校老师取得联系，只有在学校、家庭的齐心协力帮助之下，才能慢慢地扭转孩子偏科的现象。

当然，解决孩子偏科的问题需要妈妈与学校双管齐下，才能取得最好的效果。如果偏科的原因是孩子基础差，妈妈应该帮助孩子补课，如果自己没这方面的知识，可到学校请任课老师帮助，或请家庭教师进行补课。如果偏科是由于兴趣问题导致，可根据孩子不同的学习兴趣特点进行培养，引导孩子的兴趣发展取得综合平衡。

让孩子养成认真的好习惯

让人欢喜让人忧的期末考试终于结束了，小鹏一脸的灿烂，自认为可以长长地舒一口气了，因为他认为题目较简单，他都答出来了，因此，心情格外轻松。

考试后的第二天下午，小鹏急急地去老师那儿看分数，仅隔了十几分钟，小鹏就一脸沮丧地来到妈妈的屋子，他闷声不响地坐在那儿生闷气。从他那苦闷的表情中，妈妈猜想小鹏有可能考砸了。

"妈妈，我这次数学没考好，才考了88分。"小鹏一脸不乐意地说。

"数学不是你的强项吗？怎么会考砸呢？"妈妈不解地问。

"我也不知道，我还认为题目很简单呢。"

"那我们去看看到底错在哪儿了？"于是，妈妈陪着儿子来到数学老师处，翻看卷子。原来错误都在计算上，一道题把一个数字抄错，另一道题一个运算符号抄错了，还有一道需要验算的，结果写答案时把验算的得数抄上去了。妈妈与数学老师一起帮小鹏分析着原因，大家都为小鹏的失分感到惋惜。因为小鹏把后面的难题全做出来了，大家理所当然地认为他应该得分。

很显然，小鹏之所以考得不理想，其最大的原因就是粗心。所谓粗心，从心理学分析，就是指自己理解且会做的事情，由于不仔细而出现的差错。值得父母们注意的是，如果粗心马虎形成习惯，成为一种性格缺陷，对一个人的影响是很大的。如在升学、毕业这类大型考试中，因为粗心而导致失败，最终个人失去升学的机会，家人多年的付出也会付之东流；或在工作岗位上由于粗心马虎造成重大事故，给国家和集体带来一定的损失，自己也被处罚，这是谁都不愿意看到的事情。在孩子的学习上，很多家长或许都有过这样的体会，孩子学习时特别粗心，不是这错就是那错。作为妈妈一定要知道，孩子这样粗心大意是有客观原因的，小学生集中性差，注意范围小，尤其是一道题比较长时，如孩子做题时过于匆忙，就会影响视觉的准确性，看不清所有的数字和符号。但主要原因还是与孩子缺乏良好的学习习惯有关，如知识学得不牢，作业图快，做作业不检查等。现在中小学生粗心马虎的现象很普遍，尽管老师家长一再要求孩子要认真仔细，但孩子还会出现不该出现的错误。

未来社会是合作与竞争的社会，要使孩子将来能够适应繁杂的社会以及紧张的生活节奏，妈妈就应该在平时注意引导孩子克服做事马马虎虎、毛手毛脚、慌慌张张、丢三落四的毛病，让孩子养成认真细致的习惯。那么，妈妈们该如何去做呢？

1.要求孩子重视基本知识、基础概念的学习

我们大家都懂得这样一个道理：学得好不一定考得好，但学得不好就一定考得不好。有些孩子在学习中出现差错，不一定就是他的粗心马虎所致，实际上是他对一些基本知识没有真正掌握，或缺少相应的基础知识训练。所以，妈妈要督促孩子认真听懂、听好每一节课，不懂就

问老师，不要留尾巴；作业要及时、准确、快速、独立地完成；如果出错，就要立即重做改正。长期坚持就一定会有好的结果。

2.培养孩子做事的计划性

妈妈应告诉孩子，一个人不管做什么事，都应有一个周密的计划，先做什么、后做什么、事前做哪些准备、如何开始等等。也可以教孩子做事之前，在小纸条上写上自己要用的物品及时间安排等。这有助于克服做事慌慌张张、丢三落四的毛病。

3.让孩子有机会从教训中汲取经验

孩子需要妈妈的帮助和引导，同时也需要独立锻炼的机会。对于妈妈而言，培养孩子的良好习惯要分为"教、扶、放"三个有效步骤。

其中的"放"指的就是让孩子独立地去做事，他可能会碰钉子，但正是在这样的教训中增长的经验才是最宝贵的。因此，在培养孩子的时候，妈妈要学会逐步放手，让孩子自己去做。

4.要教给孩子一些必要的应试技巧

考试时，有许多孩子比较紧张，即使平时学习很好也会导致考试失败，这主要和孩子不会调节自己的情绪有关。一般来讲，学生不善于调节自己紧张情绪的表现有两种：一是对较容易的题目放松警惕，常在没有看清题目要求的情况下急忙做题，结果答错题；一种是一看到自己复习时没有见过的所谓"难"题，心里一下子特别紧张起来，甚至大脑出现一片空白。

这是孩子对自己不自信的表现。妈妈要告诉孩子正确的应试方法应该是：自信地走进考场，试卷发下来之后，先整体浏览一遍，将自己在复习中已熟练掌握的题目、简单的、自己会做的题目先做，一时不会做的题目留在后面做。等自己完全有把握得到的分数全部得到之后，再从容地处理那些"难"题。如果实在做不出来也不要紧张，可以劝孩子这

样想："我做不出来，也许别人也做不出来。"这样他就会很冷静地继续思考，没准儿真能做出来。

让孩子在快乐中学习

学习是每个适龄孩子必做的事情。但有调查显示，只有6%的学生感觉学习是件快乐的事情；而94%的学生则认为学习是让人心烦和不快乐的事，他们所希望的就是放假休息，或者是上电脑课、上体育课。

面对这种现象，确实值得人们深思，为什么大多数的孩子都认为学习是件不快乐的事呢？如果这样下去，孩子又怎能学得好呢？怎样做才能让孩子爱上学习呢？

相传在很久以前，人们是把学习当做一项休闲活动，也可以说是一项很有趣的游戏。古时候在西方，学习是贵族和有钱人才能享受的娱乐。

那时的贵族，可以随心所欲地做任何事情，为什么他们却把学习当成最大的乐趣呢？因为那个时候，人们在一起聊天的时候，什么内容都涉及，经常兴趣盎然地讨论诗歌、哲学、音乐，以及各种各样的社会问题。有时还在一起相互演奏乐器，一起朗诵诗歌。所以，在聊天的过程中，谁的知识最多，谁多才多艺，谁就会受到朋友们的尊敬，还很容易获得异性的爱慕。于是，人们为了聊好天，平时都会去学习很多知识。他们把学习当成一种娱乐活动，通过读书看戏，给自己带来无穷的乐趣。

学习本身是一种很快乐的过程，但有些孩子却总是感到学习痛苦，甚至对学习产生一种厌恶感、恐惧感，这主要是因为孩子们没有体味到学习的乐趣。如果能让孩子在快乐中学习，让他们感受学习的乐趣，他们就会对学习产生浓厚的热情。

一位心理教育专家指出："父母必须遵循孩子的天性，让孩子在玩中学习，在快乐中去学习。只有这样，才能提高孩子学习的积极性，才能提高孩子的学习成绩。"

亚特兰大的安得里克·艾奇在童年时代曾因病而长期昏迷不醒，医生认为其智力已严重受损，但他的妈妈认定，只要使用恰当的办法使孩子乐于学习，其智力仍有可能得到健康发展。在教育孩子时她总是尽最大努力设计出新颖、有趣、多变的方法来激励孩子的想象力，并把学习贯彻到日常生活之中。后来，小艾奇通过"快乐的学习"，智力水平赶上了正常孩子，到了高中阶段，他竟成为全班学习成绩最优秀的顶尖学生。

堪萨斯州鲁滨孙中学里有许多聪明、努力的好学生，但即使在他们中间，12岁的泰勒·艾默生仍是引人注目的。教师们反映说，泰勒在课堂上提的问题总比其他人要深，而且其丰富的想象力总把大家引向一般人想不到的地方。

据了解，其父母都是律师，从其10个月大时父母就开始给他读有趣的故事，15个月大时就让他开始自己读书。他自称，他从来不像其他许多同龄人那样感到学习枯燥乏味，相反觉得其乐无穷。马萨诸塞州州立大学儿童教育专家帕克尔认为，家长们不妨像泰勒的家长那样，在自己孩子尚未学步前就早早地注重"寓教于乐"，通常在才能测试中，成绩出众者多是乐于学习的孩子。

在快乐中学习，不仅能够掌握很多的知识，更能提高学习热情，享受学习的乐趣。所以妈妈应该让孩子在快乐中学习，让孩子感受学习的快乐。

一般来说，会学习的孩子都会玩。反过来说会玩的孩子也会学习，因为玩是孩子的天性，他们能在玩中找到快乐。如果妈妈能让孩子在学习中找到快乐，那么孩子的学习积极性就会提高，学习效果也会明显增强。

1.让孩子在玩中学

玩的过程，对孩子的整个身心发展都能起促进作用。在玩泥沙时，妈妈可以教导孩子理解泥沙的物理特性，玩配对卡时，也可以借机提高孩子的数学理解能力……千万不要压抑童心，要转变观念，在可以玩的时候放手让孩子玩。要鼓励孩子动手动脑大胆地玩，异想天开地玩。孩子能够全身心投入到游戏之中，想象力和创造力就可得到充分发挥。

2.培养孩子广泛的兴趣

兴趣是开启智慧之门的金钥匙，要尊重孩子的兴趣，让孩子学其想学的，妈妈要多鼓励表扬孩子的点滴进步，让孩子对自己的兴趣充满信心。但要注意的是，身为妈妈千万不能把自己的兴趣爱好强加于孩子，强制性学习只会让孩子觉得很累很苦。

3.了解孩子，调整期望值，因人施教

总有一些家长，对孩子的期望过高，今天拿唱歌跟这个比，明天拿画画跟那个比。能力强的孩子还好，比出了自信。如果能力弱的呢？就比出了自卑，比出了压抑，比出了越来越沮丧的心情。所以妈妈要充分了解孩子，不要做不恰当的比较，要少一些横向比较，因人施教，制定出相应的目标，让孩子在自己的水平上得到适当的发展。

4.妈妈要学会赞美孩子

很多妈妈在听到别人赞美自己的孩子时，都会这样回答："哪里呀，我家孩子不行。""唉，这孩子太调皮了。""我家孩子的功课不

是很好。"

但是，当妈妈们这样说时，孩子们会怎样想呢？

孩子的成绩一直不上也不下，她的妈妈整天督促她学习，但成绩还是在原地徘徊。为了能使孩子的成绩提升上去，妈妈便向孩子的老师求教。

后来老师便找这位同学谈话，令老师吃惊的是，这名同学张口闭口都是"反正我记忆力不好，怎么学都不行了"。当老师把这种情况反馈给孩子的母亲时，才明白这是怎么一回事。原来，孩子的母亲经常在别人的面前自谦说孩子的记忆力不好。

"这孩子的记忆力不好"，虽然这只是妈妈对别人谦虚时说的话，但孩子听到耳朵里，却认为那是妈妈对自己的真正评价。于是，孩子不知不觉在这种暗示的影响下，记忆力真的变差了。所以，即使孩子真的记忆力不好，真的有缺点，妈妈也千万不可轻易批评孩子，聪明妈妈从来都是赞美孩子："你很聪明！""你在妈妈心目中是最棒的！""你将来一定是个大人物。"

在心理学中，这叫"积极的暗示"，这种暗示对孩子尤其能发挥奇效。围棋名手林海峰在幼年的时候，他的妈妈经常对他说："你将来一定是一个大人物。"于是，他从小就以"大人物"作为自己的奋斗目标，终于取得了举世瞩目的成就。因此，如果妈妈懂得运用这种积极的暗示，孩子会受益终身。

5.多给孩子以尊重和宽容

孩子有自己的尊严和独立的人格，需要得到他人的尊重、理解和宽容，一味地呵护或责怪孩子，都明显地违反了教育教学的规律，会使孩子不快乐。这就要求妈妈要以平等的眼光看待孩子，不仅要尊重孩子的人格，还要尊重孩子的理想志趣，切不可"俯视"孩子，"逼视"孩子。亲子间应该无拘无束，亲切交流，方能其乐融融。孩子获得了内心的满足，学习积极性将会空前高涨，成绩亦会有长足的进步。

让孩子学会积极思考

我国著名的儿童教育家陈鹤琴先生曾讲过这样一件不起眼的小事：有一天，一个九岁的孩子问他，竹管里有空气吗？他没有直接回答，而是拿来一根两头有节儿的竹管，在竹管上钻了一个洞，然后放在水盆中，孩子们见一个个小气泡从洞中冒出，便拍着手，纷纷抢着说，我知道了，空气！这样，他们自己得出了答案，显得格外的高兴。

生活中，我们家长对自己的孩子，基本习惯于有问必答。其实，这样对孩子的发展尤为不利，容易使得大多数孩子思维懒惰，导致依赖性比较强，独立性很差，智力发展迟缓。相反，凡事想办法让孩子自己学会思考探究，不仅可以日益增强孩子的求知欲，更关键的是能帮助孩子逐步树立起自信品质，这对孩子以后的成长至关重要。

拿破仑·希尔说："思考能够拯救一个人的命运。"事实正是如此，有思考力的人才会有创造力，才会掌握自己的命运。据说，诺贝尔奖获得者、英国物理学家约瑟夫·汤姆森和欧内斯特·卢瑟福一共培养出17位诺贝尔奖得主，这些天才们不仅懂得如何去思考，改变了自己的人生轨迹，而且为我们的社会发展作出了巨大的贡献。

英国剑桥大学的迪·博诺教授说："一个人很聪明或智商很高，只是说明他有创造的潜力，但并不说明他很会思考。智力和思考的关系，就好比一辆汽车同司机驾驶技术的关系，你可能有一辆很好的汽车，但如果驾驶技术不好，同样不能把车开好。相反，你尽管开的是一辆旧车，然而驾驶技术高超，照样能把车开好。很显然，这里在智商高和会思考之间画上了不等号。"思维是人们思考问题的过程，是人脑对客观事物的认识过程。思维力就是解决问题的能力。日常生活中所说的"让我想一想"，"我再考虑考虑"中的"想"、"考虑"指的就是思维。

人类认识客观事物，学习基本知识，掌握基本规律，进行创造发明，都离不开思维。思维在学习中具有特别重要的意义，可以说，它是整个学习活动的核心。通过思维不仅可以更好地理解知识、巩固知识、运用知识，而且还可以培养和发展一个人的良好思维品质和创造性思维能力。

学会思考，是人的一生中最有价值的本钱。培养孩子独立思考和独立判断的能力，应当始终放在教育的首位，而不应当把获得知识放在首位。那么妈妈应当怎样培养孩子的思考能力呢？

1.帮孩子培养良好的思维习惯

首先，妈妈要培养孩子有爱动脑筋，独立思考的习惯。在学习的过程中，要努力培养孩子爱动脑筋的好习惯，预习、听课、复习、作业、考试的各个环节都要勤于思考、独立思考，要多问几个为什么，多想几个怎样办，做到不依赖、不等待、不偷懒、不断增强好奇心，增加求知欲，增强独立性。

其次，妈妈要让孩子有敢于提问、大胆质疑的习惯。课前、课后都要敢于并善于提出各种各样的问题，不断地解疑，并学会于无疑处生疑。疑是思之始、进之由；疑就是矛盾、就是问题。疑孕育着创造。

最后，妈妈还要培养孩子有一边听讲、阅读、练习，一边思考的习惯。有的同学不会把"听、看、做"与"想"紧密地联系起来，从而影响思维能力的发展。所以，妈妈要注意培养孩子一边听讲一边思考，一边阅读一边思考，一边练习一边思考的良好习惯。

2.鼓励孩子发表自己的意见

调查显示，在民主、平等的家庭氛围中成长的孩子，敢于发表自己的意见，思维比较活跃，分析问题也比较透彻。而在专制的家庭气氛中成长的孩子，则不敢畅所欲言，容易受家长的暗示而改变主意，或者动摇于各种见解之间，或者盲从附和随大流，这就影响了其思维独立性的发展。

因此，妈妈要鼓励孩子敢于发表自己的看法，在孩子发表自己的意见时，哪怕是错误的，妈妈也应让他说完，然后再给予恰当的指导。

对于孩子的正确意见，妈妈应该肯定、表扬，让孩子增强发表意见的信心。

3.培养孩子的探索精神

许多孩子都有较强的好奇心，喜欢"打破砂锅问到底"，每当见到一个新事物，总想更深入地去了解，往往会不自觉地摸一摸、问一问、拆一拆、装一装。许多妈妈对孩子的这些行为很是烦恼，经常批评孩子甚至恐吓孩子，其实，这些都是孩子喜欢探究和旺盛求知欲的表现，妈妈的呵斥会挫伤孩子思维的积极性。正确的做法应当是因势利导，鼓励孩子的探索精神，并启发孩子"异想天开"。例如，让孩子突破常规的思维模式，从另一个角度去思考问题，孩子就会发现平时盛饭的碗可以用来当乐器，这就是"发散思维"或"求异思维"。这种发散性的思维模式可以让孩子在学习时不盲目听信，解决问题时善于从多方面考虑，从而提高孩子的学习兴趣和思维能力。

4.将培养孩子动脑筋的兴趣融进生活之中

孩子对抽象的理论不易理解，因此，光有说教不行，妈妈要创造动脑筋的环境，开展一些健康、有益的活动，在活动中启发孩子动脑筋，如搞家庭数字游戏、家庭猜谜活动、家庭智力游戏、中秋赏月晚会等，将数学、智力题融入活动之中。

5.经常让孩子报告他的新发现

如果孩子报告说："我发现火苗总是向上的""我发现木头在水里是浮着的"等，妈妈应该热情地加以鼓励和表扬。如果孩子没有发现什么，就要经常启示他某个事物、某个现象，让他逐渐有所发现。

给孩子一双善于观察的眼睛

罗丹有过这样一句话："观察吧，除了观察还是观察!"观察是一种有目的、有计划、有步骤的知觉。它是通过眼睛看、耳朵听、鼻子闻、嘴巴尝、手触摸等去有目的地认识周围事物的心理过程。在这当中，视觉起着重要的作用，有90%的外界信息是通过视觉这个渠道进入人脑的。

翻开名人传记，你会发现，人类历史上，尤其是科学发展史上的成功人物，大都具备优良的观察力。

意大利科学家伽利略，就是从观察教堂里吊灯的摇曳开始，经过实验研究，发现了摆的等时定律的。

英国发明家瓦特从烧开的水顶动壶盖的观察中，琢磨出蒸汽机的基本原理，从而引发了一场深刻的资本主义工业革命。

伟大的生物学家、进化论的创始人达尔文从小热衷于观察动植物，他曾注意过花的不同颜色，并试图用不同颜色的水去浇花以开出不同的花朵。他曾到南美观察那儿的动植物生长习惯，经过数年的积累和20年间所记的观察日记，终于完成了《物种起源》。达尔文说："我既没有突出的理解力，也没有过人的机警，只是在觉察那些稍纵即逝的事物并对其进行精细观察的能力上，我可能在众人之上。"

可见，人的智力活动是从观察开始的，观察是智力活动的门户。一个观察力强的人能从一般人认为是司空见惯的事物中发现奇迹。一个观察力弱的人即使进入宝山，也可能空手而返。苹果落地，火炉上的水壶盖被水蒸气掀开，这些都是人们十分熟悉的现象，但牛顿和瓦特却由此分别发现了万有引力定律和发明了蒸汽机。虽然这些伟大的发现和发明并不是这么简单，但是观察力强的确是他们成功的重要因素。正如国外一位科学家说的："一个观察力强的人步行两公里所看到的事物，比一个粗枝大叶、走马看花的人乘火车旅行两千公里所看到的东西还要多。"

观察力既是人通过眼、耳、鼻、舌、身感知客观事物的能力，也是孩子完成学习任务的必备能力。孩子学习知识需要从观察开始，即使是间接地从书本上获得知识，也离不开眼睛、耳朵等感官的观察活动。许多孩子学习成绩不好的原因就是观察力极差，从而导致思考能力和判断能力低下，由此可见，培养孩子的观察能力是非常重要的。

但在现实生活中，有许多父母不注意培养孩子的观察力，没有把观察力的培养放在应有的位置上。这样最大的弊病就是抑制了孩子思考能力的提高。观察能力是人认识客观事物和现象的基本能力。通过观察，孩子可以获得对事物的感性认识，促进智力的发展。

那么，妈妈应该如何培养孩子善于观察的能力呢？

1.培养并保护孩子的观察兴趣

要想更好地培养孩子的观察兴趣，开始选择观察对象时，最好是色彩鲜艳或活动的物体，孩子观察起来有兴趣，注意力比较集中，获得的印象深，观察的效果就比较好。另外，妈妈应该保护孩子观察的兴趣。大人在洗衣、做饭的时候，孩子会感兴趣地在一旁观看，问这问那。这时妈妈千万不能不耐烦，要有意识地给孩子讲一些有关的知识。时间长了，孩子的眼睛就会敏锐起来，不仅能提高观察能力，同时也会使孩子心灵手巧，越来越聪明。

2.指导孩子明确观察目的

孩子在观察当中，往往目的性不明确，喜欢凭自己的兴趣观察那些自己感到好奇的事物。事实上，孩子的观察任务，直接影响观察的效果。观察目的越明确，孩子的注意力就越集中，观察也就越细致、深入，观察的效果就越好。指导孩子明确观察目的，不仅要教育孩子树立观察的意识，认清观察对于发展自身智力的好处，而且要教育孩子在观察任何事物时，都要有明确的目的，即观察什么，为什么观察。

例如，妈妈和孩子一起去公园，妈妈若没有要求孩子观察确切的东西，回来后问孩子有什么所见所闻，孩子往往回答得不如意。如果妈妈明确地要求孩子观察公园里的湖泊，孩子就会比较全面地描述湖泊，包括湖面的情况，周围的环境。因此，妈妈指导孩子观察事物时，可以随时指定一种观察对象，进行有目的的观察。

3.引导孩子观察周围的事物

生活中处处都有观察的对象。在家里，妈妈可以找些色彩鲜艳的东西，教孩子区分、辨别各种颜色；在街上，可以教孩子区别各种类型和品牌的车辆；在公园，可以指导孩子观察花草树木和各种有趣的动物；在商场，可以让孩子观察柜台里琳琅满目的商品，并帮孩子识别一些简单商品的形状、特点等。如果可以，最好带孩子看看田野里、森林里的自然景观，这样，不仅提高了孩子的观察能力，也让孩子开阔了眼界。

4.让孩子动用多种感官参与观察

在观察中，只要条件允许并保证安全，不仅要让孩子用眼看，还应鼓励他们用耳听、用手摸、用鼻子闻、用嘴尝，让孩子把他观察的过程和结果讲述出来。让孩子用多种感觉器官参与观察活动，会增强观察的效果，较快地提高观察能力并能发展孩子的智力。

5.在观察后对孩子进行提问

许多孩子观察后就把观察的过程放在一边不予理会，时间一长，就会将已观察到的结果忘得一干二净，浪费了自己的劳动成果。如果妈妈能够在孩子观察后适时进行提问，不但可以检查孩子观察的结果，而且可以促进孩子确定观察的内容和重点。

有一个12岁的孩子非常喜欢养鸽子，妈妈允许了。男孩非常高兴，从此他天天观察鸽子的习性。

3个月后，妈妈想对孩子的观察能力进行检查，于是，她问男孩："你坚持每天在观察鸽子吗？"男孩说："是的，妈妈。""那么，你肯定观察了鸽子的生长发育过程，现在我来问问你。""好的，妈妈。"男孩显然非常高兴，因为终于有人对他的兴趣也感兴趣了。

妈妈问："你观察到鸽子每隔多长时间产一次卵？"

男孩回答："差不多一个月产一次卵。"

妈妈问："那么每次产卵能产几个？"

男孩回答："两个。"

妈妈问："鸽子产完卵要不要孵卵，一般是雌鸽还是雄鸽来孵卵？"

男孩回答："雌鸽来孵卵，不过，我好像看到雄鸽也孵过卵，不知是不是雌鸽雄鸽接替孵卵的？"

妈妈问："孵卵一般需要多长时间？"

男孩回答："20天左右。"

妈妈问："刚出壳的小鸽子有什么特点吗？"

男孩回答："小鸽出来的时候很弱小，闭着眼睛，羽毛还没长好，走起路来摇摇摆摆的。"

妈妈问："那小鸽子怎么进食的？"

男孩回答："小鸽子刚孵出来的时候，不会自己找食物吃，都是大鸽子喂给它吃的。"

妈妈问："大鸽子是怎么喂的？"

男孩回答："大鸽子好像先自己嚼碎了再喂给小鸽子吃。"

通过这种发问，不仅检查了孩子的观察能力，而且启发了孩子应该观察事物的全过程，在观察过程中要注意细节，讲究方法，更加深了孩子对观察到的事物的印象，能使他加深记忆，不会轻易忘记。

6.教育孩子观察与思考相结合

观察力是感知与思考的结合，只观察而不思考是不会有新奇的发现的。

在培养孩子观察能力的同时，父母要引导孩子在观察中积极思考。只有在观察的同时积极地思考，孩子才会更有目的、有针对性地去做最有效的观察。

下面是一位12岁的孩子写的一段观察砖头的内容：

"一块砖头，长不过一尺，宽不过半尺，厚不过二寸，有棱有角。用它盖豪华的酒家，它不会趾高气扬；用它修厕所卫生间，它不嫌臭；把它铺在马路上，让汽车在上面行驶，人们在上面践踏，它从不喊苦叫累……砖头是平凡的，是伟大的。"

这个孩子在观察的过程中是善于思考的，他把砖头比喻成了人，以评价一个人的眼光来评价这块没有生命的砖头，从而悟出了一个平凡的人也可以成为一个伟大的人的道理。可见，生活中，妈妈应该鼓励孩子在观察的同时要多思考，对自己不懂的要多提问，可以要求孩子问父母、问老师，甚至是问陌生人，然后再通过继续观察去找答案，并抓住事物的本质。妈妈要鼓励孩子在观察之后进行整理，把获得的材料做必要的分析和综合，从而得出科学的结论。

7.教孩子在观察的过程中记录观察结果

在观察后要对观察的结果有所记录，这不仅是对观察的总结，也是巩固知识点、积累知识的一种好方法。随着观察材料的不断积累和丰富，简单的随感式摘记显得过于简单，就需要写观察日记来总结观察结果。

因此，妈妈要教孩子在观察的过程中记录相关情况，在一个阶段后，对自己的记录进行整理，从而概括出观察的结论。记观察日记可长可短，字数不定，形式自由。这样天长日久，不仅培养了孩子的观察能力，也提高了孩子的写作能力。

在玩乐中激发孩子的求知欲

兴趣是孩子学习知识的最大动力，一个孩子如果对某一门功课感兴趣，毫无疑问，他一定会学得主动、学得轻松、学得愉快。而要使孩子对某一门课产生兴趣，妈妈则应充分调动孩子的积极性，培养孩子的求知欲，使孩子从"要我学"的状态转变为"我要学"。有时，在辅导孩子的学习时，合理地设计一个小小的游戏，在"玩"中就能激发起孩子强烈的求知欲望。

例如，孩子在学习数学中"轴对称图形"这一内容时，因这一内容概念较抽象，同时由于受孩子自身空间观念水平的限制，孩子学起来时在理解上可能有一定困难，因此妈妈可以设这样一个游戏：3分钟内用剪纸形式完成一幅作品，作品表现的内容必须是我们身边常见的物品，比如一片树叶、一只蝴蝶，等等。然后妈妈可以拿出自己的作品：第一幅是一只蜻蜓，不过这只蜻蜓比较奇怪，翅膀一边大、一边瘦小；第二幅是一条裤子，但一条裤腿长、一条裤腿短；第三幅则是一片树叶，但一边特别肥大、一边特别瘦小。这三幅作品一展示在孩子面前肯定会使孩子开怀大笑。笑的原因是不言而喻的。这时妈妈可以乘胜追击，连续提出问题，进一步引发孩子的数学思考：显示生活中这三样物品应该是什么样的？你的作品中的物品是否有这个特点？用剪纸来表现这些物品时我们可以采用怎样巧妙的方法，剪得又快又好？孩子的求知欲得到了极大的调动。家庭气氛非常活跃，孩子的学习效果自然不错。更为重要的是，孩子学得主动、学得轻松、学得愉快。同时还明白了一个道理，生活中处处有数学，"玩"中也能学数学。

其实，学习任何一门功课，孩子是否有求知欲望，这种欲望是否强烈，是学习这门功课的原动力，也是能否学好的基础。切忌在孩子毫无思想准备的情况下，妈妈武断地下达学习任务，这会使孩子在没有接触这项学习任务之前，就有一种本能的抵制与反抗情绪。这样做的后果，必然是事与愿违，很难取得良好的效果。

日本教育家铃木主张，若妈妈希望孩子将来能拉一手漂亮的小提琴，应当在孩子很小时，就有意识地让他反复听著名的交响乐、各种唱片，经常带他去看别人拉小提琴。使孩子渐渐地对音乐产生兴趣，有了自己也想试试小提琴的愿望。这时才给他小提琴，并提供必要的指导与帮助，加上孩子如饥似渴的练习，必能取得很快的进步。

先培养孩子某方面的兴趣，再让他接触这方面的学习，的确是很好的经验。所以在每年的暑假期间，妈妈都应该了解一下，下学期孩子将

第七章 授之以『渔』，孩子学习轻松没压力

要开哪些新课，如要开地理课，有空时就先带他一起看看地图，让他找北京在哪里、上海在哪里，意在让他事先有所接触，引发好奇心，培养兴趣。又比如，下学期要开物理、化学课了，你可以事先找机会在轻松自然的环境下，有意识地给孩子提一些有关问题，如天为什么会下雨？天热了温度计上的水银为什么会上升等问题，与他一起讨论，以引起孩子的兴趣。这时，孩子往往又会针对日常遇到的现象，提出许多"为什么"。这时就可以告诉他，妈妈也不见得都知道答案。这样，在尚未开课前，孩子心目中就有了向往与渴求，开学后，对这门课就会兴致勃勃地听讲、提问、找答案。这样又会进一步提高孩子学习的积极性。一旦对学习真正产生了兴趣，他不仅会主动去学，而且会越学越想学，越学越容易学，这就进入了良性循环之中，你也就不用天天为孩子不会做作业发愁了。

反之，如果家长引导无方，一旦造成孩子对某门功课的畏惧心理，或产生了厌烦情绪，大脑会产生一种排斥倾向，便很难学好了。在美国，为了提高数学水平，经过专门研究后提出了一项计划。该计划决定，在幼儿园和小学一年级中，开设"熊猫咖啡厅"，让孩子轮流担任顾客和职员，向班里同学卖入场券。这样让他们在游戏般的实践中，接触不同的运算，计算价格以及正确地找零钱等。还让学生按食谱学习烹调，这也需要计量，甚至要算比例，同时对形状、大小、颜色、轻重等产生感性认识。用这样的方式使孩子们在学会了计算方法的同时，对数学引发浓厚的兴趣。实验结果是，孩子们对学习数学的兴趣显著提高，数学成绩普遍有所提高。

让孩子自己独立完成作业

现如今，大多数孩子都是独生子女，父母们对孩子的学习都是特别关注。相信很多父母都有这样的经历，从孩子一上学，在孩子写作业时就拉把椅子坐在旁边进行监督。父母在孩子旁边陪着、看着，提示孩子怎么思考、怎么写，提醒孩子专心、抓紧时间、姿势端正，孩子做完后替孩子检查错误。其实，父母们的这种做法是错误的，因为那样做孩子就无法养成独立完成作业的习惯。

一位妈妈就曾经这样大倒苦水：

我天天陪着儿子做作业，他有不会的我教他，他出了错我给他检查、督促他改。原以为他能养成好习惯，哪知道，我临时出了几天差，没法陪他做作业，他不但有一天的作业没有写，剩下几天的作业错误连篇。我问他："为什么不认真做作业？为什么不好好检查呢？"结果，他竟然理直气壮地说："谁让你出差了？不都是你给我检查作业的吗？"我都不知道说什么好了。

遇到这样的情况，可能我们也不知道该说什么了。作业原来是每个学生都必须要完成的学习任务，独立完成家庭作业，是孩子应该养成的学习习惯之一。老师布置的作业，大都是对当天学习内容的巩固，或预习与当天的内容紧密联系的新知识，本意是借助于这些作业，培养学生对知识循序渐进的理解和运用能力。这样的家庭作业，只要认真思考，是不难独立完成的，根本不需要家长的参与；相反，如果家长越俎代庖，不但达不到老师的要求，还会使孩子产生依赖心理，形成了习惯，势必影响孩子上课的注意力，他会认为课堂上听不懂没关系，反正回家有人帮忙，这样，又养成了孩子不专心听讲的坏毛病，真是其害无穷啊！

其实，家长要求孩子独立完成家庭作业，还是培养孩子自信心的好办法。别小看家庭作业，它可以让孩子品尝到解决问题，获得成功的快乐，同时这些小小的成就感又会激发他们的学习兴趣。

因此，妈妈们应该改一改陪伴式的方法了，不要再陪着孩子做作业，要让他学会自己思考与检查作业。

那么，妈妈应该怎么做呢？

1.给孩子创设一个良好的环境

妈妈要给孩子创设一个安静、和谐的环境，那样能让孩子心静。如果爸爸在看报，妈妈在看书，孩子在写作业，这样的氛围该是多么温馨啊。

2.相信孩子能做好作业

有些妈妈不是不想让孩子自己写作业，只是一看到孩子不是写错字就是忘掉一道题，作妈妈的就会觉得心里着急。最终，不得不陪着。其实，孩子写作业写错一两个字，或者因为粗心忘掉一道题，这都是正常的事情。更何况，孩子也不可能次次作业都出现这个毛病，他也会自己注意的。

因此，我们要相信孩子，我们的信任反而会让孩子变得自觉起来。孩子也会犯错，我们可以不用每次都去提醒他，当他因为作业出错或者没有写完全部作业时就会受到老师的批评，几次批评之后，孩子自然就会记住要认真对待作业。

3.提高孩子做作业的兴趣

孩子的作业多半是对当天学习的复习与总结，偶尔会有一些课外的延伸性作业。我们可以利用这样一种说法来提高孩子做作业的兴趣："学了一天的知识，你一定很有收获。想想今天都学了什么，然后再用作业来实践一下吧，你就能将这些知识记得更牢靠了。"

当然，我们也可以运用一些技巧。比如，帮孩子巧妙安排做作业的顺序，先让他做他最感兴趣的学科的作业，这样他做起来就会得心应手，效率自然也就提高了。同时，我们还可以帮孩子科学安排做作业的时间，不一定非要让他一口气都写完，允许他中间休息5~10分钟。正确的做作业的技巧将能帮孩子更快更好地完成作业。

4.教给孩子正确的思考方法

当然，提倡让孩子独立完成作业，并不是要求家长对孩子的学习不闻不问。妈妈需要做的，是督促孩子独立完成作业，检查作业的效率和质量。当孩子遇到困难时，妈妈要善于启发孩子，寻求正确的解题思路。要变"授之以鱼"为"授之以渔"，教给孩子正确的思考方法。

例如小学生的造句练习，雯雯的妈妈做得就很好。雯雯遇到一个词不会造句，不得不向妈妈求教。妈妈让孩子自己从课文中找出包含这个词的句子，认真朗读，并联系上下文说说这个词的意思，必要时还可以查查工具书，把词义弄懂；然后，再让孩子联系实际生活和平时说话的语境和语调，恰当地运用这个词。孩子的难题很快迎刃而解，造出了令人满意的句子。最后，妈妈向雯雯竖起大拇指，说："你造的句子真棒！"渐渐地雯雯的语言表达水平得到了大幅度提高。

5.逐渐帮孩子纠正"不陪不写"的毛病

也许有的孩子已经养成了"不陪不写"的坏习惯，那么我们最好立刻停止这种陪伴。在得知孩子的作业量与作业时间之后，我们可以找借口出去，或者离开他的身边。估计时间差不多的时候再回来，并检查孩子是否完成了作业。

　　如果孩子完成了，我们要给予表扬，因为这是他自己主动独立完成的，我们可以借此机会鼓励他争取以后天天这样做；但如果孩子没有做或者只是在应付作业，我们要让孩子自己去改正错误。不过，此时我们不能太过严厉，要不孩子可能会感到厌烦。

　　相信，只要妈妈们有耐心，用对了方法，孩子就会慢慢养成自己独立完成作业的好习惯。

第八章

善解童贞，跟上孩子成长的脚步

性教育不仅仅是青春期教育

有的人认为性教育就是青春期教育，性教育的对象只是针对进入青春发育期的青少年，这实际上是性教育对象上的误区。

美国"性信息和性教育"理事会主席玛丽·考尔德博士认为：对于性教育，可能特别紧要而有效的时期是14岁之前，尤其是5岁之前，这一时期所接受的有关"性"的培养和教育，无疑地将决定儿童、少年以至此后一生有关"性"的种种方面。成人性变态中的"异性癖"、"同性恋"患者，实质上是不能正确地认同自己的性别。个体在生物学上的"性"，与其在心理学上的"性别"和社会学上的"性别角色"未必总保持一致，只有个体把自己看做男人或女人，同时其行为举止都符合自身的"性别身份"，才是性别认同。"异性癖"、"同性恋"者在性别认同中出现反常现象，表现为性别角色紊乱或性别角色倒错，往往是患者在童年的生活过程中，由父母及其他人对他们的不良教养态度、方式及期望造成的。

因此，妈妈需要注意对孩子的性教育应当从儿童早期就开始，从婴幼儿、童年一直到青少年，都该围绕着达到对"性别"的生物性和社会性的认识，形成正确的性别角色以及青春期的性适应等教育目标，针对不同年龄阶段的儿童开展不同内容的性教育。

幼儿性教育宜早不宜迟

让我们先看看，在孩子的性教育问题上，你的观念如何。请对以下问题回答"是"或"否"。

（1）你认为孩子不必了解性知识，长大了自然会明白，因为你和你的长辈都是这样长大的。

（2）你认为孩子不问有关性的知识证明他对此什么都不懂，也不关心，说明他很纯洁。

（3）你认为让孩子了解性知识很重要，但很难给孩子讲清楚，而且会让你感觉难为情，能回避就回避。

（4）你认为性教育最好让专业的老师去讲，父母讲不好也不好讲。

你的答案"是"与"否"哪个多一些？"否"多，说明对于性教育，你有比较好的心态和清醒的认识；"是"多，则说明你在这个问题上顾虑颇多。

曾经有一段时间大学里流传过这样一则笑话：

有位读硕士的男生，某日跑到小卖部，买了一包卫生巾，堂而皇之地拎着走在校园里。他买的时候同学就困惑——没见他谈女朋友呀？就算是给女朋友买，也不必如此招摇。实在难掩好奇，问他买此物何用，得到的回答居然是："我自己用呀！"他以为这只是一种更高级的卫生纸呢！二十出头的大小伙子，竟不知卫生巾的用途，虽然他刚上大一就学过"人体解剖生理学"这门课，而且期末考试的论述题就是"月经的产生原理"！

回过头来再看这则笑话，尽管有点夸张，却也表明了人们对性知识的缺乏。通过这则笑话，我们就总结出，性知识与生理卫生学有着本质的区别。对于孩子来说，有些知识可以来自书本和课堂，有些知识的来源却更侧重于生活经验和成人的讲解。即使长大了、知道了，也是学习而知，但还是不明就里；而现在这个时代，已经不像我们小时候那样保守封闭，孩子通过其他途径获得的性知识，有可能对性生理、心理发展起到误导作用，所以对孩子的性教育，还是由父母从小进行更可靠。

对于性知识总是感觉难以启齿的父母，大多认为性教育至少可以拖到青春期再进行——在性方面出问题，都得到那时候。为什么一定要到出问题的临界点才着急？为什么非要做亡羊补牢的事呢？

青少年出现性问题，很多是因为性无知和混乱的性评价而产生的，这与童年的性教育是否科学不无关系，与正确的性别角色体验和最初的性心理发育紧密联系，可以说，小时候生活中发展的性生理是青少年性发育的基础，因此，科学的性教育应从婴幼儿做起。

如果妈妈从小对孩子的性问题或相关行为给予适当反应，在潜移默化中进行，这无疑是给了孩子一个暗示：一旦有了性方面的问题，不需要通过别的途径去了解，妈妈会给他提供可靠而科学的信息。

性教育专家认为，妈妈在对孩子进行正确的健康性教育时，应当注意以下几方面的内容：

1.合适的年龄

从理论上讲，男女的性别差异，特别是第一性征，在孩子青春发育之前解答没有问题，就目前社会文化的现状看，对于男女第一性征的差异，最好在5岁之前解答。性教育要相对超前一些，但不能脱离孩子的理解能力。

2.合适的方法

在孩子5岁之前，可以用父母的身体说话，但是5岁以后，采用图书、音像资料及其他方法比较合适。

3.合适的内容

孩子的性教育，每个年龄段的内容应该有所侧重。5岁前应该解决性别知识等简单的问题。青春期发育前，要进行性生理的教育；青春期发育时，要进行性心理和性道德的教育。

总之，妈妈在对孩子进行性教育时，要坚持自然、合适的原则，不能刻意为之，也不能用成人的眼光来看待孩子的问题。

儿童性教育需要遵循的原则

妈妈在对孩子进行性教育的时候，应当遵循以下原则：

1.家庭是最佳教室

在家里进行性教育是最为合适的。无论大人还是孩子，在家里都是最为放松的，因此进行性教育就少了很多压力。家庭成员的言行举止对宝宝有潜移默化的教育效果，当孩子看见爸爸妈妈总是很亲近、很甜蜜、相互分享喜怒哀乐时，就能从他们的体贴与关怀中体验到两性的和谐互动，这就达到了性教育的效果。根本不需要刻意说教，在平时的耳濡目染中，宝宝就能学习到与异性相处的正确态度。

请注意，如果家庭中总是充满语言与动作暴力现象，那么孩子就会长期处于一种紧张与害怕的情绪中，同时也会获得不正确的两性印象，认为性别就是不平等的，是充满冲突和暴力的，自然就难以知道如何与异性相处。在这种家庭环境中长大的孩子，日后要建立正确的两性观念是相当困难的。

当然，即便父母整天争吵打斗，估计他们对孩子的爱都是一样的，还是可以通过其他方式进行性教育的。但是，无论再怎么努力去"教"，只要孩子身处家人相互责备、不满、两性关系不和谐的家庭中，那么对他的成长来说都是一种遗憾。

2.顺其自然地进行教育

在与孩子谈论"性"的时候，不要有太多的神秘色彩，否则大人本身都无法坦然面对"性"，再加上知识不足、难以找到有效方式等原因，要和宝宝谈论"性"就感觉更加困难。但是，父母总是羞于启齿、含糊搪塞或一味训斥也不好，反而会使宝宝产生种种奇怪联想，严重者还会造成日后的性压抑或性苦闷。

孩子对身体产生好奇是一种自然反应，大人无需以有色眼光去看待，不妨坦率自然地回答孩子提出的疑惑。当孩子有性的问题时，就以他所能够理解的语言来直接回答问题，不要扭扭捏捏，也不需要转移话题或含糊其辞。早期压抑宝宝对身体探索的欲望，会使他日后一提到性就感觉别扭，总是顾左右而言他，或是一味排斥、鄙视甚至忽视，这对正常的心理发展都是很不利的。

3.正确地回答儿童提出的有关性问题

儿童对自然界的一切都感到新奇，求知欲也十分旺盛。看到任何不理解的事情都喜欢提问为什么、怎么回事。对性的问题也不例外，我们应当把它看做是对儿童进行性教育的好机会。当儿童提问"我是怎样来的"、"我是从哪儿生的"之类的问题时，有的家长采取的做法很不好，一是骗、二是打、三是怒斥恐吓，这就使孩子减少了对父母的信任

好妈妈胜过好老师大全集

和尊重，使孩子在性问题上说假话，产生神秘感。正确的做法应该是不主动去问、不主动去讲，有问必答、不说谎，根据孩子的理解能力简略真实地回答。

4.用正确名称谈论身体

正确的性教育，就是让孩子认识自己的身体、感受身体的美好，而不是什么隐晦肮脏的东西。只有从小对身体有了正确的认识，才不会做出不礼貌的行为来，比如拿异性的生理特征开玩笑、游戏式地抚摸其他人的生殖器等。其实，孩子的可塑性很高，在很多时候，接受过度社会洗礼的大人反而要向孩子学习，学习如何去坦然看待性，进而不避讳谈论性器官。

妈妈在给孩子洗澡的时候，可以很自然地带孩子认识身体的器官，清楚讲解每一个器官的功能，说出"阴茎、阴道"就像说"鼻子、嘴巴"一样自然，因为它们都是身体的一部分。大人在谈论性的时候越自然，对孩子的教育效果就越好。

5.尊重孩子的感情

性教育实际是父母与孩子之间心灵相互接触的教育，是孩子接受教化的过程，如果妈妈不尊重孩子的感情，就等于关闭了交流感情的闸门。

90%的孩子在6～12岁间会有很亲密的异性伙伴，这种"小情人"并不牵扯到性，但却是日后恋爱生活的预演。因而作为妈妈首先要承认孩子的这种情感是美好的、圣洁的，是孩子纯真性格的体现，不能用成年人的观念去无端干扰，横加指责。

让孩子自然地接受性教育

孩子一出生，就用自己的感官体验周遭世界。通过拥抱、抚触，感知自己的身体被照顾、被接纳。而作为妈妈，可以在照顾孩子的过程中通过爱的表达，帮助孩子形成良好的身体意识。

1.喂奶

母乳喂养对密切亲子感情当然最好，即使是人工喂养，妈妈也要在喂奶的过程中，和孩子目光交流，说话，抚摸，沟通，让孩子从中体会到自己被关爱。

2.换尿片

换尿片是亲子交流的一个重要时机。如果仅仅是匆匆忙忙地换过了事，甚至皱着眉头、一脸厌恶的表情，孩子就会接收到这样的信息："我的身体是不可爱的。"相反，如果能够在此时和孩子沟通、交流，能够面带微笑，孩子就会对自己的身体也有正面的认识。

3.洗澡

洗澡时的身体接触是沟通亲子情感的好机会。在洗澡时对孩子的关爱、欣赏的态度，会潜移默化地影响到孩子的身体意识。随着孩子的长大，会逐渐对自己的身体发生兴趣，妈妈可以根据孩子的理解能力，在洗澡时自然而然地教给孩子身体各个部位的名称和功能。

4.抚触

近年来婴儿抚触得到了越来越多的重视。抚触不仅有助于孩子的身体健康，也特别有助于孩子的心理健康。"好的触摸"可以让孩子有更多的、更好的体验，对身体接触有更多正面的记忆。

5.大小便训练

在大小便训练期间，幼儿往往会发生"事故"，如果妈妈失去耐心，对孩子大吵大嚷，会让孩子对自己的身体产生负面的感觉。妈妈如果能够采取宽容、耐心的态度则有助于孩子形成健康的身体意识。

从孩子出生开始，让他感到自己的身体被爱、被欣赏、被接纳，这是妈妈应该做也是能做到的。

 ## 孩子性早熟，妈妈要早发现

随着物质条件的不断丰富，家长对自己孩子的注意也不仅仅停留在"吃得饱、穿得暖"的水平上。实际上，现在的小孩是吃得非常的丰富，很多父母甚至把燕窝、虫草等补品也一气塞给儿童。加上现在的许多经营者为了谋求更多的利益，在食物中添加了这样那样的促进成熟的物质。儿童如果长期进食这样的食品，也往往容易导致性早熟。

实际上，现在儿童成熟的年龄与20年前相比，已经提前了许多。也许大部分的妈妈还有印象：在自己念书的年代，许多都是在读了中学以后才开始发育的，而一些男孩子更是到了高二、高三，甚至大学以后才开始迅速发育、长高。而现在的小孩子，发育的年龄已经大大提前。一般来说，读小学高年级的同学都基本开始了发育。所以，我们把目前的儿童性早熟的年龄定为：男孩在9岁以前，女孩在8岁以前开始发育。

那什么是开始发育，妈妈又怎样才能尽早发现呢？

女孩子比较好观察。一般如果出现乳房的隆起，就可能是青春期发育启动了。而男孩子则可能是已经变声，甚至长出胡子才被发现，这就比较晚了。男孩的发育往往是从睾丸的增大开始的。如果男孩子的睾丸长得比鸽子蛋大的时候，也应是男孩发育的开始了。

因为性发育早期的表现都比较不明显，而小朋友自己对此又不甚明了。这一切都是要靠父母的细心，经常观察，及时发现，尽早就诊。因此，可以在每个月的同一时间，由同性别的家长检查孩子的第二性征，比如妈妈检查女儿的乳房，爸爸观察儿子的睾丸。有些时候，部分儿童的性发育可能是以体毛的出现开始的。如果在例行的检查中，发现小孩不到发育的年龄，又出现了上述的情况，就必须到医院找专门的儿童内分泌医生进行诊治。有些性早熟的孩子可能从5岁甚至4岁以前就开始了，所以例行检查不能到上了小学以后才进行，而是越早开始，越早形成习惯越好。

性早熟不但可能引起儿童心理自卑，让孩子觉得跟别的小朋友不一样，同时，也因为过早的发育而使最终的身高受到影响。有些不正常的性早熟，甚至可能是某些肿瘤发生的预兆。因此，各位妈妈，从现在开始，经常关注孩子的发育吧。

3岁应培养孩子的性别意识

孩子的性别教育，对于家长们来说似乎再简单不过：男孩就是男孩，女孩就是女孩，没有什么教导可言。但是，专家指出，对孩子进行正确的性别角色教育是非常必要的，这非但关系到孩子日后正常的社会交往、恋爱、婚姻、家庭生活，还会影响其心理发展。这样有意识的培养应该从孩子3岁幼儿阶段就开始。

大部分的幼儿从3岁开始就会对"我"从"哪里来的"这样的问题感兴趣，随着年龄的增大就会提出一系列与性有关的问题，比如："我是从哪里来的？""我是怎样进到妈妈的肚子里去的？"当然这些问题的提出是出于质朴的好奇心，同时，也反映出人的性认知和性意识的形成从小就开始了。

然而一直以来，在中国的传统文化中，性是一个神秘、隐讳的代名词，正是由于这种传统观念的束缚。当3、4岁幼儿对性疑问最多的时候，作为孩子的第一任老师——父母往往采取回避或训斥的方式匆匆结束与孩子的交流，而有些幼儿对摆弄自己的性器官产生了好奇时，因未得到成人的正确引导与及时的干预而形成习惯性的动作……诸如此类的问题行为，如未及时地给予矫正，会使孩子从小对性就埋下"性羞耻"、"性焦急"和"性神秘"等的阴影，到孩子长大后极有可能形成扭曲的性心理，也可能发展成为性心理障碍。

专家认为，性别角色是以性别为标准进行划分的一种社会角色，它决定着一个人的行为模式。如人们要求男性行为体现出阳刚之气，女性行为表现出阴柔之美。虽然男女性别是由遗传决定的，但性别角色却是从幼儿和儿童时期受到成人影响、教育的结果。专家指出，幼儿性别教育上的误区或缺失很容易造成孩子性别角色的错位，带给孩子的将是心灵的扭曲和伤害。

现在越来越多的妈妈都非常关心和重视孩子青春期的性教育，让孩子学会保护自己、爱护自己，这是非常必要的。但妈妈们往往忽视了孩子从出生就应开始的性别教育。性别教育是对孩子进行性教育的基础，是孩子对自身了解的启蒙，也是孩子形成健康人格的基础。所以从小就开始对孩子进行科学的性别教育也是非常必要的。专家介绍，孩子的性别角色意识从幼儿阶段，3岁以后就开始建立了，而真正形成性别角色意识是在孩子进入青春期之后。幼儿阶段所受的影响要比青春期孩子所受的影响大得多。许多有同性恋倾向的人，都会追溯到幼儿阶段的经历。因此，作为妈妈，应该对3~6岁的幼儿进行适当的性别教育，传授给他们一些基本的生理知识和自我保护意识，让幼儿对自己有一个最基本的认知。

如何处理孩子的性好奇

一个6岁的男孩和妈妈散步的时候，看到两只狗正在交配，男孩不理解，于是问妈妈："它们在干什么？"妈妈不理，也不回答孩子的问题，只催促儿子："快走！"可儿子仍然一个劲地追问下去，想问个明白，最后妈妈竟恼怒地打了儿子一记耳光……

孩子对世界万事万物都充满着好奇心，对动物性活动的观察和研究是他们探索世界的一部分。动物不穿衣服遮盖生殖器，并且毫不隐瞒其性交的过程，让孩子可以有很多机会观察到动物的性活动，孩子对动物的性活动不可能理解，于是他们开始向父母提出问题。父母应该怎样来回答孩子的问题呢？恼羞成怒绝对不是什么好办法。

强强5周岁，他对动物和人的生殖器都非常感兴趣，每次小猫小狗经过，他总是蹲下来看，还会告诉家里人小猫的小鸡鸡长了毛毛，小狗的小鸡鸡是红红的。有一次他指着一只母狗（母狗刚生了小狗，正在喂奶期，有很多乳头）发问，为什么那只狗狗有那么多小鸡鸡？搞得大人们哭笑不得。他一旦发现爸爸、爷爷、妈妈等大人上厕所就赶快跑进去看，还自编了首儿歌：谁的鸡鸡大，谁的鸡鸡黑，谁的鸡鸡最最小……并且不分场合大声唱，妈妈跟他讲很多道理他也不听，反而越说还越来劲地唱，孩子这样的情况，妈妈该如何教育呢？

我们为何不认为强强是一个观察力和探索欲非常强的孩子呢？5岁

的强强正是处于性心理发展的第一个高峰时期。而且他还多才多艺，将他的发现编成儿歌，孩子在探索和发现中获得了多大的快乐啊！如果孩子发现的是苹果为什么落到地上的秘密，编出来的儿歌也与性器官无关，父母一定会欢呼雀跃，认为孩子是天才，父母一定不会去阻止孩子观察苹果落地的过程了。可是，孩子观察的对象是性器官，孩子并不知道观察苹果落地和观察性器官有什么不同，都是他所见到的这个世界，他还不知道成年人对性的禁忌。孩子仿佛无意中闯入一个成年人制造的禁区，父母的干涉就是必然的。父母不必对孩子的问题感到大惊小怪，而应该以平常心对待。潜隐期的孩子对世界充满了好奇，其中当然包括性活动，父母表现得越自然，越有利于孩子的顺利过渡，也更益于孩子的健康发展。

那么，当孩子对性产生好奇时，妈妈该如何处理呢？

1.轻松地聊天

妈妈可以采用聊天的方式，了解孩子的行为动机，每一个孩子都是天真纯洁的，他的许多行为都是模仿学习而来，因此当孩子出现一些令你惊讶的行为时，不妨轻松地和他聊一聊、鼓励他多说话，这时便会发现真正的原因，然后再慢慢纠正他。

2.换位角度

妈妈不要以大人的眼光来看待孩子性好奇的这个行为，因为孩子了解的是他的世界，所以他所表现出来的动作、行为，终究是属于孩子的世界。

除非孩子这样的行为一再出现，并造成别人的不舒服或两人之间的冲突，否则，妈妈不必刻意去特别注意。

3.态度很重要

不要去责骂或打孩子，孩子通常把拥抱、亲吻或掀裙子当作是一种游戏行为，如果妈妈责骂孩子甚至殴打孩子，将造成孩子的反感及故意行为。

妈妈不妨假装没看见，先不理会，等到孩子玩一两次之后，就会觉得无趣而不玩了；或者，妈妈也可以给孩子正面的引导，让孩子自己去询问当事人，愿不愿意让她亲吻、拥抱或者掀裙子，让孩子学习尊重别人的身体，而不可以随便伤害或令他人不舒服……目前各种资讯非常发达，只要打开电视，处处可见到各种吸引孩子注意与好奇的性行为，我们无法让孩子和社会隔绝，只能在尽可能的范围内，帮助孩子了解，说明在我们的社会中有两种不同的性别，当有关性的刺激出现时，也尽量把他导向社会化的行为，同时还要打破大人旧有的成见及传统的观念，引导孩子走向正确的性行为，才是妈妈们的当务之急。

 ## 警惕宝宝的"夹腿综合征"

近日，园园的妈妈发现园园出现了一种怪毛病：在晚上刚入睡或早上刚醒来时，常会突然把两条腿夹得紧紧的，并反复擦动，同时，两眼瞪得圆圆的，眼光发直地凝视着一处，两颊涨得绯红，一动不动，一声不吭，全身出汗。经过2～3分钟自行停止，可间隔一两天又会发作。园园妈妈看到她的这种行为十分不解，问她是不是哪里不舒服，可园园只是摇摇头，很不好意思。而且，园园最近常常做出这种"奇怪"的动作，急得园园妈不知如何是好。

医生告诉园园妈，这种情况医学上称为"夹腿综合征"，主要症状是以夹腿为主要特征，并不断摩擦会阴部的一种习惯性动作。

"夹腿综合征"，对这个陌生的医学名词，园园妈感到很茫然，但一想到是种疾病，园园妈立刻紧张起来。接着，医生耐心地向园园妈解释，"夹腿综合征"多见于2～3岁的幼女，也可以发生在男童身上。多数小孩在刚入睡或刚醒来时发作，一般数天发作一次，个别小孩可一天发作几次。发作时神志清醒，双下肢伸直交叉或夹紧，手握拳或抓住东西，女孩还喜欢坐硬物，也有腿之间夹物；男孩多表现为伏卧在床上来回蹭，患儿发作时阴茎有勃起，尿道腔水肿，女孩阴道内分泌物增多，伴面色发红、出汗、呼吸粗大、会阴肌肉收缩，每次持续数分钟或更长时间，严重者持续不断，若中途阻止其动作患儿往往哭闹不安，还要恢复原来的状态。

从儿童性欲学来分析，1～3岁时小孩对"性"的需要已经从口腔（口欲期）转向肛门区域（肛欲期），继之又转向生殖器区域。因此，2～3岁时小孩出现这种夹腿习惯与儿童性欲的生理发展是相适应的，并不是一种严重的疾病。

从某种角度来说，儿童这种"夹腿"行为属于一种自淫行为，是对外生殖器的一种泛化的压迫，但与青春期、成年期发生的局限于外生殖器（如阴道、阴茎等）的手淫又有所不同。这是因为儿童可以接受来自外界的性信息或性刺激，但却不能在内心深处去意识和理解它。一般来说，小孩这种夹腿习惯到了一定年龄就会消失或者以手淫行为替代。

需要注意的是，小孩的这种自淫行为可以在几个月大的婴儿时就出现。表现包括阵发性身体扭转、面发红、出汗、呻吟等。因此往往引起家长担忧，也会误诊为癫痫或其他严重疾病。

那么，哪些因素会加强孩子的这种行为呢？主要包括：妈妈对孩子腿部、会阴区的刺激过多，包括清洁护理擦洗过频；蛲虫病、外阴湿疹或裤子太紧等引起的局部搔痒、摩擦；缺钙导致的交感神经应激性增强；个别儿童因缺乏母爱或遭受歧视，感情上得不到满足，通过自身刺激来发泄等。

身为妈妈当发现孩子出现"夹腿综合征"时，应该及早向儿童心理专家咨询。但最重要的还是妈妈对待孩子的态度，焦虑或紧张的情绪会"传染"给孩子；责骂惩罚，或强行制止、吓唬，会让孩子有罪恶感，都会伤害到孩子的心理，甚至影响她长大后的性心理。

妈妈可在医生的帮助下，认真检查孩子身体局部是否存在不良刺激因素，若患有蛲虫、外阴湿疹等疾病时，应及时医治。

若排除了上述这些不良刺激因素，妈妈应在实际生活中帮助孩子，建议妈妈们从以下几个方面帮助孩子进行调适：

（1）丰富孩子的生活，引导孩子多参加各类有趣的活动。丰富有趣的生活会在无意间冲淡重复夹腿动作的欲望。

（2）孩子的生活要有规律。作息时间安排紧凑，睡前醒后不让孩子一个人在被子里待过长的时间。

（3）睡前引导孩子心理放松。和孩子一起听听音乐，或在音乐中给孩子讲故事，让孩子在一种轻松愉悦的氛围中入睡。

（4）转移注意力。当发现孩子"夹腿"动作将要发生，或正在发生时，妈妈可装作若无其事，没有看到，将孩子抱起来走走，或给一些对小孩具有更大吸引力的玩具、卡通片等，以转移孩子的注意力。

（5）只有在问题比较严重时，才有必要以孩子适宜接受的语言，和孩子谈谈这种行为对生殖器及其身体可能产生不良的影响。应注意的是在孩子一旦淡化了这种行为后，妈妈就不必再提及此事，避免无意之间反而产生强化作用。最好采用忽视法，从而分散其注意力。

（6）注意孩子健康性格的培养。根据造成孩子这种行为的起因，妈妈要注意在日常生活中培养孩子活泼开朗的性格和人际交往的能力。

总之，妈妈们千万不要为此而大惊小怪。因为成人的大惊小怪实际上等于一种强化刺激，使孩子的有些习惯动作更巩固，钉在了孩子身上难以消除。所以，一定要处之泰然，措施自然，在自然而然的情境下引导孩子淡化夹腿的行为动机，从而使这种行为习惯逐渐消除。

儿童"手淫"应该怎么做

生活中我们会发现这样的一些情况：有些男孩子经常用手玩弄阴茎；女孩子时常伸手去摸外阴；有的孩子在突出的家具棱角上摩擦生殖部位；有的骑在某种物体上向前和左右扭动身体；有的将物品塞进裤子里；等等。诸如此类，我们都将其称之为"儿童手淫"。

儿童手淫行为可发生在各个年龄阶段。在婴儿期间，健康机灵的孩子总是怀着很大的好奇去触摸生殖部位，通过触摸很自然地体会到一种快感，但是这又不同于成人的性行为。3～6岁的孩子是手淫发生率比较高的时期，在手淫时他们往往面部充血，两眼圆睁，脸颊潮红或出汗，并常伴有轻声的哼哼和不规则的呼吸声，一般每次几秒至几分钟不等，家长事后观察会发现孩子外阴充血，分泌物明显增多。

一般来说，大多数妈妈对儿童手淫的行为往往会表现出高度的焦虑、紧张和不知所措，不是将孩子痛斥一番，就是狠揍一顿，好像孩子做了什么见不得人的丑事。有些妈妈甚至还会担心手淫会引起孩子"肾亏"，其实这些做法和想法都是不正确的，对孩子也是不公平的。

儿童手淫不是什么品德问题，由于儿童生理和智力发育均不健全，所以，无论是男孩子还是女孩子，他们的手淫行为都不是出于性的目的。虽然孩子手淫行为的种种表现和性行为很相似，但并不是性早熟的结果，幼儿很单纯，他们没有性的观念，也没有第二性征出现和体内性激素水平的变化，所以他们不可能利用手淫达到性高潮，也不会有排精的现象发生，自然也谈不上"肾亏"的问题。我们需要明白一点，儿童手淫不会给孩子带来疼痛和器质性的损伤，也并不是什么可耻的事情。其实，只要不将异物塞入阴道，用正确的、卫生的方式手淫，一般情况下，儿童的手淫都不会给自己的身体带来伤害。所以妈妈们不要有什么精神上的负担。

其实，孩子手淫的真正危害在于心理的罪恶感。孩子手淫之后会产生负罪感、羞耻感和后悔的心理，这对孩子的危害甚大。在孩子们的心里，他们总觉得手淫是见不得人的，有些孩子甚至只是听到"手淫"二字，就能引发出各种激烈的情结：烦躁不安、愤怒、焦虑等。他们害怕手淫对身体不好，怕被同学知道丢丑，怕家长发现后责骂，往往手淫的快感消失后，悔恨、紧张、害怕、多疑、自责等会源源不断地涌上来，长此以往，极易陷入恶性循环之中。孩子心理上的这种罪恶感才是家长真正必须关心的。

当然，虽然说正确的手淫并无害于身体，但是，如果孩子手淫次数偏多，妈妈们就应多加重视了。因为习惯性的手淫会使中枢神经系统经常处于兴奋状态，致使头脑昏沉，身体疲乏，进而诱发失眠、注意力不集中和记忆力减退等不良反应。所以，儿童手淫问题不可忽视，我们有必要帮助孩子改变这种不良行为。

那么，妈妈们应该怎么做呢？

1.不要惩罚和责骂孩子

有些妈妈常用恐吓和处罚的办法加以阻止，结果惩罚无效，反而容易造成孩子的焦虑和惊恐不安，形成怯懦、敏感、自卑或孤僻等性格，这样更有可能使孩子从手淫中寻求安慰，使手淫更加频繁。所以当发现孩子有手淫的习惯时，妈妈们最好不要点破，而应想办法转移孩子的注意力，比如给他新颖的玩具让他玩、给他讲有趣的故事或者和他一起做游戏等，这样使孩子没有机会去手淫，在紧张而有趣的活动中，逐渐改正这一不良习惯。

2.培养孩子广泛的兴趣爱好

妈妈平时就应该多鼓励孩子参加丰富多彩的户外活动和体育锻炼，培养孩子广泛的兴趣爱好，让孩子把精力投入到积极的活动中去。

手淫总是在孩子独处时进行，所以，妈妈应该避免在正常活动或学习时间留孩子单独在室内，鼓励孩子和同伴一起活动，多参加群体游戏，游戏中个体行为受到群体的约束，孩子就不会去注意自己的生殖器官，从而忘掉手淫。父母也可以在周末陪孩子一起去郊游、爬山等。

3.注意培养孩子的性卫生习惯

无论是男孩子还是女孩子，每天晚上在睡觉前都要清洗外生殖器，保持外生殖器的卫生清洁，以防止疾病的产生。若发现孩子有不正常反应应及时加以治疗，例如，孩子如果经常在会阴、肛门处抓痒，应考虑孩子是否有蛲虫，可在孩子睡熟后，用手电筒照照肛门周围，如发现小白线样蛲虫，应及时采取措施驱虫；如果发现孩子外阴处发红或包茎内发红，可以采用高锰酸钾溶液为孩子泡洗。

4.要让孩子养成良好的作息习惯

孩子手淫常在睡前和醒后发生，因此，不要让孩子过早睡觉，待孩子疲倦了，有睡意时，再让他上床睡觉。孩子睡醒后，要让他立即起床，如果他醒着不起床而在被子中玩耍，极易去抚弄生殖器，发生手淫。

5.父母要多和孩子接触

有些父母因为工作的需要，会经常出差，和孩子在一起的时间非常少，这时，千万不要忽视了孩子的心理，一定要多给孩子打电话，保持与孩子的情感交流，让孩子感到温暖，只要孩子情感需要得到满足，就会减轻内心的紧张与孤独，那么用手淫去满足情感需要的自体刺激行为就会逐渐减少，直至消失。

6.不要让孩子穿紧身衣裤

紧身衣裤容易使会阴或阴茎受到刺激而诱发孩子手淫，所以，妈妈们不要让孩子穿紧身衣裤，而应多给孩子买一些宽松的衣服穿，尤其是内衣，一定要宽松舒适。

另外，还有一点要注意，让孩子养成及时上厕所排尿的习惯，不要憋尿，憋尿会导致膀胱胀大，膀胱胀大亦会刺激阴茎勃起。

告诉孩子"性隐私"的概念

初生的婴儿是"赤子"，毫不介意自己赤身裸体，随着年龄的增长，孩子会逐渐了解有些事情不宜当众去做。传统上，我们往往教给孩子"羞耻"的概念。比如，当一个孩子当众碰触自己的生殖器时，我们往往会说这样做"羞羞"。一个含糊的"羞"字往往会让孩子对自己的身体有不好的评价。

更好的方式则是教给孩子"隐私"的概念。可以告诉孩子：那个地方是他"自己"的地方，如果他想碰触的话，可以"私下"去做，比如回到自己的卧室。这样说可以在不让孩子对身体感到羞耻的前提下教给孩子社会可接受的行为方式。

孩子到了四、五岁时，不仅清楚地了解了男女的不同，而且会比较理解社会上男女有别的情况。这正是对孩子开始进行隐私感教育的时机。

隐私感的教育包括很多方面，比如：人身体上有些部位比另一些部位更特殊，不宜暴露；有些事不适合当众做，但可以在卫生间或自己的卧室做；男女有别，有些事情男、女要分开做；隐私并不等于不好。

在这方面，不同家庭的尺度是不同的。重要的不是尺度到底在哪里，而是明确有某种尺度需要孩子逐渐掌握。这种尺度同样不是通过长篇大论去灌输的。在公众场合尽量不要让孩子随地大小便，尽量让孩子在卫生间方便。当孩子当众抚弄生殖器官的时候，不大声呵斥，而是转移孩子的注意力，或者让孩子到自己的卧室去。随着年龄的增长，减少让男孩上女厕所的次数。当母亲带儿子外出的时候，要锻炼孩子自己去上男厕所。夏天穿裙子的时候，要逐渐要求女孩注意自己的姿态，尽量不要暴露出三角裤……

教给孩子社会的文明常规、礼仪是家长的责任。在此过程中，妈妈们应该特别考虑到孩子的年龄和接受程度，循序渐进。如果妈妈过于生硬、严厉，则会让孩子对身体产生过度强烈的羞耻感，以致影响以后形成健康的性意识，就得不偿失了。

教孩子预防性侵害

为了预防孩子受到性侵害，妈妈们应当注意为孩子提供一个安全的成长环境，主要需要注意以下几个方面：

第一，不把孩子交给除家人以外的异性照看，对照看孩子的人要绝对了解。

第二，经常了解周围出现的人，包括亲戚、孩子的老师和伙伴。

第三，无论多忙，都要细心观察孩子的异常反应，包括变得胆小、爱哭，忽然不喜欢上学，忽然害怕和父母亲热等；妈妈在洗澡时要不露声色地检查孩子的下身、内衣裤。

第四，无论你的孩子要上幼儿园、兴趣班还是夏令营，都要了解清楚它们的背景和口碑。如果机会合适的话，也可以尝试和组织者间进行沟通，了解包括保护孩子免受性骚扰之内的所有安全措施。

第五，还可以了解本小区或附近的求助机构。万一你发现或者怀疑孩子在遭受性侵犯的时候，要知道去找谁求助和投诉。

要想预防孩子受到性侵害，妈妈们不但要为孩子提供一个安全的环境，同时也要及早教育孩子如何应对可能的危险，以下7点可以参考：

1.禁止别人触摸隐私部位

妈妈要告诉孩子，每个人的身体都有一些隐私部位，包括腹部、臀部、大腿内侧，还有女性的胸部和阴部，以及男性的阴茎等。如果有人违背我们的意愿，不合理地要看或触摸我们的隐私部位，一定要立刻离开或者大声叫喊，能离开的立刻离开；如果别人不让离开的要大喊大叫，并攻击对方要害部位。

2.不可以吃陌生人给的饮食

妈妈要告诫孩子，不管是什么好吃的东西，如果是陌生人给的，都不可以吃。如果宝宝想吃那样东西，回家后可以告诉爸爸妈妈，爸爸妈妈一定会给宝宝买的。

3.不要独自待在僻静的地方

告诉孩子，不管是在幼儿园玩游戏的时候，还是在回家的路上或者任何时候，都不要一个人待在僻静的地方，这样爸爸妈妈会找不到宝宝，容易遇到坏人。一定要和老师或者其他小朋友待在一起。

4.学会利用电话求助

妈妈应该让孩子知道，通过电话可以与家人或其他人讲话。当他需要帮助的时候，知道可以向谁打电话求助。

平时可以教孩子记住爸爸、妈妈的电话号码以及其他可以寻求帮助的电话号码，然后教孩子应该怎么向他人求助打电话等。

5.不可和别人离开幼儿园

告诉孩子，爸爸妈妈或者爷爷奶奶一定会来接宝宝，如果不来接也会告诉老师谁来接，千万不可以和别人离开。

如果有人说是爸爸妈妈让他来接宝宝的，一定要问他爸爸妈妈的名字，或者问些更难的问题，答不出来的就要离开跑掉，去找老师或更多的小朋友。

6.独自在家时不要给人开门

妈妈可以与孩子一起讨论，想出尽可能多的解决问题的办法，如：不开门，也不出声响，让他以为家里没有人；不开门，回答他妈妈已经休息了，让他改日再来……然后与孩子一起比较每种解决问题方法的优点和缺点，从中找出一种最好的方法。

7.在外时不要让孩子离开大人视线

假期是儿童意外伤害的高发期，大约能占到全年总数的一半以上。让孩子单独在家，也容易发生意外。所以，不要让孩子离开保护人的视线，否则，危险随时可能发生。

孩子被性侵害后，妈妈怎么做

大量的心理实践证明，人类成年之后出现的种种人际问题、社交障碍、情感问题，追究心理成因，往往和童年时期的性发育成长过程有关，而那些在童年遭受过性伤害的孩子，如果没有得到及时的处理，往往会在心里留下伤痕，从而影响他们一辈子。

因此，如果孩子不幸遭遇了性侵犯，及时处理是很重要的。作为妈妈，要从能够最大限度保护受害孩子的角度出发，对此，需要把握住以下9个原则：

1.第一时间进行评估和创伤处理

当妈妈发现事情的当时，如果孩子的身体受到伤害，妈妈要带孩子在第一时间进行医疗评估和创伤处理，医疗评估可以作为控告罪犯的证据之一。收集能够证明罪犯有罪的相关证据并及时报案。

同时妈妈要以孩子能够理解的方式和语言，向孩子解释身体受到的伤害，并同时告诉孩子身体很快就能够康复。

2.消除孩子的惧怕心理

妈妈要态度平静地询问孩子事情发生的具体细节，不要在孩子面前表现出愤怒或吃惊等情绪，否则会让孩子受到惊吓，不敢说出实情和具体细节，这样就无法了解到孩子所受到的具体伤害。

要鼓励孩子将全部细节讲出来，消除孩子惧怕被父母责备和打骂的心理，妈妈要抱着孩子对他说："宝贝，你能够将这件事情告诉爸爸妈妈，我们非常感谢你，说明你信任我们！"

但是，如果家长多次重复地询问事情的经过会使孩子担心自己做错了什么，给孩子带来精神压力，所以，在第一次询问孩子的时候要尽量仔细。

3.让孩子远离侵害人

妈妈应该告诉孩子让其远离对孩子进行性侵害的人。将罪犯绳之以法是最大快人心的事情，但这需要父母收集充分的证据。如果因为没有足够的证据或者其他原因让侵害者服法，妈妈要警告或想办法让侵害者远离孩子。

如果是家里的亲戚，要警告他不可以再接近孩子，如果是孩子的老师，妈妈要警告他不可以再接近并伤害孩子，或与学校协商离开这个班级。总之，远离性侵害者才能够保护好孩子。

4.不要让孩子反复讲述被伤害的过程

妈妈可以让孩子配合公安机关的调查取证，但不要让孩子对公安机关或其他机构或媒体多次叙述被性侵害的过程，这会带来一次又一次的心理伤害，加重孩子创伤后的痛苦。

大范围的媒体报道会使孩子陷入同伴关系的困难中，被同伴孤立或被嘲弄，或将此事作为攻击孩子的材料。

5.做好安慰工作

对于已经明白这是一场发生在自己身上的灾难的孩子，身体完整感和身体形象受到了破坏，孩子会认为自己已经不再是以前那个完美的人了，担心父母不再爱自己。所以，父母一定要经常抱着孩子，告诉他："你永远是爸爸妈妈的宝贝，我们永远都会爱你！"让孩子明白爸爸妈妈永远不会抛弃他。

父母更要让孩子从父母的拥抱和言语中感受到坚定不移的爱，这是孩子修复心灵创伤的精神力量源泉。父母尽量不要当着孩子的面发泄情绪和议论此事的处理方式，也不要因此事而显得紧张不安，这会使孩子感觉自己做了什么错误的事情使父母如此不开心。

6.不要"追究"孩子的责任

妈妈要让孩子知道，这不是他造成的错误。妈妈不可以责备孩子没有保护好自己，不可以以打骂受害孩子的方式发泄自己的愤怒，不可以带着孩子上门讨说法，不可以让孩子感觉到父母因此事而丢脸，这会让孩子感到失去最后的保护之地而陷入绝望的深渊。

7.在生活和学习上更加关心孩子

妈妈和老师要理解受到性侵害的孩子出现的心理创伤行为，受害孩子会出现注意力不集中、成绩下降、无心做作业等问题，这是孩子的心理创伤反应，不是孩子学习态度的问题。

老师要给予受害孩子更多的宽容和关爱，耐心等待并帮助孩子从创伤中恢复。妈妈要与老师及时沟通孩子的心理状况，及时了解和帮助孩子。

8.及时与心理医生沟通

妈妈要寻求专业心理医生来帮助孩子，及时与心理医生交流孩子的状况，配合心理医生帮助孩子进行心理康复，这对孩子的心理康复非常重要。

9.及时采取措施防范孩子再次被侵害

在受害孩子转入正常的生活和学习之后，妈妈和学校要加强对孩子进行预防性侵害的教育，同时采取必要的防范措施，避免再次发生对孩子的性侵害，例如经常与孩子谈心、与老师交流，等等。

第九章

正确引导，让孩子变身"社交小达人"

学会交往，让孩子快乐成长

美国前总统罗斯福曾说："在成功的公式中，最重要的一项因素是与人相处。"一个人一生的成功、幸福与否，与人缘的好坏有着莫大的关系。人缘好的人，无论是在事业上还是在生活中，别人都愿意帮助他：他过河时有人搭桥，落水时有人伸手。一个人如果拥有良好的人缘，就等于拥有了一笔巨额的无形资产。

可是，现在的很多孩子，由于从小受到父母的过度保护与盲目溺爱，导致他们处处依赖父母。而依赖父母只是一个表象，这种依赖背后隐藏着孩子在性格形成方面的一些缺失，他们任性、事事以自我为中心、不合群、霸道、有攻击性等行为，继而影响人格发展，最终导致人际关系不良。当他们走上社会时，就会发现他们很难与别人沟通，也不知道该怎样与别人打交道，会产生孤独、寂寞感，开始怀疑自己的能力，使自己失去自信，并很难融入到社会当中去。

可能有些妈妈觉得，孩子这么小，学习好才是最主要的，然而我要告诉这些妈妈的是，这种想法是非常错误的。美国哈佛大学教育研究所的教授霍华德·加德纳，是一个在国际上享有盛誉的心理学家和教育学家。他曾经追踪研究了很多孩子，发现那些从小学习成绩优秀的学生，长大以后却反而不是最有成就的人。而那些在社会上取得了莫大成就的人，学生时期的成绩普遍是中上游。一开始，加德纳觉得很费解，为什么那些学习成绩最好的孩子反而不是最有成就的呢？

经过反复的调查，他才搞明白了其中的蹊跷。原来，那些成绩排名前列的孩子学习虽然很好，但因为他们把自己全部的精力都放在书本上，结果变成了性格有些孤僻甚至怪异的"书呆子"，不善和人相处。当这样的人踏入社会后，因为不善和别人合作，无法融入团队，往往容易成为集体中被孤立、被排挤的对象，得不到很多的支持与援助。而那些排名中上游的孩子，成绩虽然不是最好，但他们大多性格开朗、活泼，豁达大度，喜欢与别人合作，很容易和别人打成一片，可以轻而易举地带入集体当中，可以借助集体的合力从而使自己的努力事半功倍。

每个孩子成长的过程，都是一个由"自然人"变成"社会人"的过程，与小伙伴交往是孩子最初的社会人情实践，孩子需要在这种体验中成长、独立。善于交往的孩子可以得到更多的感情交流、更多的快乐。心理学家发现，善于交往的孩子容易形成快乐健康的性格。如果孩子总是被抛弃、被拒绝于集体之外，就会产生孤独感，感情会受到压抑。久而久之，他们会不愿意开放自己的心灵，感到寂寞、空虚和无聊，始终处于孤独、封闭、退缩的状态，如同置身于一个"孤岛"之上。这种状态对孩子的身心发展会产生十分不利的影响。

因此，妈妈们应当从小培养孩子善于交往的能力，让孩子快乐地成长。

那么，在日常生活中，妈妈应该注意哪些事项呢？

1.别只看孩子在家里的表现

妈妈从来不认为宣宣有依赖家人的倾向，因为宣宣在家很活泼，不但很有主见，甚至几乎是她说了算。她说看动画片，爷爷就不能看新闻，妈妈和爸爸就不能聊天。

但是，妈妈发现宣宣在外面与新朋友接触时，总是显得很扭捏，一点儿都不大方。但与熟悉的伙伴相处时，宣宣又显得过于霸道，总是搞得大家不欢而散。

有过几次之后，妈妈再让宣宣出去玩时，宣宣就会选择在家玩耍，似乎只有和家人在一起，她才会快乐。

如果妈妈不仔细观察，可能都不知道宣宣是怎么样与同伴交往的，更不知道是她唯我独尊的个性导致她不善交往。

任何一个孩子在接触其他孩子之前，都不知道自己是否善于交往，甚至对"交际"都没有什么概念。而恰恰是外界对他的排斥，让他逐渐意识到自己是一个不善交往的人，由此他开始更加依赖家人，依赖家庭。

所以，我们别以孩子在家里的表现来判断他的与人交往能力，而是要在外界通过观察，了解孩子是否善于交往。

2.仔细观察，发现孩子不善交往的原因

妈妈通过观察了解了宣宣不善交往的原因是过于自我，太霸道，太唯我独尊。当然，不是所有不善交往的孩子都是因为这个原因，有的孩子因生性胆小而不敢与人交往，有的孩子因不懂礼貌而被人排斥，有的孩子因不愿意与他人分享而不受欢迎，有的孩子因不懂得沟通而无法建立固定的朋友圈。

只有我们仔细观察，才能发现孩子不善交往的因素，才能"对症下药"，帮助他改变现状，学会与别人打交道。

3.从实质上帮助孩子改变

当我们知道孩子不善交往的时候，仅仅鼓励他多与人交往是不够的。因为他在我们的鼓励下，虽然作了尝试，但结果往往也不尽如人意，因为孩子根本没改变。也就是说，如果孩子不改变自私、没礼貌、霸道、吝啬、胆小的性格，就无法改变与人相处的模式，他的每一次尝试都会暴露原有的问题，让尝试变成失败体验。这样一来，孩子会越来越没有自信，越来越依赖我们，越来越无法独立成长。

习……这样孩子才能从中获得交往的快乐，也才能有健康的人格。

一个没有朋友的孩子是孤独的，而在这种孤独中，孩子很可能会出现各种各样的问题，严重的还可能陷入犯罪的深渊。来看一则实例：

有个学生名叫王晓龙，学习成绩非常好，曾拿了全国中学生化学奥林匹克竞赛第一名，因而被保送到北大化学系。在他读大学三年级的时候，因犯故意杀人罪被判处有期徒刑11年。

他从小就只知道学习，不会交往，没有朋友。到大学三年级后，他发现没有朋友很难生活。但交朋友是需要学习的，他不会。他就和同宿舍的一个男同学形影不离，两个男生总是黏在一块儿，别人觉得很奇怪，于是议论纷纷。那个男生就不和他来往了。他很生气，要报复那个男生，搞来一种剧毒的化学物品——铊，投放到那个男生的牛奶杯中……

王晓龙在学习上是一个无可挑剔的优秀孩子，他为什么会犯下故意杀人罪呢？这里面，除了他自己的因素外，他的父母也有着不可推卸的责任，他的父母并没有意识到孩子缺乏朋友的危险性，没有意识到孩子有心理上的障碍。

出于对孩子的关心，很多妈妈都喜欢干涉孩子的交友，以致孩子很难交到朋友，甚至没有朋友。在这个合作的时代里，任何人都不能离开群体独立存在，孩子也是如此。没有朋友的孩子，其内心势必会产生对友谊的极其渴望，行为上的孤僻与内心中的渴望容易造成孩子性格的扭曲。只有孩子拥有了自己的朋友，他才可能有健康的人格。

当然，让孩子拥有自己选择朋友的权利并不代表孩子无论交什么样的朋友都可以，这里面还存在一个度的问题，而妈妈要做的就是适时适当地把握这个度。

再来看这样一个故事：

美国佛罗里达州一个10岁的男孩杰森和一个叫罗伯特的男孩是好朋友，经常到对方家去玩。罗伯特的父母从不约束孩子的行为，这两个孩所以，作为妈妈，我们要想让孩子真正独立起来，就应当从实质上帮孩子改变。而具体实施的帮助，将会在接下来的几节作详细的说明。

孩子应该拥有自己的朋友

成人需要朋友，需要从友谊中得到力量，孩子同样需要。对于孩子的交友问题，妈妈一般都比较重视，毕竟"近朱者赤，近墨者黑。"每位妈妈都希望孩子的朋友是品学兼优的好学生，这样就可以给孩子带来有益的影响和帮助。

但现实情况是：很多妈妈发现，自己孩子交往的朋友不能令自己满意。这时，有些妈妈就会按照自己的意愿去要求孩子去选择朋友，殊不知，这样做不但会给孩子带来了一定的心理压力，甚至还会引起孩子的逆反心理。如何正确地对待孩子的交友问题呢？这个问题一直困扰着许多妈妈。

其实，这其中的关键在于妈妈要转变态度，放开孩子的双手，信任孩子，让孩子自由地交友，让孩子拥有自己的朋友，尊重他的选择，而不是用挑剔的眼光来衡量他们。这样，孩子自然也就会接受父母的帮助和指导。

著名教育家孙云晓教授曾在央视《百家讲坛》中讲到，让孩子拥有自己的朋友比拥有好的学习成绩重要。

孩子只有有了自己的朋友，他才会有更多的生活体验，学会如何与人相处，如何关心和帮助他人，如何解决与他人的矛盾，如何向别人学子于是常常恶作剧，往经过的汽车下扔鞭炮。有一次，杰森去罗伯特家玩时，发现罗伯特的爸爸有一个没上锁的抽屉，里面全是枪。杰森有些害怕，于是就告诉了母亲。母亲其实也很喜欢罗伯特，但为了孩子的安全和前途着想，禁止孩子再去罗伯特家玩了。

近朱者赤，近墨者黑。父母对孩子交友的担忧有一定的道理。试想，杰森的母亲如果不阻止孩子的交往，后果将会怎样。孩子由于年龄小，分辨是非的观念不强，需要父母的及时指导。尊重孩子选择朋友的同时，也要帮助孩子选择，把握好度，也就是只要孩子的朋友品质上没有问题就可以。

对待孩子的交友问题，最好是尊重孩子的选择，让孩子拥有自己的朋友。身为妈妈不能以自己的意愿来强求孩子选择朋友，也不能对孩子的交友放任不管。只要孩子的朋友品质上没有问题，妈妈们就不应该干涉他们的交往。

那么，如何才能真正地让孩子拥有自己的朋友呢？以下的几点建议妈妈们可以作为参考：

1.提早教给孩子正确选择伙伴的方法

应提早教给孩子怎样和伙伴相处，和他沟通、讨论他的需求和困惑，不要等看到危险信号出现了才仓促"应战"。妈妈要清楚什么是该做的，什么是不该做的。除非你有足够的理由相信，孩子的交友行为是极其危险的，否则就不要干涉他。

2.不要给孩子施加压力

在孩子交不到朋友时，妈妈不要施加太大的压力，即使你感觉到孩子是多么孤独。妈妈可以利用这个时间帮助孩子学习各种可以和他人分享的技能，比如学会下棋、乐器演奏，对音乐或艺术兴趣的开发会让孩子有和他人一起分享的激情，或者鼓励他们参加足球队或上体操课，这样的活动会让孩子感受到自己是整个团队的一部分，一旦他们有了能一起分享这些兴趣的伙伴，也就不会结交不恰当的伙伴了。

3.尊重孩子间的差异

孩子的社会需求是不同的，了解这点很重要。比如，并不是每个孩子都需要很多朋友。数量不等于质量。对有些孩子来说，一两个朋友就足够了。12岁的莎拉·凯勒是一个聪明、创造力强的女孩，喜欢跳芭蕾舞和弹钢琴。当她不是一个人玩的时候，她总是和一个最要好的朋友在一起，她9岁的妹妹雷切尔却恰恰相反。她们的母亲说："我常开车送雷切尔去参加一个又一个社交活动。我曾劝说莎拉多出来活动活动，但我终于发现，莎拉的兴趣和雷切尔不一样。"

4.别用打骂逼孩子"绝交"

一旦遇到孩子结交了不适当的伙伴，首先要冷静分析，一定不要直接否定，在了解情况时要表现出兴趣。不要只是问一些诸如"他是谁，是做什么的，在哪里认识的"这样肤浅的问题，应鼓励孩子说出他和朋友之间交往的每一个细节，表示出你愿意和他共同分享的兴趣。尊重并认可孩子的想法，即使你反对他们的交往，也不要急于让孩子接纳你的观点。不妨花时间多和孩子接触，多倾听他的声音，坚持下去就会带来积极的变化。

教孩子学会倾听

一位哲人曾经说过："上帝给我们两个耳朵，却只给我们一个嘴巴，意思是要我们多听少说。"社会学家兰金早就指出，在人们日常的语言交往活动（听、说、读、写）中，听的时间占45%，说的时间占30%，读的时间占16%，写的时间占9%。可见，"听"在人们的交往中处于非常重要的地位。善于倾听在人际交往中是非常重要的。

心理学研究表明，越是善于倾听他人意见的人，与他人关系就越融洽。因为倾听本身就是褒奖对方谈话的一种方式，你能耐心倾听对方的谈话，等于告诉对方"你是一个值得我倾听你讲话的人"。一位名人说："学会了如何倾听，你甚至能从谈吐笨拙的人那里得到收益。"

事实上，在谈话中，任何人都不可能总是处于说的位置上。要使交谈者双向交流畅通无阻，就必须善于倾听他人的谈话。善于倾听他人说话的人，不仅能够及时地把握对方的信息，弥补自己的不足，不断完善自己，而且能够让对方产生被尊重的感觉，加深彼此的感情，有利于人际交往。

孩子要与人融洽相处，流畅地交流，就必须要先学会倾听。倾听他人既是一个听的过程，也是一个学的过程。在倾听他人的过程中，孩子可以从他人的言语中学习到一些自己不知道的知识和他人的为人处世的态度与原则。

但是，在现实生活中，我们往往会发现许多孩子虽然非常善于表达自己，但是却不会倾听他人，无法与人在交往中体现出真诚，甚至不愿意倾听他人的建议和忠告。事实上，每一位父母都应该培养孩子倾听他人的习惯，它将使孩子终生受益。

那么，身为妈妈应该怎样培养孩子养成善于倾听的好习惯呢？

1.妈妈要善于倾听孩子的心声

在现实生活中，许多妈妈都没有认真倾听孩子心声的习惯，这也是孩子无法养成倾听他人习惯的原因。经常有妈妈这样感叹："孩子有什么话总不肯跟我说，我说什么孩子也不愿意听，真是拿他没有办法。"事实上，妈妈不善于倾听孩子，孩子说的话就得不到妈妈的重视，孩子便只会把自己的想法藏起来，而且，孩子还会感觉到妈妈是不尊重自己的，从此更加减少与父母之间的沟通。这种后果将是非常严重的。

心理学家提示父母说："如果父母从不听孩子说话，孩子长大后往往要经过许多年治疗才能恢复自尊。"事实上，孩子虽然还小，但是他们也有独立的人格尊严，他们也需要表达自己的想法和感受，父母是没有权力剥夺孩子的这些权利的。

倾听孩子的心声不仅是了解孩子心灵的有效途径，也是培养孩子倾听他人的重要方法。因此，妈妈必须定期抽出专门的时间来倾听孩子的心声，让孩子感受到你对他的重视和赏识。

倾听孩子说话时，妈妈一定要端正姿态，千万不要摆出一副表面上倾听、实际上千方百计想出一些理由来反驳他的样子，完全不顾及孩子的感受，总是否定孩子的思想，这样孩子便不会再主动与父母交流了。

2.教育孩子用心倾听他人

许多孩子在倾听他人讲话时往往心不在焉，或左顾右盼，或处理他事，或摆弄东西，或不时走动，这种方式最易伤人自尊，说话的人往往觉得自己不被尊重，因此不愿再讲，更不愿讲心里话，谈话不仅无法收到好的效果，还会影响到双方的关系。

实际上，在人际交往中，孩子不仅要理解他人，而且还必须感受和体验他人的情绪。妈妈要教育孩子在别人愉快的时候与他分享快乐，在别人痛苦、失落的时候与他分担痛苦和失落，这种用心与人交往的表现必然会赢得他人的好感。

3.通过游戏训练孩子的倾听能力，引起孩子的兴趣

一种良好的练习倾听的游戏就是"传话"。比如，妈妈可以向孩子说一段话或者讲一个故事，要求孩子认真仔细地听完，然后把这段话或者这个故事讲给爸爸听，妈妈要听听孩子复述得是否准确。或者，几个甚至十几个孩子共同玩这个游戏，大家围坐一圈，由一个人开始，将一段话悄悄传给第二个人，第二个又传给第三个人……如此转一圈，当最后一个人把话传到发话人的时候，原话往往已经变得面目全非了。通过这种游戏可以训练孩子的倾听能力。

4.教给孩子倾听他人的礼仪

妈妈要告诉孩子在倾听别人说话时，应当注意以下一些礼仪：

（1）要面带微笑，不要显示出不耐烦的样子，要让对方感到轻松自如，而不是拘束。

（2）倾听时不要挑对方的毛病，不要当场提出自己的批判性意见，更不要与对方争论，尽量避免使用否定别人的回答或评论式的回答，如"不可能"、"我不同意"、"我可不这样想"、"我认为不该这样"，等等。应该站在对方的立场去倾听，努力理解对方说的每一句话，并可以对他人的话进行重复。

（3）交谈过程中要少讲多听，不随意打断他人的说话。

（4）倾听过程当中可以适当地运用眼神、表情等非语言传播手段来表示自己在认真倾听。尽可能以柔和的目光注视着对方，并通过

点头、微笑等方式及时对对方的谈话做出反应；也可以不时地说"是的"、"明白了"、"继续说吧"、"对"等语言来表示自己在认真倾听。

（5）如果对对方谈到的内容比较感兴趣，可以先点点头，然后简单地表明自己的态度，最后再说"请接着说下去。""这件事你觉得怎么样？"等，这样会使对方谈兴更浓。

（6）如果对对方的谈话不感兴趣，可以委婉地转换话题，比如，"我想我们是不是可以谈一下关于……的问题？"，等等。

让孩子懂得尊重别人

在现实生活中，骄傲自大、目中无人者不但不能引起别人的尊重，反而会引起他人对你在背后甚至当面的讥笑。妈妈应该明白这个道理，也应该将这个道理传输给自己的孩子，让孩子知道：获得别人尊重的唯一要诀，就是练好"谦"字功，先懂得尊重别人。

有些妈妈觉得自己的孩子很优秀，逢人就夸，事实上这样做虽然满足了自己的虚荣心，但是，对孩子心理的健康发展却极其不利，孩子会认为自己就是最优秀的，导致看不起别人，狂妄自大。

美国历史上最著名的总统之一富兰克林在年轻时，是一个骄傲自大、不可一世、咄咄逼人的人。造成他这种个性的最大原因，归咎于他的父亲过于纵容他，从来不对他的这种行为加以训斥。有一天，他父亲的一位挚友把他唤到面前，用很温和的言语，规劝他一番。

那位朋友对他说："富兰克林，你想想看，你那不肯尊重他人意见，事事都自以为是的行为，结果将使你怎样呢？人家受了你几次这种难堪后，谁也不愿意再听你那一味矜夸骄傲的言论了。你的朋友们将一一远避于你，免得受了一肚子冤枉气，这样你从此将不能再从别人那里获得半点学识。何况你现在所知道的事情，老实说，还只是有限得很，根本不管用。"

富兰克林听了这一番话，大受震动，一下子明白了自己过去的错误，决心从此痛改前非，处事待人处处改用研究的态度，言行也变得谦恭和婉，时时慎防有损别人的尊严。而他一生的事业也得力于这次的转变。

试问，如果富兰克林当时没有接受这样一位长辈的劝勉，仍旧事事一意孤行，说起话来不分大小，不把他人放在眼里，那后果一定不堪设想，至少美国将会少了一位伟大的领袖。

在现代很多家庭中，由于生长环境的特殊性——大多是独生子女，所以这些孩子往往容易产生骄傲自大的情绪，往往目中无人，不屑于与别人交往，心胸也极为狭窄。他们可能会取得一定的成绩，但往往只满足于眼前取得的成绩，而且他们看不到别人的成绩。

此外，这一类孩子还很难和同学们友好相处，因为他们不能做到平等相待，总是以高人一等的态度对待别人或喜欢指挥别人。

还有这样一个故事："妈妈，我这次考试又是满分！"军军一进家门就高兴地告诉妈妈这个好消息。

"是吗？你真棒。"妈妈称赞着。

"李响才考了78分，真是逊极了，他没有一项可以超过我。在我的朋友中，我是最棒的。"军军抬着下巴说。

"军军，你不可以这么说你的朋友。"妈妈不高兴地说。

"可是，这是事实啊，他就是不如我。"军军并不认为自己有什么不对。

爸爸听到母女两人的谈话，连忙打断，"军军，来，到爸爸这儿来，爸爸给你讲故事听。"

"好的，我去放下书包。"军军蹦跳着去放书包。

妈妈皱着眉头看向爸爸。

"别担心，亲爱的，我会让她把这种情绪改掉的。"爸爸朝妈妈眨眨眼。

军军从房间出来，坐在沙发上听爸爸讲故事：

一望无垠的草原上，有棵高大的橡树，许多动物都喜欢到树下遮阳、避雨。

"还好有这棵树，要不然我们就热坏了。"

"是嘛！它是这片草原上唯一的风景。"

它们总是这样称赞。日子久了，接受的赞美多了，橡树竟然也渐渐觉得自己的确了不起。

它开始看不起身边的小草们了。

有一天，草原上刮起了暴风雨，声势之大前所未见。小草们一株株全随风势弯下身子，只有橡树依然高傲地迎风直立。

"快弯腰啊！风太大了，硬挺是会吃亏的。"

"我就是这样的个性，"橡树不只没有屈服，为了显现它的威武，反而挺得更直。"不论遇到多大的阻碍，我永不低头。来吧！尽管来吧！"

说实在的，它的树干那样粗壮，想弯腰恐怕都不可能。

它舞动着枝丫向狂风挑战，霎时间，一阵风席卷而来，不客气地将它连根拔起。

"啊！"它惨叫一声，砰然倒地。

风雨过后，小草又挺立起来，每一株都像原来那么完好，而橡树已奄奄一息地横卧在草丛里了。

"大树死了吗？"军军问。

"是啊，它认为自己是最强的，认为谁都不如自己。最后，它还不如一株小草。军军，你一定不会想做那棵大树，对不对？"爸爸问军军。

"是的，我想，我是不愿意做那棵大树。"军军说，"爸爸，我想我应该去给妈妈道歉，刚刚她是对的，我不应该那样说李响。"

"妈妈不怪你。"妈妈的声音从军军的身后传来。

"妈妈！"军军转身投进妈妈的怀抱。

妈妈应该让孩子明白这样一个道理：妄自尊大，目中无人，会让与你接触的人头痛不已，很难给别人一个好印象，从此你所能交得的新朋友，将远没有你所失去的老朋友那样多，直到了众叛亲离的绝境而后已。试想到了那时，你做人还有什么趣味？你行事还有什么伟大的成就？你的名誉还能靠谁来传扬呢？

告诉孩子人各有长短，即使是最卑微、最弱小的人，也有其他人所不及的地方，同样，再强大的人也都有他自己的弱点。不要用自己的长处去与他人的短处比较。妈妈要让孩子明白，好条件是父母、长辈和社会一起创造的，他其实和其他同学一样，没有什么特别的地方。

让孩子学会关爱和帮助他人

一个有关爱之心，懂得帮助他人的人，才能得到更多人的帮助，才会有更多的朋友，才能获得更多的机会，也才更容易取得成功。因此，妈妈要积极培养孩子关爱他人、帮助他人的好品格。

独生子女自幼就在父母和长辈的关爱甚至是溺爱中长大，往往缺乏的就是这种优秀品格。这些孩子在家里往往都是处于一种随时被照顾的地位。这就减少了他们去关心、照顾别人的机会，有的甚至会很少想到别人，除非是他们需要别人帮助的时候。这一切看起来是自然而然地就形成了，可是，这些却非常不利于孩子的成长，不利于孩子形成优良的品格，不利于孩子长大后进入社会和人相处，它甚至会妨碍到孩子的学习以及事业上的成功。

乐于助人是一种高尚的品质，这对于一个孩子来说，可能会难以理解，因为他们可能对此没有明确的认识，还不懂得它的社会意义。可是孩子们都是极富同情心的，他们的同情心就是培养他们乐于助人精神的基础。

在现实生活中我们可以看到，有些孩子喜欢主动帮助别人，会把别人的事当作自己的事情来对待，但有的孩子则对别人的事丝毫不关心，认为那是别人的事情，跟自己没有什么关系，这其实是一种自私的表现。一个自私的人的生活是毫无乐趣可言的，因为他没有朋友、内心孤独。一个自私的孩子也只会远远地看着别人在一起玩得兴高采烈，而自己却只能一个人站在旁边，这是因为他的自私让伙伴都远离他。所以，妈妈在平时一定要教育孩子关爱和帮助他人，因为这不只是在帮助别人，同时也是在帮助孩子健全他的性格。

对此，妈妈平时可以从以下几点着手：

1.妈妈要以身作则

妈妈在对孩子进行教育的时候，一定要身体力行、以身作则。要知道，一个人的品质和习惯并不是一时之间就能够养成的，也不是说只通过一两次教育就可以成功的，而是要经过长期而有效的教育以及各个方面的努力、多方面的原因才有可能形成。所以妈妈长期的引导和示范起到了不可忽略的作用。但是，一旦妈妈给孩子做了一些不好的示范，那么所有的努力就会功亏一篑。在让孩子养成帮助别人的习惯时，妈妈一定要身体力行地去帮助他人，这样的教育不需要语言的说教，只在于一种环境的熏陶。

2.教孩子学会与人分享

不懂得和别人分享的人是自私的，这种人是从来不会去帮助别人的，即使是他做了什么帮助别人的事情，也可能是另有所图的。所以，想让孩子养成帮助别人的习惯，首先应该让他学会与人分享，让他体会到与人分享的乐趣。

有这样一个故事：

在一个阳光明媚的星期天，妈妈带着女儿去公园玩儿。来到一个小亭子里，妈妈打开装零食的小书包，女儿拿出她最爱吃的小熊饼干快乐地享受着。这时，一个哭泣的小男孩也来到了小亭子，并且一边哭一边叫妈妈。妈妈对女儿说："这个小弟弟可能是找不到妈妈了，我们把他送到公园管理处，好吗？"女儿点点头。妈妈再看向小男孩，只见他眼带泪花地看着女儿手中的小熊饼干。女儿好像也察觉到了，于是下意识地用手捂住了小熊饼干。"如果是你找不到妈妈了，现在又急又饿，你希不希望吃一块饼干？"妈妈耐心地引导女儿。女儿想了想，把手伸进了书包，又拿出一些她最爱的小熊饼干。

虽然孩子的年龄小，但是他们有着善良的心地和单纯的想法，所以妈妈要鼓励孩子的参与意识和分享意识，使孩子对帮助别人产生兴趣，并且通过帮助别人可以得到一种满足。经过时间的锤炼，孩子的这种美德意识就会在他们体内生根发芽，并且逐渐在他们心中形成一种可以影响他们今后人生的良好品质。

3.鼓励孩子帮助别人

在日常的生活中，妈妈要用鼓励的方式让孩子帮助父母做一些他们力所能及的事情，这样可以增强孩子助人为乐的责任感，还可以通过讲道理的方式让孩子知道，如果一个人只想到自己而不能给予别人帮助，那么，他就是一个自私的人。当然，这样的人就会被孤立起来，同样得不到别人的尊重和帮助。所以，让孩子迈出助人为乐的第一步，就一定要鼓励孩子去帮助别人，这点非常关键。

培养幽默感，赢得好人缘

著名幽默家克瑞格·威尔森曾经说过："在我的成长过程中，幽默是生活中的七彩阳光，没有它，就没有我五彩缤纷的童年，也没有我充满欢声笑语、幸福无限的家庭。"

幽默是一种修养、气度和胸怀，是一个人最高贵的品质，是一个人人生最高的境界。这同时是一个社会对人才高素质的要求，是现代文明的呼唤。在日常生活中，人们之所以常常对幽默的人刮目相看，就是因为幽默的人常常为人们撑起一片风和日丽的天空，散发着幽雅的文明气息，会给人以平和安宁之感。

具有幽默感的人通常都很乐观，在生活中能够不断地制造欢笑，让周围的人感到轻松愉快，自己也会富有成就感和自信。和有幽默感的人相处，你会感到他身上放出来的智慧。

同样，孩子如果具有幽默感，在人际交往中就会比较容易获得友谊，而且往往也会比较容易成功。因为谁都喜欢和有幽默感的人交往，跟这样的人在一起，就等于是跟快乐在一起。

因此，妈妈应当从小培养孩子的幽默感，让孩子成为一个更受人欢迎，更加快乐的人。那么，妈妈该如何培养孩子的幽默感呢？

1.尽早培养孩子的幽默感

孩子是最富有幽默天性的，他们的幽默是最自然、最坦率、最美好的语言。孩子在不会说话走路时，妈妈就可以用扮鬼脸、做各种夸张的表情、用手绢蒙住脸等来吸引孩子的注意，引发孩子的乐趣。刚开始，孩子可能只是对幽默刺激做出反应，时间久了，孩子就会发出"咯咯"的笑声，甚至模仿这种做法，这可以说是幽默的启蒙。

2.妈妈首先要有幽默感

想让孩子具备幽默感，妈妈首先要让自己学会幽默，妈妈的幽默，能起到说教无法比拟的作用，能潜移默化地影响孩子成为一个乐观的人，增加他受人欢迎的指数。如果妈妈懂得营造一种幽默的语言风格，不但能让孩子显得轻松快乐，更能让孩子在潜移默化中学会了幽默的表达方式。孩子的幽默感来自于家长，比如，三四岁的孩子，会因为听到大人说好玩的话，或看到某个不协调的动作，便会哈哈地笑个不停，这表示孩子的幽默感正在形成，此时，妈妈的协助很重要。有幽默感的妈妈可以比孩子笑得更夸张，从而强化孩子的幽默感。

3.增加孩子的阅读量

幽默也是智慧的体现，如果不具有丰富的知识和经验，也就不能轻松自如地驾驭幽默，不能够给人以真正的愉悦感受。所以妈妈平时也要鼓励孩子多看书，丰富自己的知识储备和情感体验，以便孩子能够学会迁移，把书上的智慧应用到生活中，创造出具有广泛认同性和深刻性的幽默。

4.培养孩子的语言表达能力

培养孩子的语言表达能力是帮助孩子成为幽默的人的必要条件。幽默的一个最大特点就是能够让人在诙谐的语言里微笑、大笑。这就要求孩子必须具有很好的语言表达能力。

一个人即使很聪明，善于发现生活中的幽默，但如果缺乏一定的表达能力，也不会成为幽默的人。如果语言干瘪、生涩，一点儿也不生动活泼，再好的故事，也不会吸引人。如果孩子能绘声绘色地把事物表达、描述出来，就可以说他具备了说出一段幽默故事的基本条件了。

5.鼓励并强化孩子的幽默感

鼓励孩子大胆地表现幽默，让孩子大声地说笑，为孩子搭建一个可以自由表现幽默的舞台，对孩子的幽默培养很重要。而当孩子说出一些好听的话或者做出一些有趣的动作时，别忘了给孩子一些掌声，让孩子和自己都轻松一下。同时，妈妈要用艺术的眼光，将孩子的幽默故事加以扩大并提炼，让它们在合适的场合加以重现，以强化幽默感，让孩子意识到这就是幽默。

总之，一个富有幽默感的孩子是妈妈培养起来的。如果您希望自己的孩子幽默、乐观、表达能力强，那么就从小培养孩子幽默的性格吧。幽默将会让您的孩子变得更加讨人喜欢，受人欢迎。

做一个会赞美别人的孩子

美是必不可缺的交际礼仪，人类本性上最深的企图之一也是期望被赞美。赞美是语言的钻石，赞美有着巨大的威力，赞美是我们乐观面对生活所不可缺少的，是我们自强、自信、自我肯定的力量的源泉；赞美是人际关系的润滑剂，还可以约束人的行动，能使人自觉克服缺点，积极向上；赞美的效果常常会出乎人的预料，即使是简单的几句赞叹都会让人感到心理上的满足。向别人传递一个真诚的赞美，能给对方的心灵带来光明。

可是，在现实生活中，自我感觉良好的孩子很多，而真正能够欣赏到别人的优点，懂得赞美他人的孩子很少。对己宽松、对人苛刻、吝于使用赞美的语言是许多人的通病。

有两个孩子一起走进天使的玫瑰园，他俩都希望天使能够赐予自己一束幸福的玫瑰花。然而天使却送给他俩每人一束绿色的玫瑰枝，两个孩子都有一点失望。天使便把他俩分别叫到面前微笑说："孩子，你能给我描述一下你的那个伙伴吗？如果你比对方英俊，你将获得一束幸福的玫瑰花。"

第一个孩子说："我比他个子高，眼睛也比他的大；你看他鼻子还塌塌的，当然我要比他英俊，请天使赐予我一束幸福的玫瑰花吧！"

第二个孩子听了天使提出的这个条件之后，他转身端详了对方几眼诚恳地说："他个子高高的，眼睛大大的，鼻子也挺挺的，真好看。天使只有一束幸福的玫瑰花，就请赐给他吧!

结果第二个孩子手中那一束玫瑰枝展开了芬芳的花朵说，而第一个孩子的竟变成了一束枯萎的蒿草。

孩子能够欣赏到自己的优点固然是好的，但一个只看到自己的优点，看不到他人的优点的孩子必然会给他人留下傲慢、无理和自以为是的印象。这对自己、对他人都是不好的。学会赞美别人，这将让孩子终身都受益无穷。

教孩子从小学会赞美，不但能培养孩子欣赏美的眼睛，更重要的是，能培养孩子关怀、安慰他人的能力。懂得赞美的孩子不但能赢得良好的人际，还能拥有丰富的情感与美好的内心世界。

所以，在日常生活中，妈妈应注意培养孩子去发现，去寻找别人值得称赞的地方，教孩子成为一个善于赞美别人的人。那么，妈妈具体应当如何去教呢?

1.赞美别人一定要真诚

赞美绝不是虚伪的胡乱夸赞，也不可以用漫不经心的态度，一定要用认真诚恳的表情来赞美他人。如果别的同学把事情搞砸了，你却"不失时机"地赞美道："你做得真好，我想做还做不到那个样子呢。"这个时候，赞美就变成一种讽刺了。不真诚的赞美往往会起反作用，不但不会使别人舒畅，反倒会伤害别人。

实际上，真诚的赞美与虚伪的谄媚有着本质区别：前者看到和想到的是别人的美德，而后者则是想从别人那里得到非分的好处。只有真诚赞美别人的人才能真正得到别人的爱。

赞美有时候没有必要去刻意的修饰，只要是源于生活，发自内心，真情流露，就会收到赞美的效果。

2.赞美事实

赞美绝不是阿谀奉承。教孩子赞美别人不能毫无根据，只是说："你真是一个好人！"那样的赞美毫无意义。所以，一定要赞美事情的本身，这样对别人赞美时才可以避免尴尬、混淆或者偏袒的情况发生。比如，当妈妈带孩子到朋友家做客，朋友准备了美味的饭菜，这时候，妈妈可以让孩子这么说："阿姨做的饭真好吃。"而不要只是说："阿姨，你真好。"

3.可以直接赞扬

以具体明确的语言、表情称赞对方的行为。如赞扬同学的作文写得非常好，就可以说："你的作文写得真好，我要是也有你那么好的文笔就好了。"这样的话语既平等，又真实，充满羡慕，让别人觉得很舒服。即使被赞美者知道自己的作文写的没那么好，也会对称赞者平添一份友好的感情。而赞美长辈则应怀着敬佩、尊重、学习的心情。

4.也可以间接赞美

教孩子以眼神、动作、姿势来赞美和鼓励别人。一般的人对表情和动作的感觉远远超过对语言的感觉。有一些场合，人的表情在多数情况下是下意识的，发自内心的，其中所含的虚伪的成分是很少甚至完全没有的。比如，可以用微笑、惊叹、夸张地瞪大眼睛或是竖起大拇指表示对别人能力的倾慕和敬畏，这种方式是容易被对方接纳的。另外，如果想让孩子有赞美别人的习惯，妈妈首先要学会赞美孩子。

恰当地赞美别人是很重要的，它能拉近人们彼此的距离，让别人对你充满好感，充满信任。生活中，只要孩子注意到了这一点，经常恰当地赞美别人，将会使自己的生活充满欢乐。

培养孩子的领导能力

看到这个题目，有的妈妈可能会说，"我又不指望孩子长大了去当官，培养领导能力有什么用呢？"妈妈们这样理解领导素质，是不全面的。具备领导素质不是为了当官，但不具备领导素质肯定当不了好官。具备领导素质是为了把事情做好，是为了做好的、有益的事情。

与成人相比较，孩子间的领导关系更注重强调孩子间的一种有效的合作与交往。这种交往有利于增进孩子的群体交往能力。孩子在尝试领导的过程中会逐步认识到自己在伙伴中的地位，从而会从心底产生适当调整自己以适应他人的愿望，并从中汲取一些领导与群体成员之间融洽相处的实际经验；在此过程中，他还会深刻地体验到与成人相处时没有的成就感，建立起自信。

此外，在做领导工作的过程中，孩子的综合分析、创造、决策、应变、协调、任贤、语言表达、自学等能力都能得到相应的锻炼。

一群在山里野餐的小姑娘走错了路，在潮湿与饥饿中度过恐怖的一夜之后，她们无望地失声痛哭。"人们永远也找不到我们。"

一个孩子绝望地哭泣着说，"我们会死在这儿。"然而，11岁的伊芙蕾·汤站了出来，"我不想死！"她坚定地说，"我妈妈说过，只要沿着小溪走。小溪会把你带到一条稍大点的小河，最终你一定会遇到一个小市镇。我就打算沿着小溪走，如果愿意，你们可以跟着我走。"

结果，孩子们在伊芙蕾·汤的带领下，胜利地穿出了森林，最后她们的欢呼声迎来了救护人。

人们也许会认为，像伊芙蕾·汤这样的孩子生来就是领袖的材料，而其他人命中注定是随从。但事实证明，领袖并非是天生的，而是后天造就的，这取决于家长怎样去引导孩子。

所以，作为妈妈应该从小培养孩子的领导意识，不要等到孩子长大了再去训练，应该贯穿于孩子的成长过程之中。那么在日常生活中，妈妈应该怎样做来培养孩子的领导意识呢？

1.给孩子积极的肯定

具有领导意识的孩子一般都具备强烈的自信心，即使有微小失误，也相信自己会是最终的赢家。

一次，小强与小朋友踢球输了，原以为妈妈会说："唉，你太笨了。"没想到，妈妈一边替他擦汗一边夸奖他："你带球过人的技术真棒，奔跑很积极；如果再加强射门练习，会踢得更好。"之后，妈妈就请老师帮小强进行有针对性的射门训练。后来，小强不仅成为足球队的前锋，还是小区里的"孩子王"，一呼百应。

在孩子的人生旅途上，他每走一步，妈妈都要给予他积极的肯定与鼓励。当这些形成良性循环时，他会因自信和成就感，义无反顾地往前走。

2.鼓励孩子的探索精神

一个小女孩在雨水浸泡的院子里挖了一块石头，然后她跑去对妈妈说："妈妈您瞧，我找到了一块很漂亮的石头!"她的妈妈看到她满身的泥浆，夺过孩子的小石头扔掉，并责备孩子说："一块破石头有什么用，看你的衣服又弄脏了，快把它脱下来。我给你洗了!"

衣服上的泥浆可以洗掉，但孩子印象中的痕迹却会持续很久，再遇到漂亮的石头，也许孩子就会因为怕弄脏衣服而不敢去碰它了。与此同时，孩子的探索能力也就是在这时一点点消失了。

所以，妈妈永远不要关闭孩子探索的"大门"。我们大家都知道，每个领导者身上都应具备很强的探索力，而儿童时期往往是人的一生中探索力最强的阶段。孩子都佩服勇于探索、敢于迎接挑战的人，并乐于效仿他们。如果父母要求孩子凡事循规蹈矩，不许冒险，他将无缘做"领头羊"，只会原地踏步。

3.鼓励孩子的"奇思异想"

一天，欣欣看了西班牙斗牛表演，当众宣布："我长大了要做个斗牛士。"妈妈不屑一顾："女孩子不能选择危险职业。"欣欣任何不切实际的想法，都被妈妈"打入冷宫"。时间一长，她开始变得毫无主见，行为懒散而被动了。

领导者的共同特质，就是能自主地勾画出一幅蓝图，并激励大家和他共同去完成。这个蓝图的前身，就是孩子的梦想。所以，当孩子说出自己的梦想时，妈妈不要因为它不切实际，就"一棒打死"，这样只会使孩子停止种种"奇思异想"，从而变成一个只会盲目跟从的"小跟屁虫"。

4.让孩子学会动脑，善于解决问题

一天，3岁的浩浩想迈上滑梯的第一个台阶。可他腿很短爬不上去，妈妈对他说："想想呀，找个小助手，是不是可以上去呢？"

浩浩认真思索了一会儿，把小推车推到了台阶旁，他先爬到车子里，然后爬上滑梯台阶。妈妈感叹道："让孩子学会动脑和思考，他会做得比成年人想象的还要好。"

"思考、判断和决策"是领导能力的重要体现。那些能够认真思考问题，并巧妙地解决困难的孩子，无疑将成为团队中的"领头羊"。

5.给孩子制造更多的实践机会

幼儿园的老师让同学们回家考虑考虑，明天课堂上自荐当干部。

波波回家后跟妈妈说他想当劳动委员。妈妈嗔怪他："每天要早到20分钟打扫卫生，多辛苦。"波波问："我当体育委员行吗？"妈妈又数落："活动时要负责拿运动器械，磕着碰着怎么办？"总之，妈妈只希望波波学习好、身体好。至于当班干部，累人又费时间，还是躲得远远的好。

由于不关心集体，波波形单影只，没有任何号召力。

小亮正相反，无论是在幼儿园、社区，还是兴趣班，妈妈都主动请缨让他当干部，锻炼他的领导、组织才能。由于从小就获得了与人打交道的经验，具备超越同龄小朋友的管理能力，刚上小学，他就成为学校外联部的"小干部"，还在电视台出镜，为学校做专辑。他的理想是：长大做个外交官。

给孩子机会，让他在擅长的领域多为他人做些事，这有助于帮他们树立信心，增加与人打交道的经验和能力，以及优秀的孩子必备的本领。

让孩子学会自己去处理矛盾

争吵发生在一堆积木、一个玩偶和两个小姑娘之间。5岁的园园搭了一个城堡，但她的城堡却搭到了丽丽过家家的"操场"上。丽丽拿着玩偶小马，一下就冲撞到园园的城堡上，把它撞得稀里哗啦。"你撞散了我的城堡！"园园几乎是咆哮起来。"可那是我的小马跑步的地方！"丽丽也非常愤怒。园园一把拿走了丽丽的小马，不还给她，丽丽大声地喊着："还给我！还给我！"这时该怎么办呢？

有的妈妈也许会想，这时最佳的解决办法就是：要么没收丽丽的小马，要么警告园园到其他的地方搭积木，总之，分开他们，让他们不要互相打搅，也就不会再继续争吵了。但专家认为，帮助孩子们自己去学习处理发生在他们之间的矛盾，要比直接介入去为他们解决、告诉他们具体需要做些什么，会更有效。

孩子在与人交往中，总会遇到各种类型的人际问题，而学会用适当的方法处理问题，保持与他人友善关系是孩子必备的能力。这种能力是从小练成的，但是，成人用插手的方式会使孩子失去练习的机会。

在德国幽默大师埃·奥·卜劳恩创作的连环漫画《父与子》中，有一幅画面描绘的是，两个小孩打架，打完之后都各自回家告状。不一会儿，孩子带着各自的爸爸来见面，爸爸们开始评理，接着开始吵架，最后升级为打架。打着打着，转过身一看，咦？两个孩子像没事人一样，又一起玩耍了！

这幅漫画带给很多父母不小的启示，它让我们知道，孩子之间的矛盾和冲突根本没有我们想象得那样大，而且是特别容易化解的。但是恰恰因为我们爱子心切，害怕孩子受到伤害，担心孩子不会处理，于是不顾一切地挺身而出，用成年人解决问题的方式解决孩子之间的问题。殊不知，我们的插手不但锻炼不了孩子解决问题的能力，还会让他因越加依赖我们的保护而丧失自我保护的能力。这样发展下去，孩子不但会变得更脆弱，也会因不会处理矛盾而感受不到与人交往的乐趣，渐渐成为不善社交的人。

所以，面对孩子之间的矛盾，妈妈不要插手，要给他们自己解决的机会，让他们从中学会自我保护，学会沟通协调，在实践中学会与人交往。

那么，当孩子间发生矛盾时，妈妈们应当怎样做呢？

1.教孩子分析问题根源

4岁的洋洋正津津有味地玩着几辆玩具汽车，在旁看了半天的邻居小朋友磊磊忍不住拿起其中一辆也玩了起来。洋洋马上想抢回来："这是我的玩具，不给你玩！"磊磊也不示弱，坚持不给……

如果妈妈采用没收玩具的方法，也许能很快制止孩子们的争吵，但或许孩子以后还会因为其他原因，或者其他事情再次争吵起来。所以，关键是要让孩子认识到问题究竟出在哪儿，然后自己想办法解决。

不妨让孩子们坐在一起，让他们各自说说为何要争吵，这样做的好处在于让孩子能够彼此倾听对方的想法。

妈妈可以用一些有帮助性的问题来引导孩子解决当下的问题，例如，"洋洋你能不能和磊磊一起想一个不要吵架也能玩得开心的办法呢？"

让孩子自己想办法，互相商量，取得想法的一致。这样做的好处在于能够让孩子懂得，以后再碰到类似事件该如何解决。

2.启发孩子想办法解决

星期天，5岁的小军和小伙伴们在草地上一起踢球，妈妈在一旁和邻居聊天。突然，小军叫喊着跑到妈妈面前："小华刚刚踢了我一脚！"这时，小华也跑上前来："是他先骂我的！"

如果妈妈为了平息孩子们的争执，对小军承诺：如果你能和小朋友一起好好玩，我就给你买你最喜欢的玩具。如果这样做，永远达不到帮助孩子成长的效果，甚至会让孩子产生错觉：就算是表现不好，也能得到好处。

因此，如果孩子间起了纷争，妈妈首先要让孩子说清发生争执的原委。一旦了解了事情的真相，妈妈可以有针对性地帮助孩子们认识他们之间发生矛盾的原因，尤其是他们各自存在的问题。可以告诉孩子，骂人和踢人都是不友好的表现，不能因为别人先做错了，自己就可以做不好的事情。然后在孩子们都认识到自己的问题后，让他们学会向对方认错、道歉。

在这个过程中，妈妈应多用"你有什么好的主意？""你觉得你们应该怎么做？"等提问，让孩子感到自己有权利也有责任去思考如何解决自己的问题。

3.让孩子自己面对矛盾

游戏场里，3岁的欢欢见娟娟小姐姐在秋千上玩得很开心，他也想玩，但娟娟就是不肯下来。没办法，欢欢只得到妈妈那儿求助，希望妈妈叫娟娟下来，让自己也能玩一会儿。

如果此时欢欢妈妈上前叫娟娟下来，让给欢欢玩，容易引起孩子之间的嫉妒和不平衡，也容易纵容孩子一遇到困难或麻烦，就本能地找父母或老师解决的习惯。

孩子之所以喜欢找成人解决问题，主要是他们害怕与其他小朋友打交道。其实，孩子在很多时候要比成人想象中更懂道理，只要妈妈告诉他们"玩具要和大家分享"或者让受委屈的孩子直接对小朋友提出"我们应该怎么做"的建议，这样会让他更自信。下一次，他也就有了勇气自己去处理和小朋友之间的矛盾了。

4.别数落孩子懦弱

当孩子哭着向我们寻求帮助的时候，虽然我们不轻易插手孩子之间的矛盾，但也不能数落孩子说："你怎么这么老实啊？你太懦弱了！还哭，哭能解决问题啊？"孩子听了这样话，心里会更难受，他原本因无能为力而向我们诉苦，没想到得不到我们的理解，反而还被数落了一顿，下次，他再被欺负了，恐怕也不会告诉我们了。

所以，我们不要指责孩子，而是听清他的描述后，告诉他下次该如何做，把能具体落实的办法教给他，让他知道，自己在遵守游戏规则的前提下，无须作无谓的让步，如果被人欺负了，自己有反击的权利，当然不一定是动手还击，可以借助语言或其他方式警告对方。如果这个伙伴很霸道，又有暴力倾向，要建议孩子敬而远之。

当孩子懂得一些与人相处的规则之后，遇到问题就不会只是无助地哭泣了，他的内心会变得强大，也会知道该如何保护自己，捍卫自己的权利。这样的孩子往往会赢得尊重，受到欢迎。

帮助孩子克服社交恐惧心理

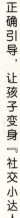

人是社会性动物，永远都不能脱离社会而独立存在，必然时时都要与他人往来接触，交流沟通，产生联系。就像鱼儿离不开水一样，人也离不开社会人群。所以，个人与群体之间必须和谐相处才能健康发展。

社会心理学家研究表明，人际交往对于人的健康会产生协调和保健作用，人与人通过彼此间的交往，诉说各自的喜怒哀乐，可以增进相互之间的思想情感交流，协调相互之间的行为。一个人如果不会与人交往，建立起自己的人际关系，那么，他就很难在这个社会上立足。

孩子正处在学习知识、了解社会、探索人生的发展时期，与同龄人交往并建立友谊，是正常的心理需要。然而，在现实生活中，有不少孩子怕见生人，甚至与熟人谈话时都感到紧张、脸红、羞怯，不愿到人多热闹的场合。有时还会口齿不清、口吃、不敢抬头看人。严重时，甚至会出现惶恐不安、出汗、心跳加快、手足无措等现象。之所以这样，是因为他内心有一种恐惧感，也就是"社交恐惧心理"在作祟。与其说他不善与人相处，不如说他不敢主动独自与人打交道。

如果一个孩子产生社交恐惧，那将严重阻碍他的成长发展。教育专家通过调查发现：乐于交往的孩子无论是在知识范围、语言表达上，还是在其他方面，均明显优于性格孤僻、不爱交往的孩子。因为乐于交往的孩子既能够接受别人，也易被别人接受，他们善解人意、热情友好，拥有很多知心朋友；而孤僻、独来独往的孩子，很少想到他人，不易跟人交往，很少有朋友。

孩子的精神面貌也是在与人交往中逐渐形成的，如果缺乏交往的体会，孩子的心理就会往另一个方向发展，变得对外界事物缺乏兴趣，反应迟钝。

因此，妈妈要帮助孩子克服社交恐惧心理，培养孩子良好的交往品质，让孩子喜欢与他人交往，能同大家合得来、融入群体，这样他才能走上健康成长的道路。

那么，妈妈应该如何帮孩子克服社交恐惧心理呢？

1.建立一个善于交流的、和谐的家庭氛围

由父母和孩子组成的三口之家，就是一个社交小团体。如果我们夫妻之间，我们和孩子之间，或者我们和老人之间常常保持畅通的交流，并呈现出一种轻松、愉悦的交往模式的话，孩子就自然从我们的行为中学会如何与人相处，那么他的社交能力自然不会太差。

相反，如果我们制造了一个死板的、没有交流的家庭环境，孩子就以为人与人之间原本就如此，但当他看到别人自如地与人交往的时候，就会因发现了自己的不同和不足而自卑，进而不敢像其他人一样放松地与人交往。

所以，别小看我们在家庭里的表现，这些表现往往对孩子起到的是潜移默化且至关重要的作用。那么，我们就要和其他家庭成员一起努力，打造一个善于交流的、和谐的家庭氛围，让孩子不存在不敢与人相处的问题。

2.给孩子创造与人交往的机会

园园从小性格内向，一直也没有与他人交往的欲望，总喜欢自己一个人玩耍。随着年龄的增长，他似乎开始渴望交朋友，有时，他会站在

窗口看楼下其他小朋友踢足球。

妈妈看出了园园的心思，就特意在周末安排了一个小型家庭聚会，邀请比较熟悉的邻居和朋友带着孩子来做客。妈妈还特意为小朋友安排了一些适合他们的活动，并鼓励园园做好小主人。

出乎意料的是，这次聚会很成功，大家都玩得很开心，特别是园园，他似乎借此机会交到了朋友。

对于性格内向，又渴望有自己社交圈的孩子而言，我们就要为他创造一些与人交往的机会，而邀请朋友来家中做客就是很好的方式。因为，孩子在自己比较熟悉的环境中很容易放松，加上又有做小主人的责任感，他就会试图与人交往，他的恐惧心理就会在每一次尝试中逐渐克服。

此外，我们也可以以家庭为单位，和朋友们相约去大自然走走。孩子们可以借助大自然这个天然游乐场来增进了解，促进感情。

3.别让孩子被交友失败的阴影所笼罩

有的孩子原本没有社交恐惧症，但有过一次或几次失败的交友经历后，就不愿与人交往了。对于这种情况，我们要想办法帮助孩子找回自信，重新建立朋友圈。

珍珍原本有几个比较要好的同学，但是有一次，几个同学合起来指责珍珍爱占小便宜。原来，珍珍分别借过他们的一些东西，但没有及时归还。次数多了，同学们便有了意见。

被指责后的珍珍觉得很没面子，一气之下就疏远了同学。而同学们也不主动去找珍珍玩，珍珍因此很受打击，失去了和朋友交往的信心。

妈妈知道后，鼓励珍珍主动找同学和解，并大方承认自己的错误，保证自己会改，希望大家能够原谅。

珍珍鼓足勇气按妈妈说的做了，同学们被珍珍的诚意打动，和珍珍拉拉手，又做回了好朋友。

如果孩子有交友失败的经历，作为妈妈不应说："算了，算了，他们不和你玩，你就找别人玩呗！"这种说法是一种逃避，孩子自身的问题并没有得到改正。因此，我们应该深入了解孩子被人排斥的原因，并鼓励他改正缺点，以崭新的面貌重新建立朋友圈。这样，孩子在重新被接纳的同时，社交恐惧心理也就自然克服了。

4.鼓励孩子多参加集体活动

参加集体活动是最能锻炼孩子交际能力的方法，因为在集体中，孩子要与其他人进行互动，要与人交流、配合，从而促进孩子积极调整自我、提高自我。妈妈要教育孩子，把自己融入到集体生活中，多做一些自己能做的事情，少指挥人，当别人遇到困难时，主动帮助别人，这样才能赢得更多的朋友；如果有的伙伴对自己态度冷淡，也不必介意，应该坚持服务于大家，久而久之，别人就会对自己热情起来。

培养孩子与人合作的能力

合作是以开朗、宽容、善解人意为基础，以能先人后己、富有一定牺牲精神和奉献精神为基础，能为他人着想的良好道德品质。学会合作，不只是一种认识，一种意识，一种情感，一种态度，更表现为一种行为和能力，是一个人的道德品质和心理素质的统一体。

培养孩子学会合作的美德，不仅有利于提高孩子的道德素质、心理素质以及与人共事的能力、适应社会发展的能力，也有利于提高孩子的社会化水平，有利于推动社会的发展和进步。

然而，当下很多孩子都是独生子女，成了全家人关注的中心人物，他们也自觉身价百倍，从而滋长了一些特殊化的思想、心态和性格，诸如破坏性大、脾气大、孤僻、不合群、与人合作能力差等。有些父母视孩子为掌上明珠，拿着怕丢了，顶着怕摔了。因此他们对孩子是百般顺从和迁就，结果使孩子只知道自己，很少想到家人、父母和伙伴们，逐渐养成了以自我为中心的不良心理状态。这不仅会使孩子脱离周围的小伙伴和欢乐愉快的生活，而且也影响孩子的进取心，损害他们的身心健康。

俗话说"兄弟齐心，其利断金"，只有相互团结合作才有可能把事情办得又快又好。社会上的每一个人都是相互联系的，孤立存在的人是没有的，特别是现代社会，更讲求合作精神，妈妈从小就要培养孩子的合作精神。一个懂得合作的孩子会很快适应工作岗位的集体操作，并发挥积极作用；而不懂合作的孩子在生活中会遇到许多无所适从的麻烦。

因此，妈妈应当注意培养孩子的团结合作精神，具体可以从以下几个方面着手：

1.给孩子创造一个良好的家庭氛围

一个整天争吵不休的家庭，很难造就出一个具有和谐人际关系的孩子。妈妈必须把家庭成员之间的关系处理得恰当、合理。对邻居、对同志、对来客都要热情、平等、谦虚、有礼貌。孩子会以父母为楷模，逐步养成尊重别人、爱护别人的良好品德。

2.树立平等观念

要教育孩子在平等的原则上为人处事，告诉孩子不管对谁都应树立平等的观念。要让孩子懂得，在人格上，人与人之间永远是平等的。遇事要无私，要言而有信。只有这样，人与人之间才能互相信赖、和睦相处。特别是要教育孩子严以律己，宽厚待人，尊重他人，不轻易地怀疑、怨恨、敌视他人。

3.鼓励孩子多交朋友

让孩子多交一个朋友，就等于帮助他们多打开一扇窗口，使其视野开阔，心胸宽广。而不擅交际的孩子大多性格抑郁，因为时时可能遭受孤独的煎熬，享受不到友情的温暖。因此，妈妈要鼓励孩子多交朋友，特别是同龄朋友。比如，欢迎孩子的小伙伴到家里来做客，并热情接待这些小客人；又如，对孩子的朋友感兴趣，引导孩子谈论与朋友交往中的事情；谈论朋友的长处，告诉孩子千万不能天天盯着别人的短处，长此以往，就无法和朋友们友好相处，等等。

4.要让孩子多参加集体活动

每个人都是在集体中成长的，集体需要各种各样个性鲜明的孩子，这样，集体这个大花园才会百花齐放、绚烂多彩。但更重要的，集体中的每一个成员都应该具备集体意识。在集体中个人的力量很薄弱，个人的智慧像大海中的一滴水那样微小，许多工作都要靠集体的力量才能完成。

如果孩子的自我意识较强，常常以"自我"为圆心，以"个人主义"为半径，就会画来画去都离不开"自己"的小圈子，心中没有他人，没有集体，缺乏顾全大局的意识。所以妈妈应当从小培养孩子的集体意识，可以利用暑假送孩子参加各种各样的夏令营，平时多鼓励孩子和朋友一起行动，不要总把孩子拴在自己身边。

5.让孩子知道团结的重要性

要想让孩子知道"团结才有力量"这个道理，如果妈妈单凭说教，效果不一定好，但如果把这些道理揉进游戏中，孩子在体会游戏快乐的同时，也能感悟到团结的重要性，这样就能一举两得，欢欢的妈妈就是这样做的。

一天，妈妈带欢欢去公园玩，在路上，欢欢捡了几根很细的枯树枝拿在手里玩。在公园的长椅上坐下后，妈妈对欢欢说："来，我们来玩个折树枝的游戏，看你能不能把这些树枝都折断。"

"当然能。"欢欢说完，从妈妈手里接过一根树枝，"啪"的一声就折断了。

"那你再把这些都合在一起，看能不能一下就把它们都折断？"

欢欢满不在乎地接过妈妈手里的几根树枝，用力折起来。可是，无论欢欢怎么用力，树枝一根也没有断。

这时候，妈妈不失时机地问："欢欢，刚才一根树枝你轻易地就折断了，现在把几根合在一起就折不断，你知道这是为什么吗？"

欢欢点了点头说："我明白了，妈妈，团结的力量真大呀！"

6.让孩子体验与人合作的乐趣

一次成功的合作可以让孩子获得良好的心理体验，更能带给他们无穷无尽的乐趣，让他们产生积极的情绪，从而增强孩子的合作意识，促进孩子的合作行为。研究表明，越早让孩子体验合作的乐趣，越能培养起他们与人合作的习惯。

妈妈可以鼓励孩子多参加班级组织的以小组为单位的竞赛，告诉他们不要太在乎比赛的结果，最重要的是体会到与他人合作参与的乐趣，体会到自己独自奋斗与集体奋斗的不同感受。

7.教孩子懂得在合作过程中给他人机会

有的孩子好胜心比较强，总希望能够超过他人。在与人合作的过程中，他处处都要表现自己，甚至将自己的合作者当成对手和敌人，不顾一切地与他人对立。针对这种情况，我们就要提醒孩子，合作是双方长处的珠联璧合。在合作过程中应该多考虑集体的利益，要懂得约束个人行为，给合作者机会，不能只顾表现自己而伤害到集体的利益。